平泉全景（岩手県文化振興事業団埋蔵文化財センター提供）

東北地方のほぼ中心に位置する。南北に北上川が流れ、支流の衣川、太田川に囲まれた約2キロメートル四方の中心地域に、寺院、館、屋敷地などが配置される。

接待館遺跡《せつたいだて》（岩手県文化振興事業団埋蔵文化財センター提供）

平泉北縁の衣川地区に広がりを証明した12世紀の遺跡。堀と土塁に囲まれた約120メートルの空間内部に、かわらけを大量使用した儀礼施設が想定される。

無量光院《むりょうこういん》全景、整備中

西方の金鶏山《きんけいさん》を背景とする堂跡に礎石を遺し、池跡は水田として使われ続け現代まで保存されてきた。平成24年から庭園を中心に整備が進められている。

毛越寺・観自在王院《かんじざいおういん》の復元模型（岩手県立博物館所蔵）

毛越寺・観自在王院の建物はすべて失われているが、基壇や礎石は良好に残り、伽藍《がらん》配置が明瞭である。発掘調査を基に往時の姿に復元された。

柳之御所現景（岩手県教育委員会提供）

柳之御所遺跡は政庁「平泉館《ひらいずみのたち》」と目されている。遺跡保存後、調査整備をへて、平成22年に県立史跡公園として暫定開園され、整備継続中である。

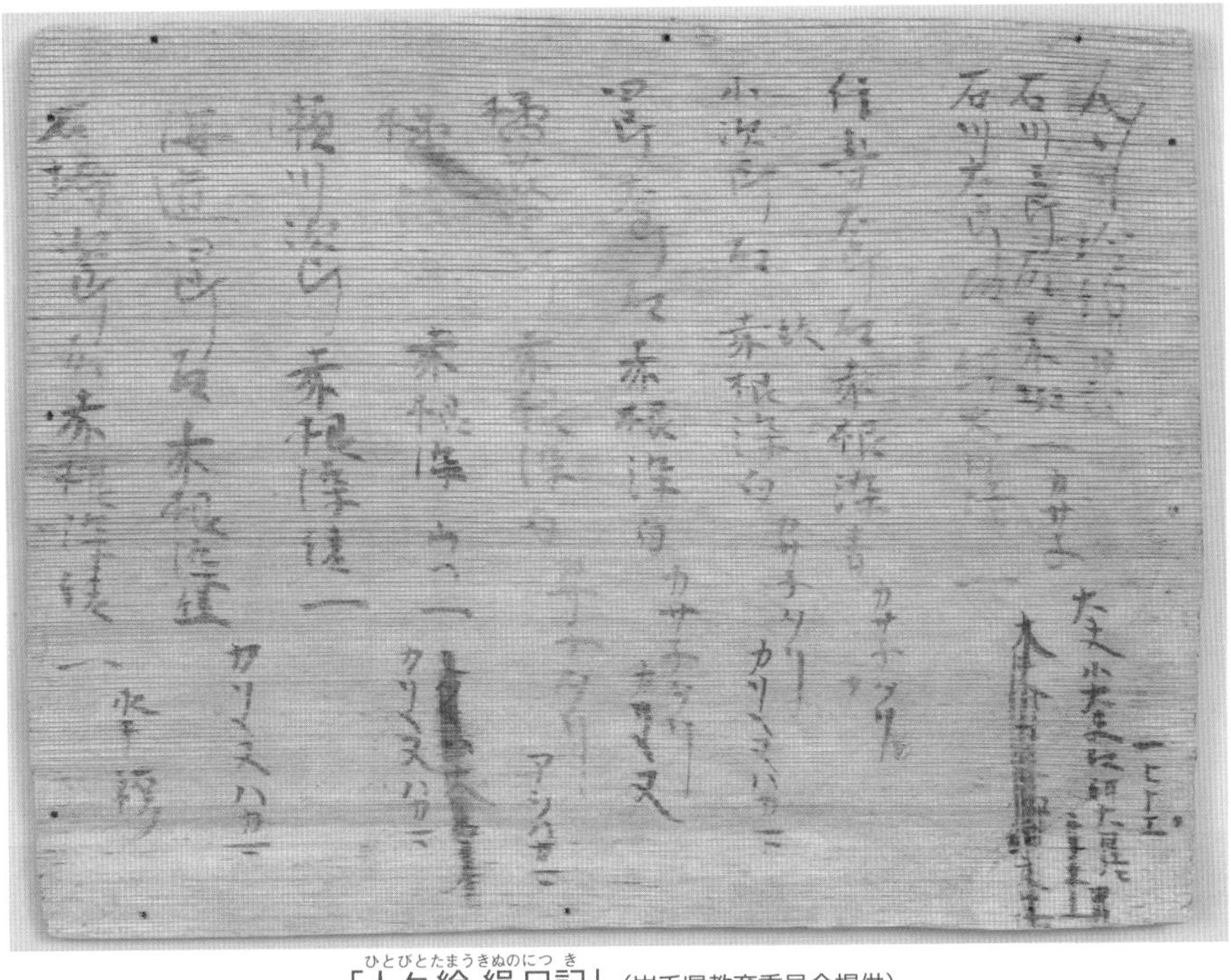

「人々給絹日記《ひとびとたまうきぬのにっき》」（岩手県教育委員会提供）

杉材の折敷《おしき》に人物名、染色された絹織物名、衣服の種類が漢字・片仮名で墨書される。儀式などに際しての衣服のメモとされ、遺跡の場の使われ方を物語る。

平泉の竪穴《たてあな》建物（岩手県教育委員会提供）

柳之御所遺跡の中心部で異彩を放つ建物跡。一辺9メートル以上で竪穴床面に総柱《そうばしら》状に柱穴が配置される。出土した多量のかわらけは建物の機能を表しているのだろうか。

熊野神社長床

福島県喜多方市に所在する国指定重要文化財。「長床《ながとこ》」と称され、拝殿として平安時代末期に建立された。住宅建築に類するものとして貴重な事例。

月舘大師像《つきだてたいし》（狭川真一撮影）

平泉町長島に所在し、地元ではオダイシサマと呼び信仰されてきた。平安石像として注目され、周囲の発掘調査で12世紀の常滑片、かわらけが出土した。

オンドウ仏

観自在王院の阿弥陀堂《あみだどう》附近に遺されてきた。平安石仏の可能性が指摘されている。オンドウブツは御堂仏の読みが転訛したものとされる。

 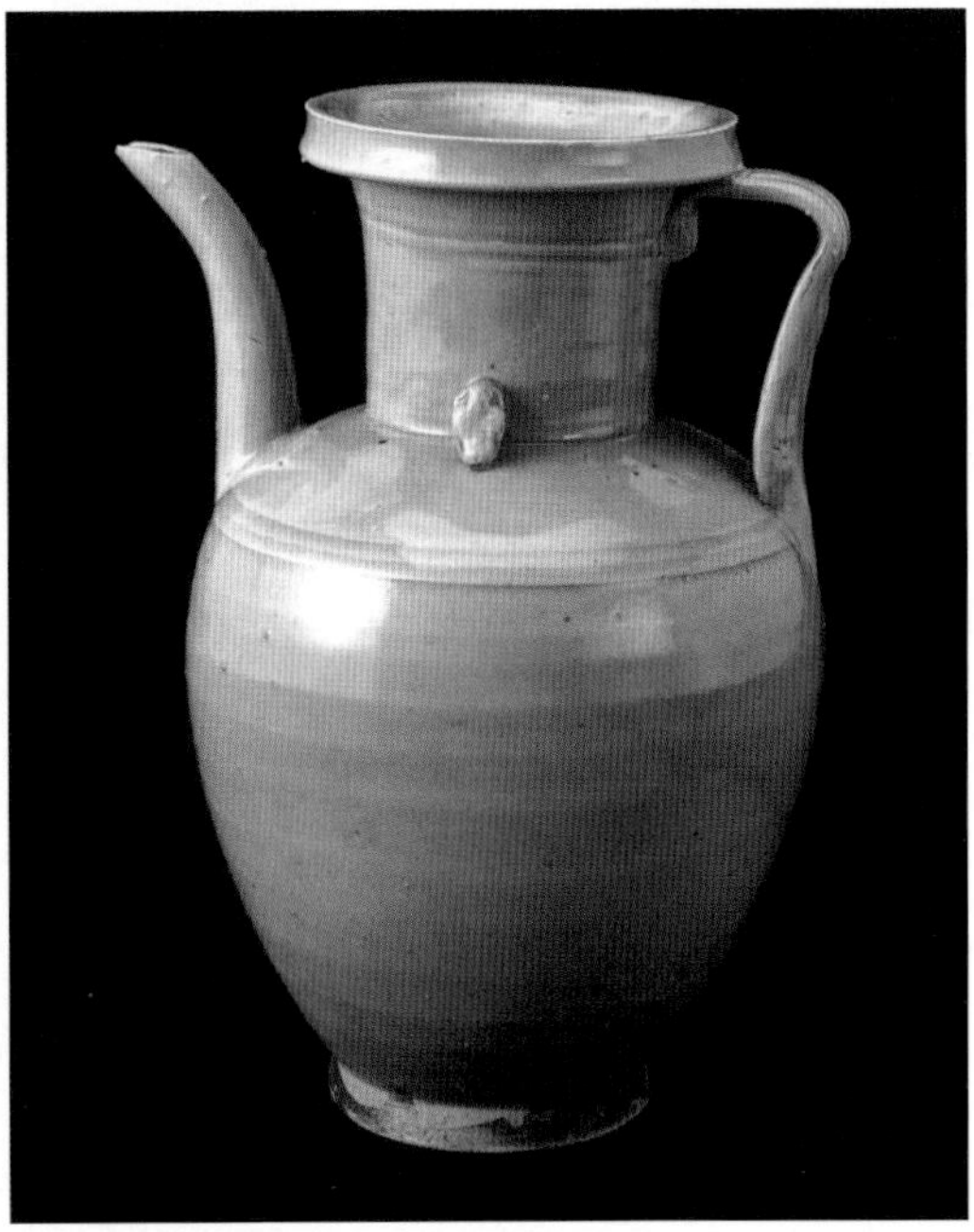

常滑大甕《とこなめおおがめ》（左、平泉文化遺産センター所蔵）と中国産白磁水注（右、文化庁所蔵）

平泉の遺跡からは多くの国産陶器（常滑、渥美ほか）や中国産陶磁器（白磁《はくじ》水注《すいちゅう》ほか）が出土する。権威を象徴するこれらは海路、河川の水運によって遠く平泉にもたらされた。

磐前《いわさき》村印印章（岩手県教育委員会所蔵）

柳之御所遺跡の井戸跡から出土した国内唯一の「村」印。「磐前村印」と刻まれる。奥州藤原氏の支配領域の地名であろう。行政単位「村」の存在、文書行政の実在を示す。

比爪《ひづめ》全景（紫波町教育委員会提供）

平泉から約60キロメートル北方の紫波《しわ》町南日詰付近は、奥州藤原氏の系統にある比爪氏の拠点である。「比爪館」は『吾妻鏡』にも記され、重要な拠点施設の一つであった。

比爪からの出土遺物（紫波町教育委員会提供）

平泉をほうふつとさせる比爪館の出土品。かわらけ、陶磁器、木製品、金属製品のどれをとっても遜色が無い。比爪と平泉の強い関係性を物語っている。

国《くに》見《み》山《やま》廃寺《はいじ》全景

（北上観光コンベンション協会提供）

平泉から約40キロメートル北の北上市稲瀬町に所在。平泉以前に仏教の中心地として栄えた山岳寺院である。安倍氏、清原氏と関係も深く、平泉の興隆とともに衰退を辿る。

長者《ちょうじゃ》ヶ《が》原《はら》廃寺《はいじ》（奥州市教育委員会提供）

衣川《ころもかわ》を隔てた関山丘陵の北側にある。一辺約100メートルの築地塀が四方を囲み、２棟の礎石建物が配置される。11世紀前半の安倍氏に関わる寺院跡とされる。

平泉の文化史 1

平泉を掘る

寺院庭園・柳之御所・平泉遺跡群

菅野成寛監修
Kanno Seikan
及川 司編
Oikawa Tsukasa

吉川弘文館

刊行のことば

平安末期の京都貴族社会に花開き、美麗さを競った院政文化。今や「平泉」がその一大宝庫として二〇一一年にはユネスコの世界文化遺産に登録され、改めてその面目を一新することになりました。

まずその真価として、奥州藤原氏初代清衡が創建した中尊寺金色堂の圧倒的な造形と意匠の独創性、次いで二代基衡による毛越寺庭園の豪壮にして細やかな造園の企て、さらに三代秀衡が営んだ無量光院の現世浄土化と現世往生の革新的な景観構想など時代の美と宗教の精髄を体現したものばかりで、それが初めて世界的な評価を得たわけです。

この世界遺産登録への経緯を学術面から振り返れば、一九八八年から開始された柳之御所遺跡の発掘調査と、一九九六年から実施された中尊寺金色堂諸仏ほか平泉文化圏の仏像調査の成果があります。前者は遺跡の保存運動が実り一九九七年に国史跡に、そして後者の金色堂諸仏は、二〇〇四年に重要文化財から新たに国宝へと指定替えになりました。また二〇一三年からは中尊寺文書群の調査も開始され、いまや平泉文化の研究は、列島の仏教文化は言うに及ばず東アジア仏教文化との比較すら可能な段階にいたりつつあります。

こうした平泉文化の最新の研究成果を平易な形で広く公表すべく、歴史と考古と美術の諸分野をクロスオーバーした初の試み、シリーズ『平泉の文化史』（全三巻）を刊行することとなりました。その第一巻「平泉を掘る」においては藤原氏歴代の居館にあたる柳之御所遺跡の調査成果をはじめ、毛越寺と無量光院跡に代表される平安時代寺院庭園群や、平泉の仏教文化に先行する国見山廃寺跡などの発掘調査の実例について詳しく述べます。続く第二巻「平泉の仏教史」では、これまで類書がなかった一二世紀の平泉時代とその前後期における仏教史を初めて掘り起こし、さらに第三巻「中尊寺の仏教美術」においては中尊寺に代表される平泉文化圏に展開した仏教美術史の大要を、これまた初めて論じたものです。

二〇一一年に勃発した東日本大震災と福島第一原発事故、そして同年における平泉の世界文化遺産登録に改めて深く思いをいたし、本シリーズの刊行が広く院政文化と平泉文化の理解のみならず東北地域復興の一助にもなれば、と強く願うものです。

二〇二〇年一月

監修者　菅野成寛

目次

総説　発掘された平泉―発掘調査と考古学的研究の進展―

及川　司

中尊寺、毛越寺に代表される美しい寺院建築、苑池庭園は当時の信仰の荘厳さを私たちに伝えてくれる。しかし、古代～中世のすべての建築・庭園が現在まで保存されているわけではない。

シリーズ『平泉の文化史』の考古編では、発掘成果を元に当時の景観を復元しようと試みている。都市平泉のさまざまな遺跡の形式や、焼き物などの遺物、さらに石造物、木簡、仏像は具体的に私たちに当時の社会の在り方を語りかけてくれる。東北から列島、さらには東アジアにまで広がりをみせる考古学研究の世界に親しんでいただきたい。

世界文化遺産への登録

二〇一一年六月、「平泉の文化遺産」はパリで開かれた第三五回世界遺産委員会で世界文化遺産に登録された。東日本大震災が起きてわずか三ヵ月後のことである。岩手・宮城・福島の太平洋沿岸部を中心に甚大な被害がもたらされ混迷の只中にあったが、この登録を復興に向けた希望の光として受け止め、喜びを分かち合った。

資産名「平泉―仏国土（浄土）を表す寺院、庭園及び考古学的遺跡群」は中尊寺、毛越寺、観自在王院《かんじざいおういん》、無量光院《むりょうこういん》、金鶏《きんけい》山《さん》の五つの資産により構成される。往時の建築物は中尊寺金色堂、経蔵に部材の一部が残るのみで、遺跡の考古学調査を基にした文化遺産という特徴をもつ。「平泉の文化遺産」は積み重ねてきた考古学的調査研究に加えて、文献史学をはじめとする関連諸学の協同によって成し得た研究のひとつの到達である。

柳之御所遺跡の衝撃

世界遺産への道標となった発掘調査と文化財保護の基点は柳之御所遺跡にある。一関遊水地《いちのせきゆうすいち》関連の堤防・バイパス建設事業にともなう緊急発掘調査で、昭和六十三年（一九八八）の調査初年度に巨大な堀跡とともに姿を現した居館跡は圧倒する迫力で研究者のみならず一般の人々の心を捉えた。奥州藤原氏の事跡は地上には多くを失ってしまったが、夢のあとが地下に遺跡として良好に埋もれていることを強烈な印象で人々の脳裏に焼き付けた。

調査は平成五年まで、岩手県文化振興事業団埋蔵文化財センター、平泉町教育委員会（以下町教委）によって実施され、多大な成果をあげて調査が進む中で、「岩手考古学会」をはじめとする県内外の学会・研究組織からこの遺跡の保存要望が出された。平成二年には保存を求める二二万人の署名が中尊寺から岩手県に提出された。平成五年に「平泉遺跡群調査指導委員会」（委員長：藤島亥治郎）が柳之御所跡を『吾妻鏡』文治五年九月十七日条の「平泉館《ひらいずみのたち》」にあたるとして保存の必要性を指摘し、同年には建設省（現国土交通省）が遺跡の保存と治水事業の両立を図り、事業計画を変更する方針を示したことで保存がかなった。岩手県教育委員会（以下県教委）は平成六年から範囲確認調査を開始し、平成九年三月には国史跡「柳之御所遺跡」として指定された。

以来、県教委は平成十年度に平泉町内に「柳之御所遺跡調査事務所」を設置して専門員を配置し、同年から柳之御所遺跡の発掘調査（内容確認調査）を続けた。調査期間中は広報紙『柳之御所ニュース』を毎月のように発行し、町内全戸へ配布するなど、地域住民へ発掘情報を提供する地道な活動が行われた。発掘現場を題材にした四コマ漫画も根強い人気で活動を支えた。普及啓発活動として「平泉文化フォーラム」を平成十二年度から毎年開催し続け、研究成果を一般向けに公開し、年報『平泉文化研究年報』を発行してきている。平泉遺跡群調査整備指導委員会（現委員長：田辺征夫）の指導の下に史跡としての整備も進められ、平成二十二年には県立柳之御所史跡公園が暫定的に開園した。

とりわけ「平泉文化フォーラム」では第一回以来、毎年度の柳之御所遺跡調査をはじめ、平泉町内遺跡、一関市骨寺《ほねでら》荘園遺跡、平泉関連遺跡調査の考古学的成果について、発表がなされてきた。第四回（平成十五年度）からは白鳥《しろとり》舘遺跡（旧・前沢町、現・奥州市）、長者《ちようじや》ケ原《がはら》廃寺跡（旧・衣川村、現・奥州市）の報告も加わった。協同研究者の研究報告もあり、平泉研究をタイムリーに一般の人々に発信し続けてきた意義は大きい。

第一回平泉文化フォーラムで斉藤利男は基調講演「平泉文化研究の現状と課題」の中で、一九八八年に始まった柳之御所遺跡の本格的な発掘調査と保存運動の結果、学際的で集団的な平泉の研究という状況が生み出され、保存運動は同時に歴史研究でもあったとした。そして保存が決まって以後の平泉研究は「太く短い」調査・研究から「息の長い」調査・研究への転換が図られたとする。

小規模調査の開始

文化財行政において柳之御所遺跡の発掘調査は画期となった。次々と新聞紙上を賑わす遺跡のニュースに地元住民も驚きを禁じえなかった。町教委では昭和五十七年度に専門職員一名をはじめて採用した後、平成に入って二名を増員し、さらに嘱託調査員二名を加えて体制を整えていった。それによって町内全体での住宅等小規模開発への調査対応が可能となった。住宅調査は小規模とはいえ、都市遺跡において点の調査を行う意義の大きさは京都や鎌倉の先例に鑑みると必然であった。

小規模な緊急調査を行っていく上では、調査される建主や建築関係者との信頼関係を築いていくことが不可欠だった。その意味では、自身が平成元年の入職以来小規模調査に携わってきた中で思うのは、町民と建築関係者の文化財に対する理解と寛容さである。そして自主的・積極的に学習会を開催するなど、ふるさとを学ぶ意欲の高さである（平成二年農協青年部、商工会青年部主催学習会）。平泉町民憲章に「一、わたくしたちは先人の偉業をたたえ文化財の愛護につとめます」とうたう文化財愛護の精神は今に息づいている。遺跡を大切にする心は歴史をひもといてみれば、元禄八年（一六九五）に仙台藩主四代伊達綱村《つなむら》公が、平泉の遺跡保護のために礎石や庭石の抜き取りを禁ずるなど、文化財保護の原点というべき政策の下に村民もこれを守り続けてきた。その精神的伝統は受け継がれてきた。

もちろん現代生活において発掘調査が小規模開発への制約になっていることは事実である。同僚等と試行錯誤しながら少しずつ発掘の必要性を認知してもらうことに努めた。町中心部の地形図を縮尺一／二五〇の大きさで長さ数メートルのビニール地に印刷して展示し、発掘調査箇所の遺構図を順次はめ込んでいくなども一般の人の目に見える、わかりやすく有効な手段であった。

平成元年に住宅等対応が本格的に始まると早速に成果があがる。国衡《くにひら》館跡第一次（平成一）、泉屋第一次（平成二）では四《し》面庇《めんびさし》建物跡が見つかり、伽羅之御所《きやらのごしょ》跡第五次（平成三）では井戸底から金銀蒔絵《きんぎんまきえ》の鏡箱に鏡が収められて出土した。志羅山《しらやま》遺跡第二一次（平成四）では井戸底から完存の中国産白磁水注が出土し、白山社遺跡第三次（平成四）では石積護岸の庭園が現れるなど発見が続いた。未知の遺跡でも次々と調査の扉が開かれていった。

白山社遺跡第三次の現地は、開発行為で埋め立て後に店舗建築の予定地であった。しかし一二世紀の庭園跡（石積護岸、池底、橋脚など）が良好に埋蔵されていることが試掘でわかり、北側に隣接する史跡指定地（白山社跡）との一体的な景観の保全と遺跡保護を講ずるため、地権者らの理解を得て町単独で土地約二二〇〇平方メートルを購入した。護《まも》るべきは護るという町の強い信念の表れであった。

大規模事業と発掘調査

柳之御所遺跡のほか、国・県事業に関わる堤防・バイパス関連事業、国道四号歩道改良、県道改良、北上川遊水地事業、圃場整備事業など規模の大きな数々の発掘調査が岩手県文化振興事業団埋蔵文化財調査センター等により行われた。中心部においては平成三年の泉屋遺跡第七次以来、おおむね平成十五年度までに完了している。町中心域では志羅山遺跡、泉屋遺跡、花立Ⅰ遺跡、衣関遺跡、倉町遺跡、坂下遺跡などで、太田川を越えた中心部南方の三日町Ⅰ遺跡、佐野遺跡、また衣川を越えた中心部より北方の瀬原Ⅰ遺跡、そして北上川の東側の長島地区では新山権現社《しんざんごんげんしゃ》遺跡、里遺跡、矢崎Ⅰ遺跡、猪岡館遺跡、本町《もとまち》Ⅱ遺跡、下構《したがま》遺跡が調査された。

特に中心部の志羅山遺跡、泉屋遺跡と、長島地区の里遺跡、本町Ⅱ遺跡の調査は特筆すべき成果が得られた。里遺跡、本町Ⅱ遺跡では北上川東岸の微高地における一二世紀の生活の場の広がりが確認できた。これらが蓄積されて都市平泉の様相が明らかにされてきた。

都市平泉の復元へ

地割り線について藤島亥治郎が毛越寺軸線と無量光院軸線の二つの軸線について夙《つと》に論考していたが、都市平泉の復元への試みとしては、本澤慎輔が平成五年に「古代文化　第四五巻第九号」（財団法人古代学協会）で「一二世紀平泉の都市景観の復元」で発表している。このとき初めて地割にもとづく図を掲載した。平成六年三月には「柳之御所跡検討会」が三日間にわたって開催され、全国から中世遺跡の研究者が集い、「平泉」を考古学的に見る最初の機会となった。各地域の第一線の研究者による検討は同時に全国に平泉を発信する契機となった。

平成八年には「特集・平泉の考古学」（月刊考古学ジャーナル　№407　ニューサイエンス社　平成八・九月）で、本澤は「都市平泉の地割りについて」として論考した。

前述の中心部での大規模調査が進んできた平成十二年度の前後の時期になると、調査成果を受けて、羽柴直人は「一二世紀平泉南辺の状況」（岩手考古学会　第二三回研究発表資料一九九九）を発表、八重樫忠郎は「平泉への道、平泉の道」（『中世の道と物流』藤原良章、村井章介編　山川出版社一九九九）、前川佳代は「平泉の都市プラン—変遷と史的意義—」（『寧楽史苑』四五号奈良女子大学史学会二〇〇〇）を発表した。

こうした発掘調査の進展とともに、平泉の「都市」としての様相を遺構・遺物も含めて総体的にまとめられたのが、平成

図1　祇園Ⅰ、住宅増改築の発掘調査

十三年の日本考古学協会二〇〇一年度盛岡大会研究発表資料集「都市・平泉―成立とその構成―」であった。この中で羽柴は「平泉を構成する地割」を発表した。また研究発表資料集には複数の分担執筆者による「北海道・東北地方出土古代末中世初期陶磁器集成」が収録され、以後の研究必携の資料集となった。

平成十三年時点ではこのように「都市平泉」の研究は、蓄積された調査成果が諸学会・シンポジウム等で時宜を得て発信された。平泉を中心とするかわらけ、陶磁器の様相は広く知られるところとなり、東北各地の研究者に一二世紀の遺物への意識が喚起された。結果、各地でも新たな知見を得ることにつながっていった。

都市平泉の広がり

平成十三年は平泉にとって新たな一歩を踏み出す時期でもあった。四月に「平泉の文化遺産」は国内の暫定リストに登載が決定し、世界遺産登録に向けた機運の高まりとともに、景観、史跡指定、町並み整備等への新たな取り組みがスタートした。

前述の第一回平泉文化フォーラム基調講演で、斉藤利男は考古学研究における新たな地平の開拓として、一　北上川東岸、祇園、衣川地区へ調査範囲を拡大し計画的な学術調査を行うこと。また、北上川水運の拠点「平泉湊《みなと》」の発見に努めること、二「北緯四〇度以北の」の「エゾ世界」を対象とした考古学的研究者との協力・協同を進めること、の二点を挙げている。平泉の拠点地区のみならず、周辺域の調査の進展は世界遺産登録を目指すうえでも必定であった。

岩手県立博物館は前平泉文化究明の一環として平成十三年度から五ヵ年間にわたり、衣川《ころもかわ》流域の遺跡踏査（試掘を含む）を実施した。また、県教委は衣川《ころもがわ》村教育委員会と合同で「長者が原廃寺跡」の内容確認調査を平成十五年から開始した。同年、前沢町教育委員会でも「白鳥舘遺跡」の発掘調査を開始した。

平成十六・十七年度に遊水地事業に関わり、衣川北岸（奥州市域）の六日市場《むいかいち》、細田、接待館《せったいだて》、衣の関道各遺跡の発掘調査が行われた。結果、一二世紀代の堀、溝、掘立柱建物跡などが見つかり、接待館遺跡の堀からは大量のかわらけが出土し、衣川の北側にも一二世紀平泉の都市の広がりが見られることが明らかになった。

平成十七年十一月に「衣川遺跡群研究会」が開催され、遺跡の報告を受けて活発な討論が交わされた。遺跡の保存と堤防工事の両立を求める世論も盛り上がりを見せた。平成十八年一月には岩手考古学会（第三五回研究大会）が奥州市衣川区で開催され、「古代末期から中世前期の居館と宗教—衣川遺跡群と長者ヶ原廃寺—」と題して、衣川周辺の遺跡と、紫波《しわ》町比爪《ひづめ》館、北上市国見山廃寺、奥州市胆沢《いさわ》城などの調査報告もあり、平泉と各地遺跡との関連が注目された。

平成十八年六月にシンポジウム「日本史のなかの衣川遺跡群」が開催され、衣川遺跡群の重要性が確信された。結果、平成十九年三月に国土交通省は接待館遺跡の保存のため、計画を変更し、堤防ラインを南側に移動する方針を表明し、遺跡の保存が決定された。

都市平泉の広がりが中心域から外へと確実に展開していることを示す象徴的な画期になった。

平成後期の発掘調査

平泉町の中心部においては平成十五年以降も小規模な調査が毎年一〇数件程度を継続している。その中では、倉町遺跡第九次の高床式倉庫状の掘立柱建物跡（平成十七）、花立Ⅰ遺跡第二八次（平成十九）の陶器窯跡の発見、花立Ⅱ遺跡第二三次（平成二十一）の鎌倉期の屋敷跡、祇園Ⅱ遺跡第七次（平成二十二）の四面庇掘立柱建物跡、泉屋遺跡第二三次（平成二十三）の東西古道側溝、志羅山遺跡第一〇九次（平成二十六）の方形掘方の柱穴列をはじめとする成果があげられてきた。

倉町遺跡は観自在王院の南に東西大路を隔てた位置にあり、四次調査（平成十四）で高床倉庫状の掘立柱建物跡（二間×四間分）が発見されていた。その後の五次調査で、この建物は二間×五間の規模であることがわかり、さらにその東三八メートルの地点で同規格の一棟が発見された。これらの建物付近からは緑釉《りょくゆう》陶器、青白磁輪花皿など希少な陶磁器が集中して発見されたことから、『吾妻鏡』に記された「倉町」の中の宝物庫である「高屋」と推定された。現県道を含むこの一帯は平成十九年に倉町遺跡として国史跡に指定された。このことで毛越寺、観自在王院、倉町が一体としての大きな史跡エリアとなった。

花立Ⅰ遺跡第二八次では平泉で初めての陶器窯跡が発見された。金鶏山東麓の花立丘陵南斜面に位置する（現在は熊野三社の本殿付近）。渥美系の技術で椀、大椀、片口鉢《かたくちばち》、甕《かめ》の器種があるが、すべて生焼けで完成せずに焼成に失敗している。渥美窯、常滑窯との比較から、年代は一二世紀第一四半期で、中世陶器の黎明期になる。藤原清衡と渥美地域との関連が注目される。瓷器《しき》系陶器窯としては国内最北、東北では最古になる。さらに南東一五メートルの地点から（現社殿の東隣）からも二基の窯跡が見つかり、うち一基（二号窯跡）は地権者の協力を得て現状保存され、斜面地形の名残をとどめている。

志羅山遺跡第一〇九次（平成二十六）では方形の掘り方を有する柱穴列が東西に延び、中心域の南辺を画する遺構として注目される。

中心部での発掘調査では以前の公共事業にともなう大規模調査は終了しており、個人住宅等の小規模調査が続けられている。窯跡等新たな発見もあるが、すでに各氏により発表されてきた都市平泉の復元像の遺構確認を通じて検証を進める役割も担っている。白山社前の東西の馬場跡の存在（東西約二〇〇メートル）が明らかになってきているなど、新たな復元像も加わってきている（前川佳代『平泉の馬場殿』「日本古代のみやこを探る」二〇一五）。

また、平成二十七年に町教委は長島地区月舘にある「オダイシサマ」と呼ばれる石像について、周辺地の発掘調査を実施した。歴史、石造物、考古学の三方向から専門家による「オダイシサマ」についての研究成果を公開し、その価値について検討がなされた。この石造文化財を大切に守ろうとする地域の方々の熱意のこもった活動もあり、今後の文化財保護のあり方に新たな道筋を開く事例となろう。

県教委は柳之御所遺跡の内容確認調査を平成二二年の史跡公園暫定開園後も、堀跡を中心に行ってきた。二重に廻る外堀と内堀の関係性や年代、外部地域との出入りの施設など新知見を得て進んでいる。さらには柳之御所と地続きの丘である高館跡に平成二十六年から調査を進めている。

一二世紀の遺跡の広がり

近年は岩手県の沿岸部での発掘調査で一二世紀の遺構遺物の発見が相次いでいる。釜石市川原遺跡の調査（平成二十五）では鍛冶関連の炉跡にともない、刀子《とうす》、小札《こざね》などの鉄製品と、一二世紀後半のかわらけ、白磁四耳壺、常滑・渥美の陶器が出土している。また宮古市田鎖《たくさり》車堂前《くるまどうまえ》遺跡（平成二十六～二十八）では一二世紀の堀に囲まれて、掘立柱建物、竪穴建物、井戸、溝、土坑などと、同時期のかわらけ、常滑、渥美、水沼、白磁、青磁、小札、馬具などが出土している。一二世紀の閉伊地方の拠点遺跡の可能性が高いとされる。

このように県内各地に一二世紀の遺構遺物が多く見られるようになり、こうした事例を平成二十八年七月に岩手考古学会（第三五回研究大会）で「考古資料にみる『平泉』とその周辺」として、近年の調査を中心に報告された。

また、岩手県教育委員会、一関市教育委員会、奥州市教育委員会、平泉町教育委員会は「平泉の文化遺産」拡張登録に関わる共同研究の成果品として資料集を刊行した（平成二十五・二十六・二十七「平泉の文化遺産」拡張登録に係る共同研究成果品一～三　二〇一四～二〇一六）。この資料集は報告書等によって集成されたものであり、平泉町内遺跡、世界遺産の資産と拡張登録を目指す関連資産、一二世紀における周辺として、県内および宮城県の状況について集成している。また上記の四機関は共同して平泉の文化遺産に関わり、国内の専門家による研究集会を開催してきている。これらは「日本都市史のなかの平泉」（平成二十五）、「アジア都市史における平泉」（平成二十六）、「アジアにおける平泉文化」（平成二十七）、「奥州藤原氏が構想した理想世界」（平成二十八）として報告書を刊行している。

図2　在りし日の無量光院跡

学際的な動きとして平成二十四年四月に岩手大学内に設置された「平泉文化研究センター」の存在が大きい。平泉文化研究センター（所長：宇佐美公生）は、東アジアにおける「平泉の遺跡」の意義解明の研究拠点とするもので、日中韓三国の庭園遺跡の比較検討、あるいは蛍光X線分析による舶載陶磁器の産地同定や庭園遺跡の土壌分析・植生復元、そして考古、文献、教育の面から研究成果の還元を行っている。平泉町は岩手大学と「平泉文化研究推進に係る相互連携協力協定」を締結し（平成二十五）、平泉文化と世界遺産教育に関する研究を協力して行っている。

また、「平泉研究の史料学的再構築」（研究者代表者：柳原敏昭）では、北海道勇払郡厚真《あつま》町で発掘調査を行った（宇隆《うりゅう》I遺跡発掘調査団平成二十六年十月）。これは昭和三四年に宇隆公民館建設時に発見されて須恵器壺とされていたものが、平成二〇年以降に研究者の中で常滑産の壺であることが認知され、手がかりを求めて出土地点の現地を再発掘したものである。攪乱《かくらん》が激しく遺構の成果は得られなかったが、多くの研究者の実見によって壺は常滑編年二型式（一一五〇―一一七五年）にあたり、口縁部が意図的に打ち欠かれており、仏教に関連する経塚遺物と推定されたことなど意義は大きい。

おわりに―これからの平泉研究―

昭和五年の小田島禄郎の踏査に始まる平泉の発掘調査は、平成二十九年時点でおよそ七〇〇回を数えるに到った。戦後の花館遺址（昭和二十五年　岩手県）、無量光院跡（昭和二十七年　国文化財保護委員会）、観自在王院跡・毛越寺（昭和二十九～三十三年　平泉遺跡調査会）、中尊寺（昭和三十四～四十三年　平泉遺跡調査会）の発掘調査は平泉の考古学調査史に燦然と輝きを放った。これらをへて、観自在王院跡整備（昭和四十七～五十二年　平泉町）、毛越寺庭園整備（昭和五十四～平成三年　毛越寺・平泉町）、そして無量光院跡整備（平成二十四年〜現在　平泉町）が行われてきた。整備にともなう内容確認調査でも数多くの新たな事実が発見されてきた。観自在王院跡の南西の一画が公有化完了にともない、平成三〇年度からは追加して調査・整備されていく。県による柳之御所遺跡整備も進行しており、「史都平泉」の往時の姿が甦りつつあるといってよい。

これら史跡の調査整備が重要である一方で、小規模な緊急調査による個の積み上げも平泉の都市構造の解明に不可欠である。地道に続けていくことに他ならないのである。まだ本格導入のないＧＩＳ（地理情報システム）の活用の下に大きな進展が期されるところである。

わずか一〇〇年余りの平泉の世紀であるが、遺構年代の位置づけこそ奥州藤原氏三代の都市変遷を見ていく上で大きな鍵となる。年代の物差しとしての遺物編年の確立こそ望まれるが、かわらけにしても編年は未だ確立されたとはいえない。

平成二十二年六月に岩手県の所有する「平泉遺跡群（柳之御所遺跡）出土品」九四二点と、平泉町の所有する「平泉遺跡群出土品」一二六二点の合計二二〇四点が国の重要文化財（考古資料）に指定された。これらは奥州藤原氏の拠点における生産や消費、そして流通を表しており、古代末期の多様な生活の実態を知る上で欠かせない資料である。平泉の数多くの史跡・遺跡からの発掘出土品が重要文化財に指定されることで、平泉の文化財に一層の厚みが加わった。これらの出土品の研究により物質文化としての解明にも期待したい。

平成二十九年度から岩手県は柳之御所ガイダンス施設（仮称）の基本計画策定に入った。約五か年でのオープンが目指されている。世界遺産のガイダンスをはじめ、柳之御所遺跡の解説・展示、出土品収蔵のほか、調査研究機能を有する県立の施設が誕生する見通しで、岩手県南地区の調査研究拠点としての役割が見込まれる。

奥州藤原氏の約一世紀にわたる平泉の都市造営の変遷は重要である。仏教の受容と神祇信仰の融合、平城・平安京など古代都市からの系譜と発展は中世都市へいかに影響を与えていったか、平泉の大きな課題である。遺跡と出土品の総合的研究が望まれる。

岩手大学平泉文化研究センターとの連携、岩手高等コンソーシアムとの協力、そして各地の研究者との協働により、英知を集めて研究の進展が図られることを期待したい。普及啓発でも願わくはフォーラム等を仙台や東京など都市部で開催することで、岩手や平泉文化の価値と魅力をより一層広めていくことが大切であろう。

〔参考文献〕

「平泉の文化遺産」拡張登録に係る共同研究成果品一～三　岩手県教育委員会、一関市教育委員会、奥州市教育委員会、平泉町教育委員会　二〇一四～二〇一六
「平泉遺跡群発掘調査報告書」　平泉町文化財調査報告書各集
岩手考古学会第三五回研究大会資料集　二〇一六「考古資料にみる「平泉」とその周辺」　岩手考古学会
平成二七年度平泉町第一回歴史教室資料「月舘お大師さま」二〇一五

第一章　都市平泉の成立と展開

羽柴直人

はじめに

筆者は一九九四年から二〇〇五年までの一〇年超、平泉拠点地区およびその周縁の関連遺跡の発掘調査に従事した。その内容は平泉中核施設の柳《やなぎ》之《の》御所《ごしょ》遺跡の他、都市平泉を構成する泉屋《いずみや》、志《し》羅《ら》山《やま》遺跡等、そして北上川東岸の下構《しもがまえ》遺跡、さらには衣川《ころもがわ》北岸の接待館《せったいだて》遺跡などである。

平泉拠点地区の遺跡に関わったことは都市平泉についての見解を得る上で重要であった。それに加えて周辺部の関連遺跡にも関わったことは、平泉の重層的な構造を考える上で非常に有意義な経験であった。この過程の中で二〇〇一年に、「平泉を構成する地割—平泉の道路と都市構造の変遷—」（羽柴二〇〇二）で平泉拠点地区を対象に道路・都市構造を六時期の変遷で提示した。この変遷では、清衡期（一・二期）の平泉は自然地形に沿った形態の居館である柳之御所遺跡を中核とする構造であったものが、基衡期以降（三期以降）は直線道路を基軸とする規格的な都市プランが形成されることを示し、清衡期と基衡期以降の平泉の構造は根本的に大きく変化することを明らかにした。

この見解については、筆者自身は基本的には現在でも大きな変更は必要ないと考えている。しかし、筆者はその後十年以上平泉の調査から離れており、近年の都市構造に関する新しい調査成果を把握しきれておらず、現時点での「都市平泉」についての執筆は適役ではないと痛感している。しかし、編者からのはげましを受け、何とか務めを果たしたいと思う。また、本章では「衣河」の様相を取り上げ、都市平泉との関係も論じたい。

1　平泉の範囲

奥州藤原氏の拠点都市　平泉は奥州藤原氏の拠点都市である。その存続年代は西暦一一〇一年頃から一一八九年までの約九〇年間である。一二世紀の奥州藤原氏に関連する遺構、遺物が密に検出されるのは、現在の平泉市街地と重なる「拠点地区」と呼ばれる区域である。拠点

図1―1　平泉全景（岩手県文化振興事業団埋蔵文化財センター提供）

地区は南辺が太田川、北辺は高館《たかだち》、西辺は毛越寺外輪の山と金鶏山《きんけいざん》の麓、東辺は低位段丘崖を境界とする約一キロ四方の範囲である。奥州藤原氏の当主の居館は、この拠点地区に存在し続け、拠点地区は平泉藤原氏の中枢施設と位置付けられる。拠点地区の立地は低位段丘上に限定され、沖積地上には基本的に遺構が展開しないようである。

拠点地区の「周縁部」にも同時代の遺跡が分布する。太田川の南岸、北上川の東岸等である。しかしこれらの地区では遺跡の広がりは点在する微高地上に限定され、その遺跡密度は拠点地区に比べると非常に小さく、様相は大きく異なる。また、平泉拠点地区の北西側には丘陵地形が広がり、その山中（関山《かんざん》）に中尊寺の諸伽藍が展開する。中尊寺の寺域は広く、寺域という宗教空間であることと、その立地条件からも平泉拠点地区とは一線が画される空間であり、ここでは関山も平泉の周縁部の一部と位置付けたい。また、関山の北麓を流れる衣川の北岸には、一二世紀の遺跡が面的に広がることが確認されている。この「衣河」は平泉の周縁部の一部分というだけではなく特別な位置付けが必要である。

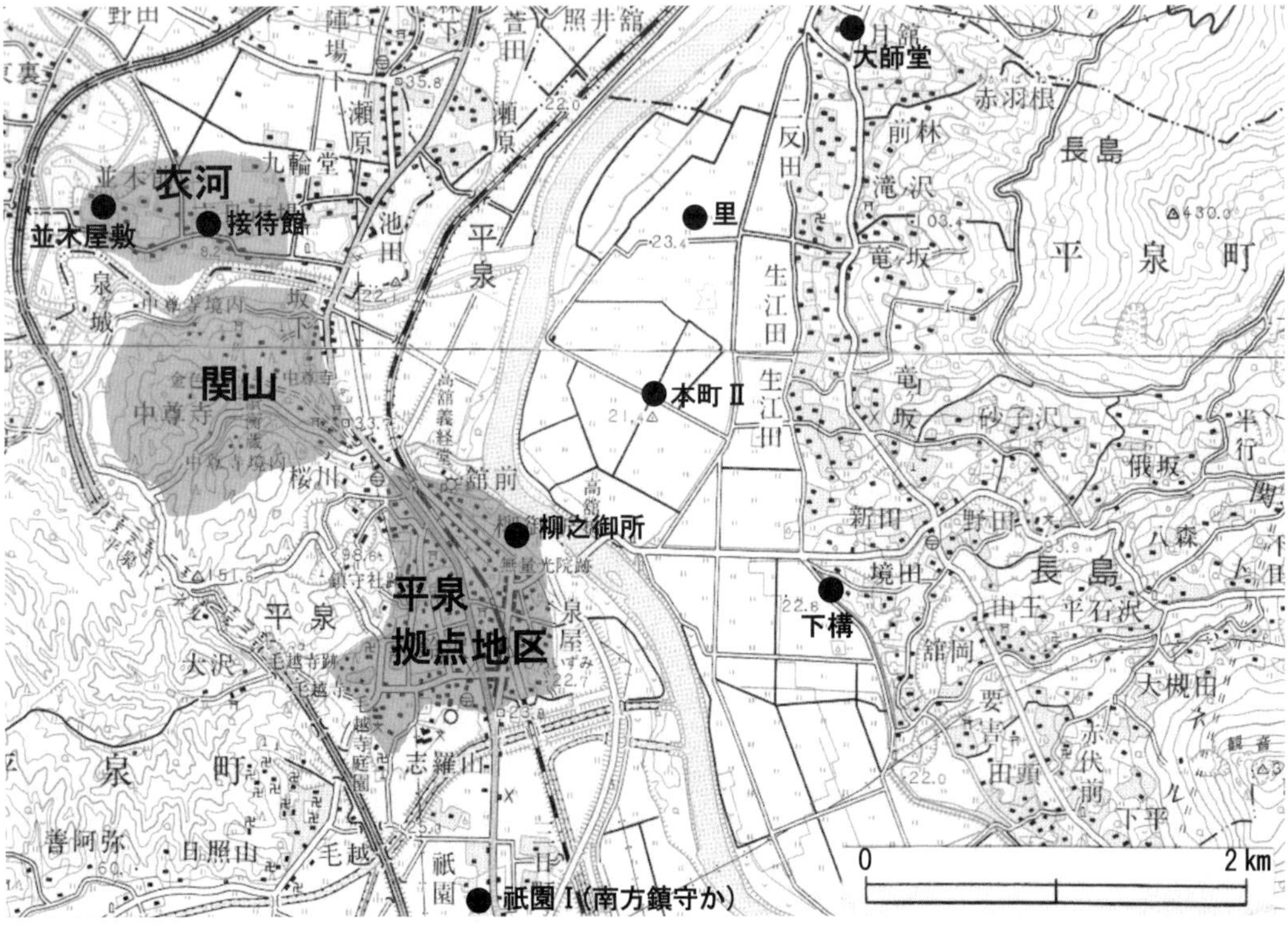

図1―2　平泉周辺図　国土地理院 1:50,000地形図　一関・水沢

周縁部の位置付け　このように狭義の「平泉」は拠点地区のみを指す。そして、広義の「平泉」は北上川東岸、太田川南岸、そして北西部の中尊寺の寺域である「関山」を含んだ周縁部を加えることになる。「衣河」については別項でその位置付けを検討したい。

その他、平泉拠点地区から視認できる東側の山列（経塚《きょうづか》山、長部《おさべ》山、駒形《こまがた》山、東岳《とうがく》山、観音《かんのん》山、石蔵《いしくら》山など）および西側の金鶏山には、経塚や宗教施設の存在が想定され、都市平泉の周囲に配置されたものと捉えられる。これらを平泉の「外縁部」と位置付けることも可能である。

2　平泉拠点地区の変遷

平泉拠点地区は、四代約九〇年間の中でも都市構造の変化・変遷がある。初代清衡の時代に都市平泉が完成したのではなく、四代泰衡の時代まで都市構造は変化し続けている。各代に造営した居館、施設が連結、重複した構造が、滅亡時の都市平泉の姿といえる。この平泉拠点地区の変遷の概略を当主の代ごとに分けて述べる。時期区分は①清衡期、②基衡期、③秀衡期とする。実年代の目安として①清衡期（西暦一一〇一～一一三〇年頃）、②基衡期（西暦一一三一～一一六〇年頃）、③秀衡期（西暦一一六一～一一八九年頃）とする。各当主の没年と多少ずれるが、各期を一律三〇年に割り振っている。

清衡期の平泉

清衡が平泉に入部し、中尊寺の伽藍の造営が進められていた段階である。この時期は、柳之御所遺跡が清衡の居館と考えられている。この段階の柳之御所遺跡は、自然地形に沿った形状で、堀で囲まれている。この居館構造は一一世紀代の清原氏などの居館と共通する構造である。そして、居館である柳之御所遺跡の外部には、道路で区画される都市域といえるものは存在していない。居館である「柳之御所遺跡」と寺院の「中尊寺」、この組み合わせが清衡時代の平泉の姿といえる。清衡時代の後半には、奥大道《おくだいどう》沿い（現平泉文化遺産センター付近）に花館《はなだて》廃寺が建立されている。

基衡期の平泉

毛越寺の建立が進められ、その周囲である平泉拠点地区南部が整備された時期である。

この都市整備の基準は東西に走る直線道路（東西大路）である。この東西大路は、東は毛越寺の前面から、西は低位段丘の縁辺まで一直線に東西正方位の軸で横断する。毛越寺の寺域の区画設定とともに地形に沿った旧来の奥大道は廃され、毛越寺と観自在王院《かんじざいおういん》の間に挟まれる直線道路に奥大道は改修されたと推測される。東西大路と交差する南北道路は、おおむね四〇丈（一二一・二メートル）ごとに交差しており、南北路の設定には東西大路を基軸にしたことは明らかである。そして道路に挟まれる各区画（観自在王院、方形区画など）も四〇丈の幅で設定されており、四〇丈という寸法が平泉の都市計画に用いられていることが読み取れる。この東西大路を基軸とした方形基調の区画の都市構造は、前段階の清衡期の様相とはまったく異なる理念の設計である。

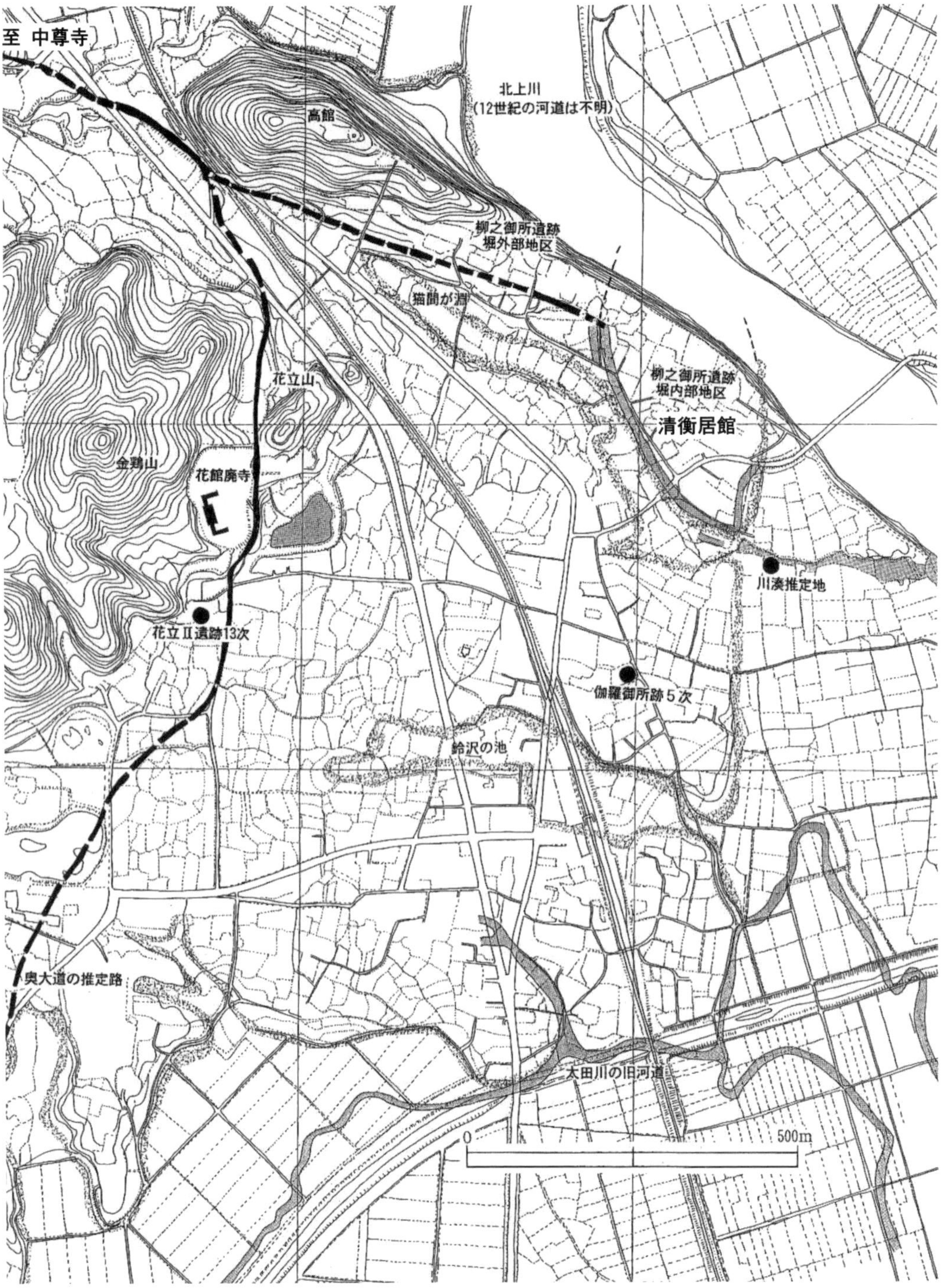

図1—3　清衡時代の平泉拠点地区

この都市のモデルは、京都の院政期の都市と考えられる。このように前代とまったく異なる理念の都市構造の導入は、大きな変化の画期と位置付けられる。この時代の当主基衡の居館が具体的にどの地点に該当するのか明らかになっていないが、基衡が新規に造成した東西大路を基軸とする都市の一画が基衡の居館と推測され、観自在王院東隣の方形区画が候補に上げられる。

基衡期の後半には、東西大路基準の毛越寺域と、清衡期に開発された柳之御所域が直線的な道路で連結される。この直線的な道路は柳之御所遺跡の堀内部も縦貫しており、これにより堀としての機能の意味合いは無実化し、堀内部地区も直線道路を基軸とする都市の区画の一部に組み込まれたことを示している。そして、都市域が確定したこの段階で、平泉の四方鎮守が設置され、拠点地区中央部に「中央総社」が設置されたと筆者は考える。その位置は宇鈴沢の「白山社遺跡」と推測する。

図1―4　都市平泉の道路跡（志羅山遺跡46次調査、岩手県文化振興事業団埋蔵文化財センター提供）

秀衡期の平泉

平泉拠点地区の都市の範囲は、前代の基衡期後半でほぼ確定した。そして、秀衡期になると道路はあまり増設されてはいないが、基衡期に比較すると柳之御所遺跡堀内部地区がふたたび充実した様相となることが注目される。ただし、これは清衡期の堀で囲まれる自然地形に沿った形状の柳之御所遺跡とはまったく異なった構造の施設で、直線的な道路と塀で区画された内部に、大型建物や池が構築され、かわらけを用いた京都風の宴会儀礼がさかんに行われる空間となった。この時期の柳之御所遺跡における遺物の出土量は、拠点地区内の他の遺跡と比べると突出しており、柳之御所遺跡がふたたび当主秀衡の居館になったと推測される。

さらに、秀衡期の後半になると、柳之御所遺跡周辺は大改造がなされ、儀礼用施設・政庁の機能を有する「平泉館」、居住用施設である「加羅御所」、寺院・御堂である「無量光院《むりようこういん》」の三施設からなる複合施設が新造される。これが、当主秀衡の中枢拠点施設である広義の意味の「平泉館」と言える。

院政期京都の後白河法皇の拠点「法住寺殿《ほうじゆうじ》」を例にとると、「法住寺殿」は儀礼用施設・政庁である「法住寺南殿」、居住用施設である「上御所・下御所・新御所」、寺院・御堂である「蓮華王院《れんげおう》・最勝光《さいしようこう》院」の三つの施設から構成される複合施設で、その総称が「法住寺殿」ということになる（川本二〇〇六）。秀衡が新造した「平泉館」の構造は、正にこの「法住寺殿」と共通するもので、そのモデルが、院政期京都の都市内部に位置する有力者の居館・拠点施設であることが理解される。「法住寺殿」の造営年代は西暦一一六一年であり、秀衡の「平泉館」の直接モデルが「法住寺殿」と想定することも年代的には可能である。

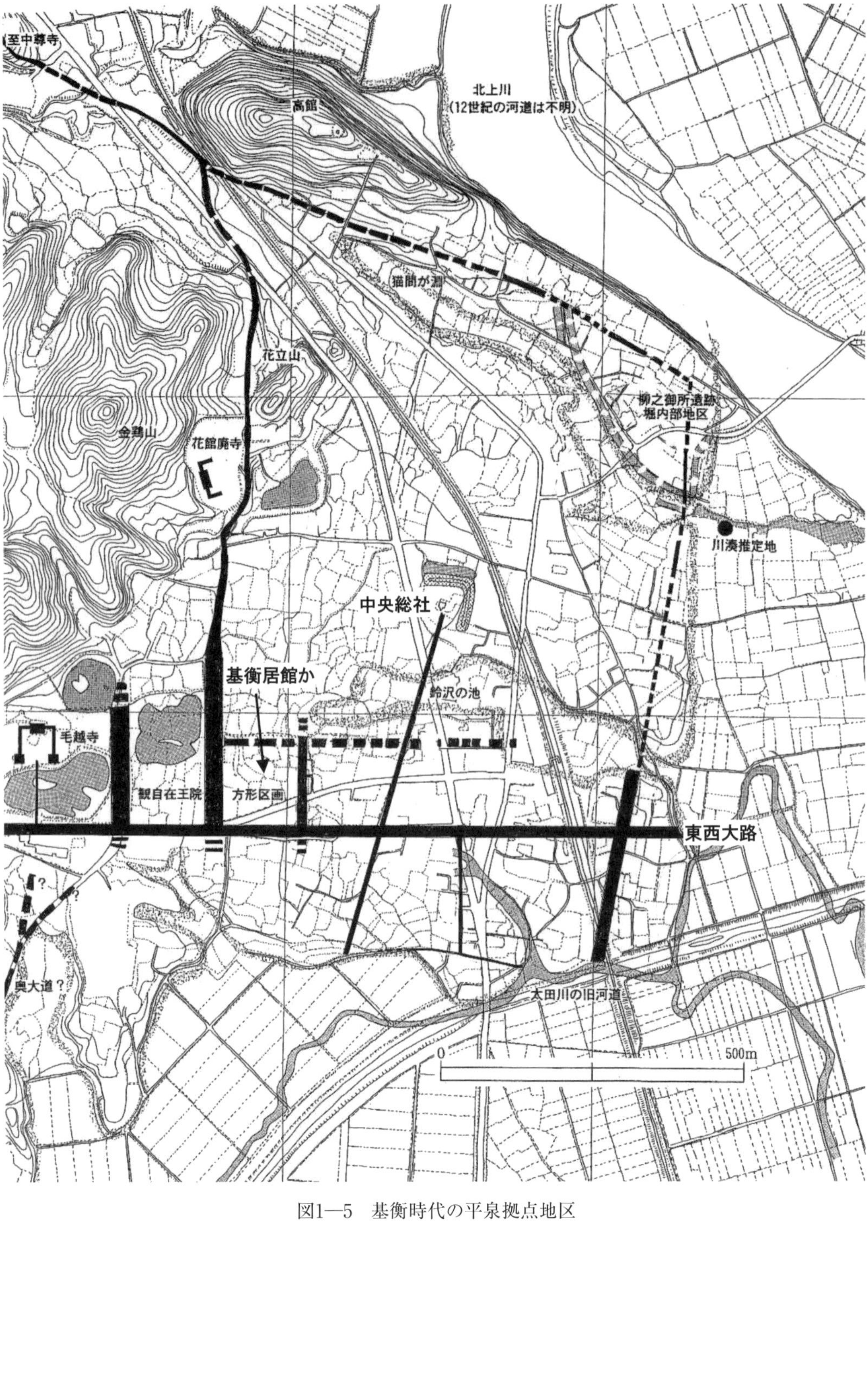

図1―5　基衡時代の平泉拠点地区

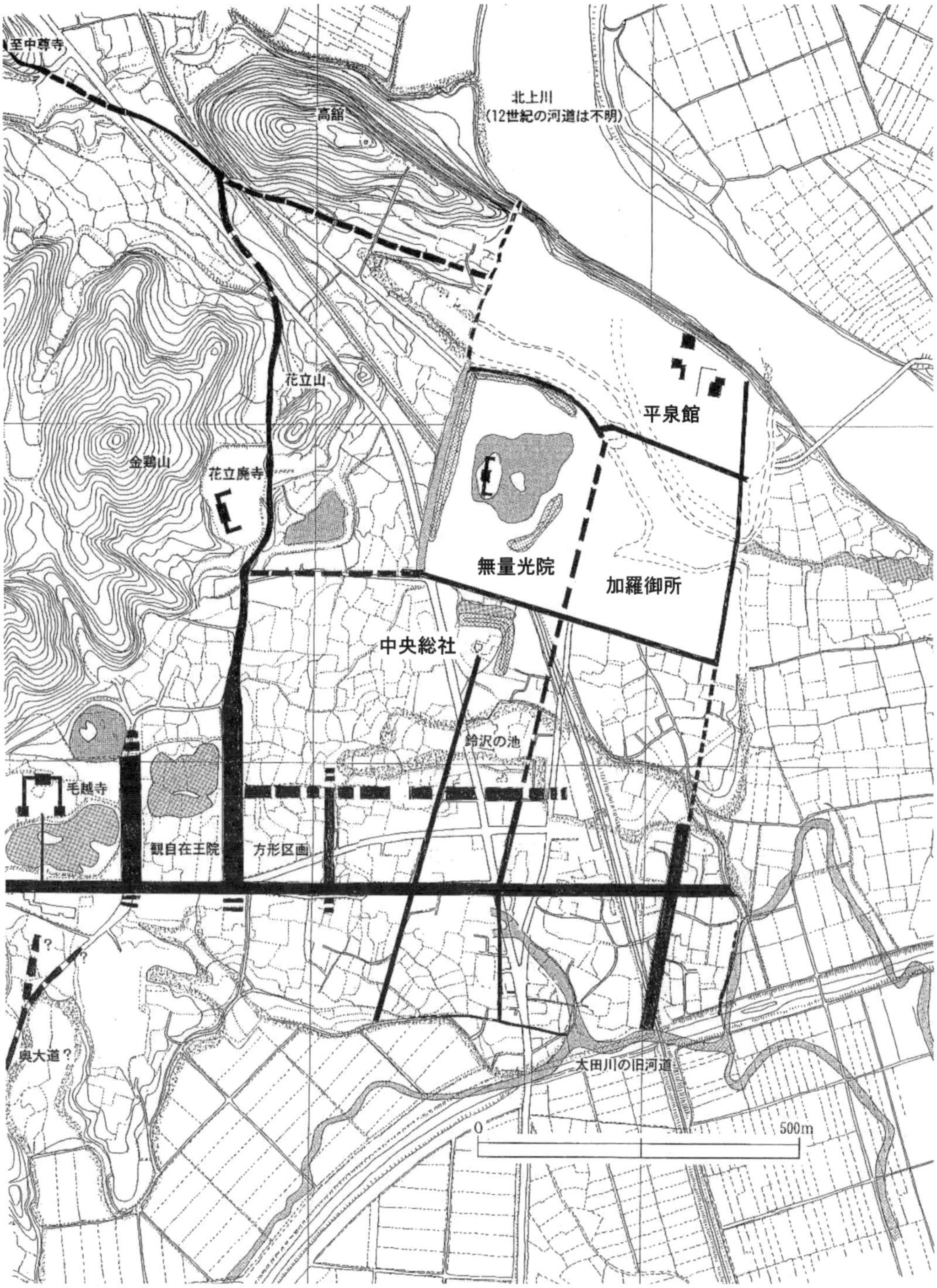

図1—6　秀衡時代の平泉拠点地区

平泉四代の泰衡は、当主としての期間は非常に短く、自身の理念による都市造りをおこなう時間はほとんどなかった。泰衡の時代は、秀衡期の末期として扱っておきたい。

平泉都市変遷のまとめ

以上の平泉拠点地区の変遷から示されることは、一二世紀平泉の都市構造が、初代清衡の時代（一一〇一〜一一三〇年頃）と二代基衡以降（一一三一年頃〜一一八九年）の時代では大きな相違があることである。清衡期の平泉は、自然地形にそった堀で囲まれる形態の柳之御所遺跡を中心とするものであるが、基衡期になると、院政期京都をモデルとした直線道路を基軸とする都市造りを取り入れられ、それが秀衡期に引き継がれていったという変遷である。このように清衡期と基衡期以降では都市・居館の基本構造や理念がまったく異なるのである。平泉の都市変遷をとらえる上でこの点は最も重要なポイントである。平泉九〇年間の中での基衡期の開始時（一一三一年頃）が大きな変化の画期と位置付けることができる。

3　衣河の様相

「衣河」の位置付け

北上川支流の衣川は、岩手県西磐井郡平泉町と奥州市衣川区の境界を流れる川である。衣川の南側が磐井郡（平泉町）、北側が胆沢郡（奥州市衣川区（旧衣川村））となる。これは単に一つの郡の境ということ

図1—7　衣河主要部

ではなく、鎮守府《ちんじゅふ》が管轄する「奥六郡《おくろくぐん》」と、陸奥国府直轄地の境界が「衣川」ということになる。従来、一二世紀の遺跡の広がりは、衣川南岸の磐井郡の平泉に限定されると理解されていた。

ところが、平成十六年度から十七年度にかけての衣川堤防工事にともなう大規模な発掘調査が衣川北岸地区で行われ、一連の遺跡（六日市場遺跡・細田遺跡・接待館遺跡、衣の関道遺跡）から、奥州藤原氏が平泉に拠点を構えていた時代の遺構、遺物が発見され、一二世紀の遺跡が面的に広がることが確認された（岩手県文化振興事業団二〇〇六・二〇〇八）。そして、当然ながら、堤防工事関連の発掘調査区域の外にも一二世紀の遺跡が広がっていることも予想される。これは奥州藤原氏の拠点都市である「平泉」とは別個に、衣川を隔てて都市「衣河」が存在することが想定され、従来の平泉像に根本的な修正をせまる新知見といえる。なお、現表記「衣川」ではなく「衣河」の表記を用いるのは、『吾妻鏡』に記載される表記に従うものである。

「衣河」の中核部分は、平坦な地形が広がる「下衣川」地区と考えられる。奥羽山脈を源となす衣川（北股川）は、丘陵部の谷間を南東に向かって流れる。南股川と合流後、下衣川地区に達すると衣川は流路を南向きに転じ、ほどなく関山の連なりに遮られ、流路がふたたび東側に転じる。そして、関山の北麓を東流し北上川と合流する。この関山の裾を東に流れる衣川の北岸が「衣河」と位置付けられる。この衣川北岸地区は、北側に胆沢《いさわ》扇状地の縁辺を構成する丘陵が東西に連なり、胆沢郡本体ともいえる胆沢扇状地とは隔てられる地形となっている。このように「衣河」は胆沢郡本体とは一線が画され、平泉と奥六郡の間の「境界領域」といった特別な位置付けができる。

衣河の発掘調査

発掘調査が行われた六日市場《むいかいちば》遺跡・細田遺跡・接待館遺跡、衣の関道遺跡ではそれぞれ、一二世紀後半の遺物がまとまった量出土しているが、一二世紀前半に属する遺物は、六日市場遺跡、接待館遺跡で極少量出土しているに過ぎない。この状況から、奥州藤原氏による衣河の本格的な整備は一二世紀中葉以降と理解される。

調査された遺跡の中で注目されるのは接待館遺跡である。接待館遺跡は約一二〇㍍幅の内法《うちのり》空間を幅七～一〇㍍の堀とそれに伴う土塁で囲まれる施設である。内部にはさらに内堀（幅約三㍍）で区画される内部区画が存在する。遺跡では多量のかわらけが出土し、かわらけを使用した格式の高い儀礼を繰り返し行った施設と理解される。内部からは井戸、掘立柱建物が検出されず、居館と判断するには無理がある。また、調査の過程で遺跡は保存されることになり調査は完結しておらず、重要施設であることは確かなのであるが、その性格を特定できない遺跡である。なお、遺跡名「接待館」は由緒あり気であるが、「せったや」という地名からの転嫁で「接待」の文字が付され、近世後半に「謡曲摂待」の連想から秀衡の母が「山伏接待」を行ったという伝承が創作されたものと推測される（羽柴二〇〇七・岩手県文化振興事業団二〇〇八）。

また細田遺跡、六日市場遺跡、接待館遺跡の西側の七日市場《なのかいちば》遺跡（奥州市教育委員会二〇〇九年度調査）では南北に走る道路側溝の可能

図1—8　接待館遺跡
（岩手県文化振興事業団埋蔵文化財センター提供）

図1—9　衣の関道遺跡苑池跡
（岩手県文化振興事業団埋蔵文化財センター提供）

性がある遺構が検出されており、衣川北岸地区にも直線道路で区割される「都市」が存在した可能性が指摘される。

また、衣の関道遺跡では苑池《えんち》の一部（池尻～排水溝）が検出されている。苑池には石敷により「州《す》浜《はま》」が表現されており、造苑の作法に則った苑池と理解される。この苑池の大半の部分は調査区域外に広がっているが、苑池が広がると想定される地点の明治前半の地籍図をみると、周囲が畑の地目の中に水田の地目がみられ、その水田の端部

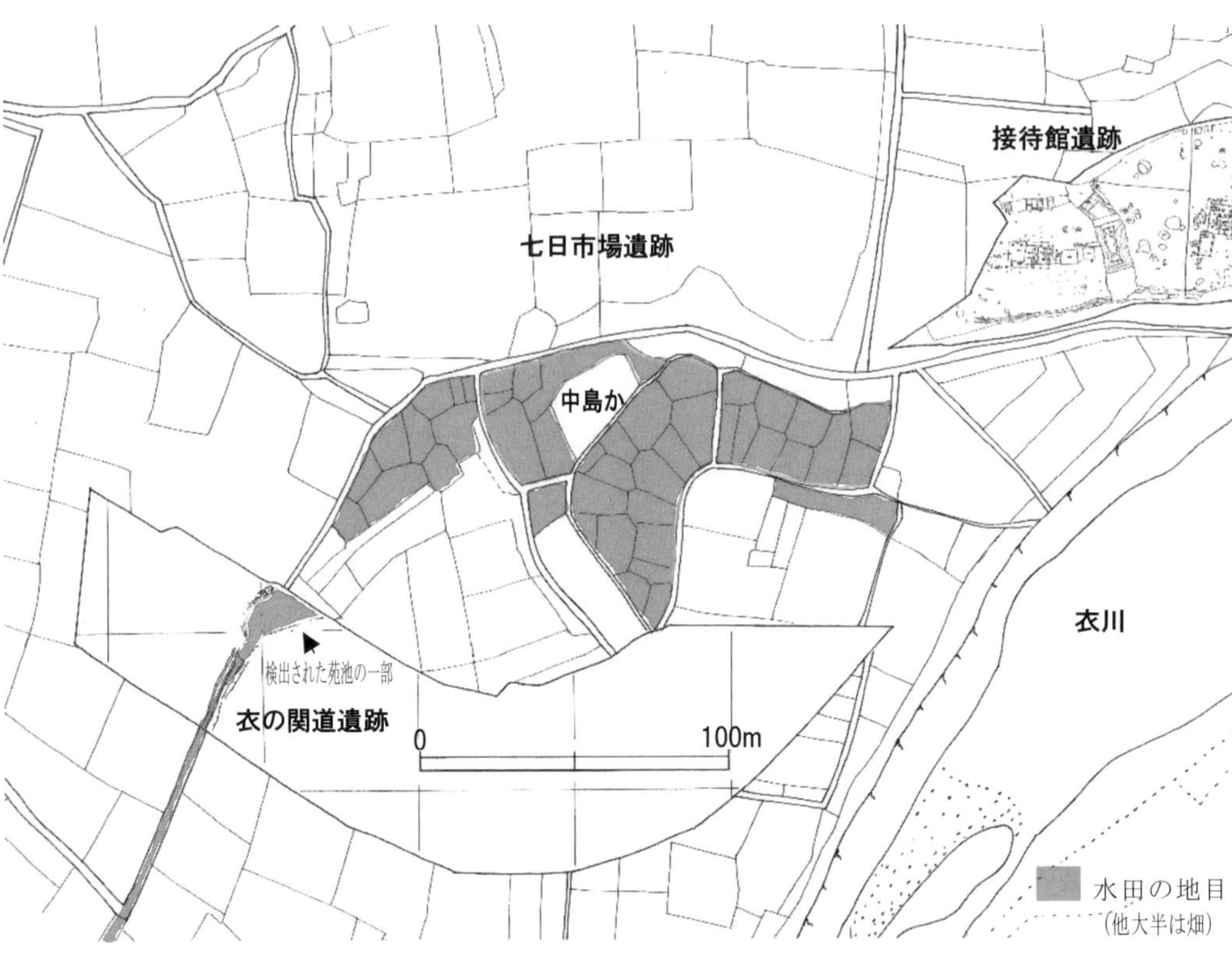

図1—10　地籍図から想定される苑池の形状

が発掘調査で検出された池尻にちょうどつながり、水田が苑池の範囲と解釈できる。そして水田の地目に囲まれて一筆のみ畑の地目があり、これは「中島」と理解される。

通常、苑池とそれに面する施設の関係は、施設の南面に苑池を配置するのが一般的と理解している。この配置からすると、衣の関道遺跡の苑池にともなう施設は、北側の七日市場遺跡に存在したと解される。七日市場遺跡については、その東端の小面積が奥州市教育委員会により内容確認調査が行われているのみで、その内容はほとんど不明な状況であり、未調査部分に臨池式の仏堂、居館などの存在が予測される。いずれにしても苑池を有する施設であれば、衣河の中でも中核的な重要施設であることは確かであろう。

接待館遺跡は神社ではないか

『吾妻鏡』文治五年九月十七日条「寺塔已下注文《じとういかちゅうもん》」には「一、鎮守事　中央惣社、東方日吉・白山両社、南方祇園社・王子諸社、西方北野天神・金峯山、北方今熊野・稲荷等社也、悉以摸本社之儀」とあり、都市平泉の鎮守として、中央と四方に神社が配されたことが記されている。平泉町鈴沢所在の白山社遺跡は都市平泉の中央に位置し、平泉の鎮守「中央総社」に該当すると筆者は推測している。すなわち神社の遺跡である。

白山社遺跡は北辺と東辺に幅一〇メートル以上の堀が存在し、その内側に土塁が存在している。残存状況が明瞭でない部分もあるが、土塁は南側が開いたコの字型であったと推測される。西辺の堀の有無は判明していないが、旧国道下に存在する可能性が高い。南面には堀、土塁が存在せず、鈴沢低地を利用した石積み護岸を有する苑池が存在したことが確認されている。苑池には橋脚がみられ、参道から施設内部への橋が存在している。このように白山社遺跡は北、東、（西）が堀・土塁で閉塞され、南面が池に面し開いており、入り口が存在した施設と捉えられる。これは北、東、西が土塁、堀で閉塞され、南面が水を湛える衣川に面する接待館遺跡と共通する共通する景観である。白山社遺跡がこの「中央総社」であるとすれば、平泉の北方に位置する接待館遺跡は北方鎮守「今熊野・稲荷等社」に相当するという発想が生じる。接待館遺跡は神社の遺跡という解釈である。もっとも、それを証明する客観的な根拠を筆者は持っていない。

言い訳がましいが、消去法でたどり着いた接待館遺跡の性格が「神社」である。ちなみに、接待館遺跡から近接ともいえる東方約四〇〇メートルの位置には以前、熊野神社が鎮座しており（昭和二十二年の台風で流失したという）、北方鎮守今熊野社の擬定地の一つになっている。また、接待館遺跡調査区西側に接する神明社には、貞治四年（一三六五年）銘の鰐口《わにぐち》があったといい（現在行方不明）、調査区隣接地に南北朝期にさかのぼる寺社が存在したことも、接待館遺跡神社説の傍証の一つになるかもしれない。歯切れが悪いが、接待館遺跡は平泉北方鎮守の「今熊野《いまくまの》」あるいは「稲荷社」の遺跡との仮説を提示したい。

都市平泉に鎮守が設置されたのは基衡期の後半、一二世紀五〇年代前後と筆者は想定している。北方鎮守の神社遺跡と推測する接待館遺跡もこの時代の造営と考えられる。接待館遺跡をはじめとする衣川北

図1—11　衣河主要部
（岩手県文化振興事業団埋蔵文化財センター提供）

岸の遺跡では一二世紀前半の遺物は非常に少なく、この北方鎮守の設置が「衣河」の遺跡展開の始まりと推測したい。

衣河館と藤原基成

「衣河館」は吾妻鏡に記されている「藤原基《もと》成《なり》」の居館である。この具立的な位置は現在不明であるが、「衣河」を冠するのであるから、衣川地区で一二世紀の遺跡の広がりが確認された現在、衣川北岸に所在と解釈するのが自然であろう。

藤原基成（生没年不明）は、藤原北家の出身で、康治三年（一一四三）から仁平三（一一五三）まで陸奥守を歴任（この間、鎮守府将軍兼務の時期もあり）した人物である。そして藤原秀衡の岳父でもある。平治の乱（平治元〈一一五九〉）の敗者藤原信頼が異母弟であったため、縁座により陸奥配流になり、平泉近郊の「衣河館」に居住していたとされる。基成は平泉藤原氏と婚姻関係等を通じて、陸奥国司の時代から奥州藤原氏との関係を築いており、配流以前から基成はその出自と職権、秀衡岳父という立場から、平泉に対して大きな影響力を有していたことは疑いない。そして、平泉にとって陸奥国司時代の基成は頼りになる強い後ろ盾であったと考えられる。その時期はちょうど基衡の時代に相当する。しかし、配流後は、要注意の面倒な人物になったと考えられる。

図1—12　並木屋敷遺跡
（岩手県文化振興事業団埋蔵文化財センター提供）

このような基成を、拠点平泉に住まわせることは大きなリスクをともなうことになる。それでも、平泉と基成の関係は前歴での恩義、婚姻関係によってもはや不可分のものであり、関係を絶つことは不可能であったと推測される。また、目の届かない平泉から遠隔の地に置くこともまた新たな危機を生む可能性があろう。平泉からの監視が可能で、それでいて関山、衣川によって隔てられる「衣河」の地は、基成らを「囲い込む」には絶好の場所だったのではないだろうか。また、衣河が鎮守府の所在する胆沢郡内にあり、さらに歌枕の地でもあることは、基成の居所選択の名目にもなったであろう。時系列としては、基衡期の後半（一一五〇年前後か）に都市平泉の「北方鎮守」が設置され、その周辺が整備されていた衣河の地に、平治元（一一五九）の平治の乱後、基成の受け入れ先として「衣河館」を造営したと解釈したい。この衣河館の造営は、平泉拠点地区の変遷区分では、秀衡期前半（一一六一年頃）のこととなる。

衣河館の具体的な場所は未発見である。まだ発掘調査がおよんでいない地点に所在している可能性が高い。その候補の第一として、接待館遺跡西方約八〇〇メートルに所在する「並木屋敷遺跡」を挙げたい。並木屋敷は方形を基調とした敷地を有しており、東北隅のコーナーに土塁が「L」字形に残存している。方形のプランの居館は院政期京都の出自の藤原基成に相応しいものである。その他にも、上述のように、苑池を南面に配する七日屋敷遺跡も重要施設の遺跡と推測され、衣河館の有力候補の一つでもある。

そして、衣河館の具体的な構造も不明である。しかし、『吾妻鏡』（文治五年閏四月三十日条）には、藤原泰衡に襲撃され、源義経が自刃した場所が「衣河館持仏堂」と記されている。このことから、衣河館には、「持仏堂」すなわち「寺院」が付属することが理解される。また、基成の息子三人も衣河館付近に居住しており（『吾妻鏡』文治五年八月二十五日条）、彼らの住いも衣河館に付属していたと理解される。このように衣河館はいくつかの施設が複合した構造であったと理解される。やはりこれは、「平泉館」と同様に、政庁、居所、寺院の三施設からなる複合施設であったと理解すべきである。また、従前から存在していた「北方鎮守」の接待館遺跡も、衣河館の一部として組み込まれていた可能性もある。

複合都市「平泉・衣河」

秀衡期の前半（一一六一年頃）以降、衣河北岸には藤原基成の「衣河館」が所在した。関山、衣川を挟んで「平泉」と「衣河」という別個の権力拠点が並立していたのである。衣河館は元陸奥国司で秀衡の岳父、藤原基成の拠点施設である。具体的な該当遺跡は発掘調査がなされていないので、具体的な構造は不明であるが、「平泉館」と同様に「政庁」「居所」「寺院」からなる複合施設であったと推測される。基成の出自、岳父としての立場に相応しい格式と内容の施設を秀衡は整備したのであろう。しかし、基成は配流の身であり、その居所の選択には留意が必要であった。その用件を満たす場所として平泉から近からず、遠からず、そして歌枕の地でもある床しい土地である「衣河」が選択されたのであろう。衣河が周囲から遮断された地形を呈していること、開発の核となる北方鎮守＝接待館遺跡の存在も選地の理由と考えられる。

この状況は、秀衡期前半に平泉の都市域が衣川北岸に拡大したと捉えることも可能である。しかし、わずか約二キロという至近距離で「館」と称される権力拠点が並立する景観は独特である。「館」は本来国司の住いを指す用語であり、用例が多少拡大された一二世紀代においても、国司に準ずる権威を有する者の住いにしか使用されない特別な用語である。実態としては、実権を平泉の奥州藤原氏が有しており、平泉都市域の拡大であったとしても、建前上は、平泉と別個の権力拠点が成立したことになる。この独特な状況を表すには、複合都市「平泉・衣河」が成立したとするのが適切と考える。

そしてさらに、文治五年（一一八九）、源義経が自刃したのは「衣河館」の持仏堂である。このことから義経も衣河に居たと推測される。義経が衣河に置かれたのも、基成が衣河に「囲いこまれた」のと同じ理由によるものと解釈される。ここにも「衣河」という土地の性格が表れている。

　また、最後に西行の『山家集』に記された「衣河の城」についてふれておく。西行は生涯に二回平泉に来ており、平泉来訪の際、衣川の河岸まで赴き、「衣河の城しまはしたることがら」を遠望し、詠んだ和歌「とりわきて　心もしみて　冴えぞわたる　衣河みにきたるけふしも」が山家集に収められている。この来訪の年代、また西行が見た「衣河の城」の対象物が何かわからないが、西行は前九年合戦詞書きの等のいにしえに思いをはせているのであり、具体的な構築物「衣河の城」の実在は問題ではないと考える。また、この時代、「城」と「館」の用例は明確に異なっており、衣河の城＝衣河館は成り立たないと考える。やはり、西行が見た「衣河」の風景は、衣河館造営以前の衣川北岸の整備が進んでいない時期（一二世紀中葉）で、一回目の来訪のことと推測する。

おわりに

都市平泉の展開を以下のようにまとめる

清衡時代　一一世紀代以来の形態の居館（堀で囲まれた柳之御所遺跡）の時代

基衡時代　前半　直線東西大道を基軸とした都市の構築（毛越寺、基衡の居館を配置）

　　　　　後半　毛越寺域と柳之御所域を道路で連結　平泉都市域の確定

　　　　　四方鎮守の設置（衣川北岸には北方鎮守＝接待館遺跡か）

秀衡時代　前半　柳之御所遺跡を秀衡の居館として再編成

　　　　　衣河館の造営　複合都市「平泉・衣河」の成立

　　　　　後半　平泉館（政庁＝平泉館　居所＝加羅御所　寺院＝無量光院）の完成

　この変遷の中での大きな画期は、清衡時代と基衡時代の間にある。基衡時代以降は、院政期京都をモデルとした直線道路を基軸とする都市構造が導入されるのである。また都市域が衣川北岸に拡大し、複合都市「平泉・衣河」が成立した秀衡時代前半も都市変遷の中では変化の画期といえる。

〔参考文献〕

岩手県文化振興事業団　二〇〇八『六日市場・細田・接待館遺跡』第五二三集
岩手県文化振興事業団埋蔵文化財センター　二〇一〇『衣の関道遺跡第1・2次発掘調査報告書』第五五〇集
川本重雄　二〇〇六「続法住寺殿の研究」『院政期の内裏・大内裏と院御所』文理閣
齋藤利男　一九九二『平泉　よみがえる中世都市』岩波新書
永原慶二編　一九七六『全譯吾妻鏡　第二巻』新人物往来社
羽柴直人　二〇〇一「平泉を構成する地割—平泉の道路と都市構造の変遷—」『都市平泉—成立とその構成』日本考古学協会盛岡大会資料
羽柴直人　二〇〇二「平泉の道路と都市構造の変遷」『平泉の世界』高志書

院

羽柴直人　二〇〇七「衣川遺跡群の発掘・調査」『平泉・衣川と京・福原』高志書院

第二章　平泉の寺院庭園

及川　司
島原弘征

はじめに

奥州藤原氏各代に造営された主要寺院はおよそ二キロ四方の平泉中心域に所在する。

中尊寺境内、毛越寺境内、観自在王院《かんじざいおういん》跡、無量光院《むりょうこういん》跡は特別史跡に指定され、さらには毛越寺庭園は特別名勝に、旧観自在王院庭園は名勝にそれぞれ指定されている。往時の堂塔はほとんど失われ、中尊寺金色堂のみが遺存する。

各寺院は立地を異にしており、当主の造営意図と、街区構想の下に選地された。平泉は水の都でもある。湧水《ゆうすい》などの豊富な水資源を利用して各寺院の中に庭園が設けられている。これらは浄土庭園として個々の特徴を備えつつ、平泉全体が寺院と庭園の集合体として浄土を現出した。

平泉の寺院庭園の発掘調査は昭和二十年代後半から昭和四十年代前半に集中的に行われた。この中で毛越寺、観自在王院は遺存の良好さに加え、庭園の完成度に驚かされた。一方で、中尊寺大池では造園的手法に乏しいとし、未完成の説も唱えられた。その後、達谷窟《たっこくのいわや》庭園、柳之御所庭園、白山社《はくさんしゃ》庭園などの庭園遺構が発見され、中尊寺大池の再調査が始まり（平成八～）、無量光院跡では整備のための詳細な調査が近年継続されて現在に至る（平成十四～）。

本章では、こうした最新の調査成果を踏まえて現時点での主要な各寺院庭園について概述する。

1　中尊寺

発掘の開始　平泉中心域の北縁、衣川南岸に屹立する関山《かんざん》丘陵に中尊寺は所在する。初代清衡は本拠地を豊田館《とよだのたち》（現奥州市江刺）から平泉へと移し、中尊寺を草創した。やがて三代秀衡に至り「寺塔四十余宇、禅坊三百余宇」（『吾妻鏡』文治五年九月十七日条）とされる一大伽藍が築かれた。

中尊寺の発掘調査は昭和二十八年に宝物館（旧讃衡蔵《かんこうぞう》）建設にとも

なう調査を最初とし、昭和三十四～四十三年には平泉遺跡調査会（代表藤島亥治郎）が伽藍《がらん》解明を目的として伝承遺跡を中心に学術調査を実施し、大きな成果をあげて昭和五十四年の特別史跡中尊寺境内の指定に結びついた。

尾根沿いの参道月見坂《つきみざか》を中心に子院が配置する状況は寛永十八年（＝一六四一）の一山絵図以来、現在も同様で、参道に沿って本堂付近から金色堂拝観所前広場周辺が中心部となってきた。拝観所前広場は「伝三重池」で、一山絵図にも描かれる。平泉遺跡調査会は、美しく変化に富む玉石積護岸と中島を有する庭園跡を発見した。その起源は一二世紀にさかのぼる。

平成期になって居住や参拝の環境整備にともなって発掘調査が増えた。この結果、概して平坦地の初源は一二世紀の開発に起因しながらも、長年月に多用されてきた中で削平の影響を受けやすく、敷地縁辺に一二世紀の遺構が残る状況がうかがえる。特に中世末～近世初期には境内の再整備にともなって、月見坂に面した場所を中心に造成の手が加わっていることが確認できる。

中尊寺は、発掘調査のおよんでいない山中の伝承地を中心に平成二～九年に金丸義一らにより表面調査を行い、「中尊寺総合調査」報告書を刊行している（「第Ⅰ次調査報告書」平成六、「第二次調査報告書」平成九）。また平泉遺跡調査会での出土遺物について、平成四～十一年に橋口定志らが再整理を行った（平成十二「中尊寺総合調査　中尊寺収蔵の出土遺物整理報告書」中尊寺）。

中尊寺大池跡の発掘調査

大池跡は、関山の山中にある開けた平坦地である。標高は約七〇㍍で水田として使用されてきており、杉木立の中島が目に留まる。周囲は西側に小高い丘陵、北側は参道月見坂の尾根、東は谷筋に沿って下っていき、南は谷を挟んで丘陵となる。北西約一〇〇㍍の高台に金色堂がある。平泉遺跡調査会では伝大池《おおいけ》跡地区の結果から、大池跡は未完成だったと推察していたが、平成期になって大池跡の北にある金剛《こんごう》院《いん》下層（第四〇次）から清衡期の遺物が初めて見出されたことから、ふたたび大池地区へ視点が向けられることとなった。平成八年から大池跡と周辺を中心に平泉町教育委員会によって発掘調査が断続的に行われてきた。

大池は丘陵地の裾野にあたり、西側高位面を削って平地を築き、東の低まりへ盛り土による堤防を築くことで池を形成している。池は二時期があり、Ⅰ期目の池の規模は南北約一二〇㍍、東西約七〇㍍ある。Ⅱ期目は池の北部が埋め立てられ、南北約九〇㍍に小さくなる。

Ⅰ期池底からはロクロかわらけのみが出土し、その特徴から一二世紀前葉の初代清衡期に位置づけられる。Ⅰ期池は一二世紀後半まで続き、池堆積土に手づくねかわらけや連珠《れんじゅ》・剣頭《けんとう》文様の瓦、須恵器《すえき》系陶器（一二世紀第3四半期）が入る。その後にⅡ期目の造り替えがされていることから、三代秀衡期の改造とみられる。Ⅰ期目の池底整地では地山粘土を用いて沢状地を被覆するなどして池底面を構築して水の漏出を防いでいる。池底に石はない。

現在も堤防跡は、弧状に湾曲する地形の高まりとして容易に判別で

図2—1　上空から見た中尊寺大池跡

図2—2　中尊寺大池跡東部発掘状況

きる。この堤防はⅡ期堤防の残存である。Ⅰ期目の堤防では細い枝木を敷き並べて盛り土を重ねる敷粗朶《しきそだ》工法が使われている。Ⅰ期目の護岸では汀《みぎわ》付近に直径二〇《センチ》前後の石がややまばらに敷かれていた形跡が護岸の各所で確認されている。Ⅱ期目では素掘りの護岸になる。池の深さはもっとも深い東部で約一《メートル》ある。

　Ⅰ期池、Ⅱ期池ともに堆積土からはハスの植物遺体が発見され、うちⅡ期池のハスの果実は長島時子氏の手により開花に成功し、「中尊寺大池ハス」と命名されて栽培されている。

　大池跡のほぼ中央に中島が位置する。南北約三〇《メートル》弱、東西約二〇《メートル》弱の規模でおおむね楕円形である。中島の構築方法は、西から東へ下がる旧地形の表土上に地山ブロックを主体とするシルト質土で盛り土形成されている。

　中島の西岸北部に一二個の景石が集積しているが、原位置はとどめていない。中島西側縁辺では特に南西部を中心に直径五～一〇《センチ》の礫《れき》敷《し》きが施されるなど、一二世紀以後の地業の痕跡があり、礫敷き面上から近世陶磁器が出土することから近世期の地業と見られる。礎石が二、三個見つかり、寛永十八年の一山絵図に描かれる「弁才天」（堂）との関わりのある地業とみられる。一二個の景石も、この地業にともなって移動されたことが推測できる。

　中島では橋脚の確認が期待されていたが、現状では断定できるものは見つかっていない。橋の位置は不明のままだが、可能性としては池の北東堤防外面に化粧石と見られる礫貼りを見出しており、庭園への主要導入部の可能性がある（第五九次）。藤島亥治郎は大池伽藍構想図で当地に門と橋を想定している。

　大池への主給水源は北西高台の湧水「按察使《あぜち》清水」とみられる。ここから下がった溜池状園池（第五四次調査地）に貯水され、さらに流下して大池へ供給された。溜池状園池の構築は出土かわらけから一二世紀前葉である。Ⅰ期目の導水路は見出していないが、Ⅱ期目の導水路と池落ち口が確認されている（第六九次）。導水路は上端幅が一・五メートル以上、下端幅が〇・八メートル、深さは約〇・九メートルと規模は大きい。

排水地点については、現状水田からの排水が池南岸付近であることから、ここを想定しているが、調査では近世以降の排水溝として確認できたものの、一二世紀段階の溝は特定できなかった。よって現時点では不明である。

池跡についてまとめると、大池は一二世紀前葉の初代清衡期に人工的に作られ、一二世紀後葉の三代秀衡期に改変されながら機能し続けた庭園である。中世～近世に徐々に湿地化していき、中島では近世初頭頃に弁天堂が建てられた形跡がみられる。

大池の西側では遺跡調査会が伝古《こ》経《きょう》蔵《ぞう》跡、古経蔵南方遺跡跡で礎石建物を見つけている。しかし段々の水田で失われ、全容は不明である。

伝古経蔵跡は寛永十八年の一山絵図中に「小経蔵」の記入がある。調査で発見された礎石《そせき》、根石《ねいし》、雨落ち溝等から、方三間廻縁付きで、各辺二五尺（約七・五メートル）、中央間九尺（約二・七メートル）、両脇間八尺（約二・四メートル）、縁東までの出は五尺（約一・五メートル）である。礎石は西側では地山にのるが、東側は腐植土に据えられ、上面に火災によるものと推定される裂け目が認められた。

古経蔵南方遺跡は遺構が二重になっていたが、一つはきわめて不明確だが、一方は南北方向に走る二列の礎石、根石と、その西にある縁束石から推定して、中央間を一一・五尺（約三・五メートル）、次ノ間八・五尺（約二・六メートル）、端ノ間八尺（約二・四メートル）からなる桁行五間で梁行は四間三三尺（約一〇メートル）の建物跡であった。三間四面堂と推定されるが、廊の跡は見られない。

これらの建物跡地の再調査が今後進められていく。大池と建物跡地調査からは相当数の一二世紀瓦が出土しており、中尊寺の中でも突出している。橋口定志らの再整理の所見から古経蔵南方遺跡に建物があって棟部分にのみ瓦が葺かれていたと推定する。この瓦は編年で一二世紀前葉までは上ることはなく、一二世紀中葉～後半に位置付けられている。Ⅰ期池堆積土（上位）で火を受けた連珠文・剣頭文軒平瓦が見つかっており、同層からの須恵器系陶器（一二世紀第三四半）と瓦は同年代と推測できる。Ⅰ期池最初の一二世紀前葉の建物は、いまだ不明である。そしてⅠ期池後半（一二世紀中葉～後半）の一二世紀瓦を葺いた建物は何か、さらにⅡ期池に改造された後（一二世紀後葉）の建物は何か。大池跡の地は清衡の供養願文に記された初期伽藍と目されており、建築遺構は今後の最大の課題である。（以上、及川執筆）

2　毛越寺庭園

概　要

平泉中心部の南西側に位置する毛越寺は、奥州藤原氏二代基衡が造営した寺院である。『吾妻鏡』には四〇にもおよぶ堂塔と五〇〇にものぼる禅坊が存在したこと、伽藍は金堂円隆寺《こんどうえんりゅうじ》、嘉勝寺（完成前に基衡が亡くなり、三代秀衡の代で完成した）をはじめとして講堂、常行堂、二階造りの惣門《そうもん》、鐘楼《しょうろう》、経蔵などで構成されていたこと、円隆寺の本尊は丈六の薬師如来、十二神将《じゅうにしんしょう》像（運慶が造ったこと、仏菩薩像に玉を用いて目を入れてことは、この時がはじめてであること）が安置されていたことが記されている。

境内は、北側に位置する塔山（標高一二一メートル）を背景として、その裾野には金堂円隆寺を中心とした伽藍と大泉が池と呼ばれる池があり、浄土庭園を構成している。

円隆寺は、薬師如来が座していた中堂の両側から東西に向かって翼廊（回廊）が延び、途中で南に折れ、その南（先）端には経楼と鐘楼がある。円隆寺の西側には嘉勝《かしょう》寺、後方には講堂、東には常行堂・法華堂などの主要堂塔が建ち並んでいた。これらのお堂の南側には大泉が池と呼ばれる大きな園池が広がり、お堂と共に浄土庭園の構成要素となっている。さらに、庭園の南側には南大門が建ち、最大幅約三〇メートルと言われる東西の大路に面していた。

大泉が池の中央には中島があり、南北には橋があったことが、現在でも残る橋脚から知ることができる。また、園池の北岸では、儀式の際に幡などを立てたと推定される柱穴も五基並んで発見された。なお、南大門跡、中島、円隆寺金堂跡を結ぶ伽藍の中軸線は南北方向に揃っており、さらにその北側に当たる伽藍の背後には塔山が控えている。また、毛越寺の東端を北側に延長すると金鶏山《きんけいざん》の山頂が位置しており、毛越寺およびその周辺の区画設計は金鶏山を基準にしている。

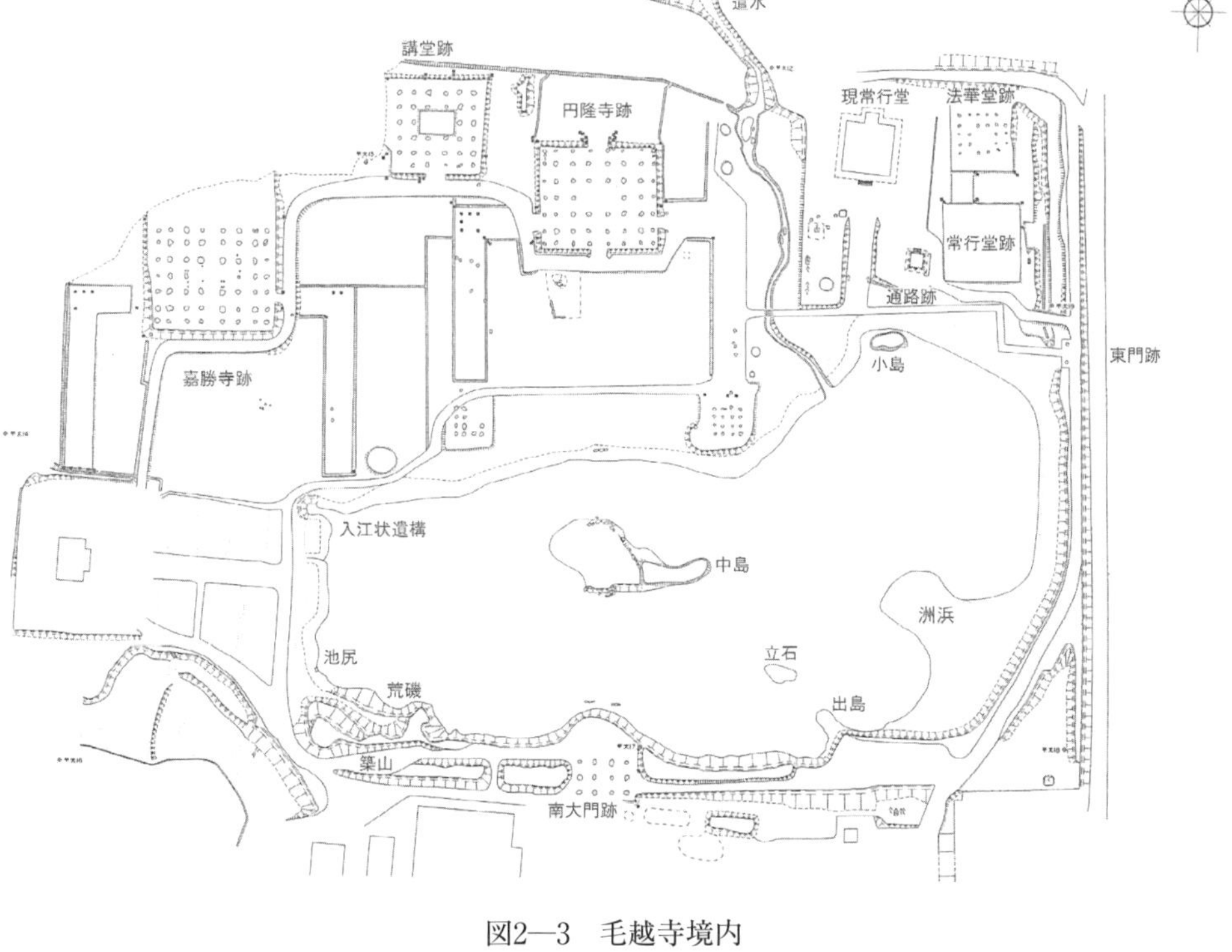

図2—3　毛越寺境内

図2—4　大泉が池（東から）

図2—5　整備前の大泉が池
池の水の循環が悪く、赤水が発生した時の様子

調査の歴史

毛越寺庭園の調査は、昭和五年の小田嶋禄郎により始まる。以後、昭和三十年から同三十三年にかけて平泉遺跡調査会による調査が、昭和五十五年～平成二年には平泉町教育委員会によって行われた。これらの発掘調査では、大泉が池の規模や内容とともに、最大の成果とも言える遺水の発見があった。このほかに立石修復のための調査（平成二十三・二十四年）がある。

浄土庭園の教科書・大泉が池

毛越寺の山門をくぐり、平成元年に建てられた本堂を目にし、南大門《なんだいもん》跡に立つと広大な「大泉が池」が眼前に迫る。その規模は東西約一九〇メートル×南北約六〇メートルを測り、洲浜・出島・立石・築山などで構成されている。

東岸には優美な海岸線を想起させる洲浜が、南東岸には荒々しい波と岩石の多い海岸である荒磯を表現した高さ約二メートルの池中立石を中心とする出島が、南西岸には断崖絶壁を表現した高さ四メートルの築山があり、多様な海岸線の風景を表現している。

北東岸には昭和五十九年に発見された遺水が、川の風情を演出しつつ池に水を供給し、池尻にあたる南西側から排水されている。『作庭記』には、「東より南にむかい西へ流すのを順流とす」と記述があり、まさにその記述通りに作られている。なお、昭和五十四年から平成三年に行われた整備以前は大泉が池への導水・排水は、西から水を入れ、東から排水する形で、藻や赤水の発生がよく見られた（図2—5）。整備時に遺水からの導水、排水路付近からの排水という当初の形に戻したところ、これらの発生は少なくなったという。藻は水の流れがあるところには発生しにくいと言われており、『作庭記』にもとづく当時の流水計画が非常に優れたものであることを示している。

遺　水

大泉が池北東側には昭和五十九年に発見された遺水が緩やかに蛇行し、池に水を注ぎ込んでいる。その規模は長さ約八〇メートル、幅約一・五メートルあり、当時の遺水《やりみず》の意匠・技術を知る上で極めて貴重な遺構である。その意匠は、上流では勾配《こうばい》をやや急にし景石を多く配置し組み合わせ、山から平野に流れる川の上流の風景を、中下流域は勾配を緩くし、全体的に平面的な景石の配置にすることで、川の中下流域を表現してい

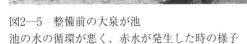

る。まさに『作庭記』に記された「自然を尊重し、自然に習う」という当時の庭造りの考え方に基づき、川の様々な風景を表していると言える。この日本最長である遣水は浄土庭園の代表的な遺構であり、その意匠はほかに変えがたいものであること、保存状況が良好であることから、調査後保存修理を行なった上で、露出展示がされており、実際に一二世紀の遺構を現地で見ることができる。毎年五月には「曲水《ごくすい》の宴」という平安時代における貴族の歌遊びが再現・開催され、当時の趣を真近で鑑賞できる。

図2―6　遣水（南から）

園池に使用した石には、蛇紋岩《じゃもんがん》と粘板岩が多く用いられ、特に遣水や池の汀付近では粘板岩の占める割合が高い傾向がある。さらに築山付近の汀や出島では粘板岩の比率が更に増加し、カモメ貝に穿孔《せんこう》された粘板岩が水面付近に多く認められるなどの特徴があり、尼崎博正は粘板岩を水辺に用いる岩石であるとの認識がなされていたのではないかとしている。また、同氏は、蛇紋岩は暗緑色もしくは黄緑色を呈し、当初の園池周辺の荘厳な雰囲気に包まれていたと推測している。背後の樹木や失われてしまったお堂との色彩と似た蛇紋岩は、伽藍全域の表面が小さな礫で覆われた園池と対照的な色彩を演出しており、荘厳的な空間構成を演出する上で一役買っているものと思われる。

毛越寺庭園は、左右対称形の翼廊を伴う仏堂の南側に園池を設け、お堂背後の塔山と一体となって造られた浄土庭園で、訪れた人々に浄土を想像させる仮想空間（システム）とも言える。この庭園は『作庭記』の記述を忠実に再現した庭園であり、日本庭園史上における価値は極めて高い。

整備概要

現在の毛越寺庭園は、その時代その時代の人々が大事に守ってきた結果、庭園をはじめ様々な遺構が良好な状態で残されたため鑑賞できる面が大きい。一方、昭和末から平成初期にかけての整備によって元の形に修復された部分も少なからずある。

現在の光景を形作る一因でもある整備について触れているものは少ないようなので、ここでは、簡単ではあるが整備の様相について触れてみたい。

昭和から平成にかけての整備では、①調査成果にもとづき、客観性の高い修復・復元を行うこと。②庭園がもつ芸術・鑑賞上の価値を再生させるために、適切な環境整備を行うことの二点の方針が定められ、場所場所に応じた整備が行われた（『特別史跡毛越寺境内特別名勝毛越寺庭園整備報告書』）。

具体的には、遺構をそのまま露出展示している箇所と（整備手法a）、遺構を露出させると損傷・劣化の危険性があることから地下に保存し、遺構の持つ意匠を復元的に表現した箇所（整備手法c）と地形上表現

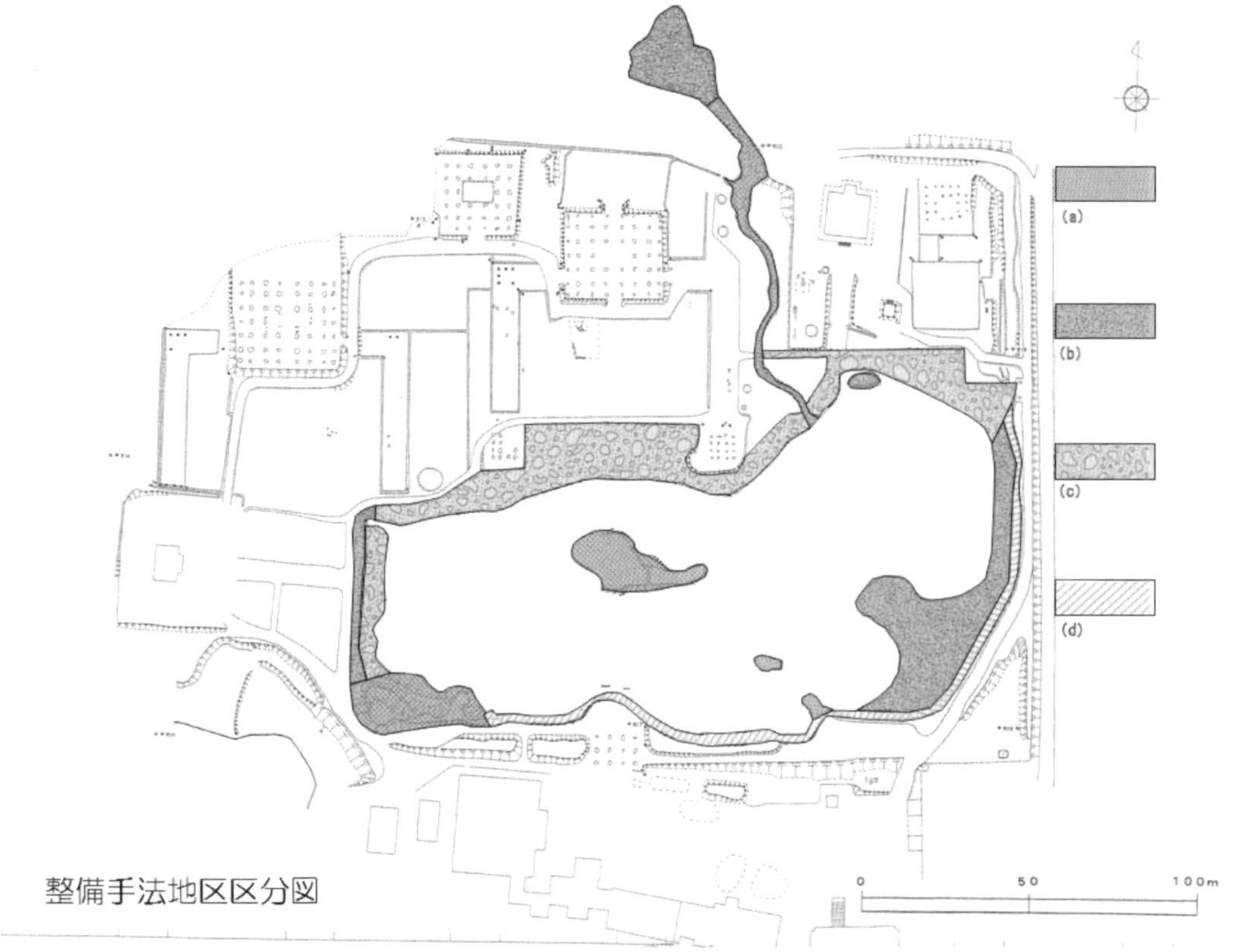

図2—7　整備手法区分図

できないため芝生による表現を行なった箇所（整備手法ｂ）に分けられる。また、遺構保護のため保護盛土に留めた箇所もある（整備手法ｄ）。

このように一二世紀から連綿と続く大泉が池を後世に良好な状態で残しかつ、現在の人々が訪れた際に庭園の持つ価値が本来のものと同様に伝わるよう景観的な価値を損なわぬよう、その場所場所に応じた整備がなされ、現在に至っているのである。

整備後四半世紀以上経過しているため、脆弱箇所の修復が必要になってきている。さらには近年多発するゲリラ豪雨等に伴う排水対策の更新や、園池の取水排水施設の更新が今後必要と感じていた矢先に池中立石の被災と復元修理が発生した。

池中立石の被災

大泉が池南東部には、池中立石という庭園のシンボルともいえる象徴的な石がある。その高さ二・五メートル、重さ推定四トンの蛇紋岩が立っている姿は池に立体的なアクセントを加えている。この象徴的な立石も、東日本大震災の最大余震（平成二十三年四月七日）で被災した。

毛越寺から傾いている旨の連絡があり、現地を確認したところ、すでに根元で五センチ程の隙間があり、根元が浮いていることが確認できた。まだ余震が続いている時期であったことから、倒壊防止のため応急処置で支柱を設置した。文化庁からは早急に内容確認調査を行い、特別名勝毛越寺庭園整備指導委員会の指導を得て復元方法の検討を行い復元修理するよう指示があった。

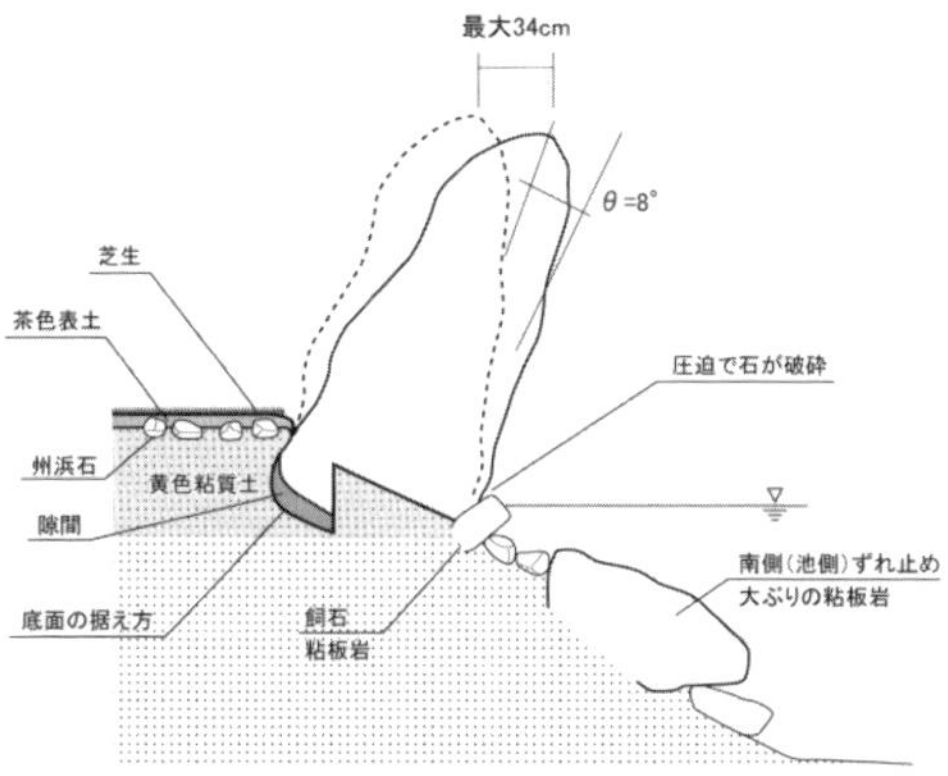

図2—9　立石模式図

被災前を破線、被災時の傾きを実線で表記した。

図2—8　池中立石と出島

図2—10　立石の根元

調査の結果、根元を支えていた飼石が割れたため立石本体が傾いたことが判明した。

図2—11　修復後の立石

毛越寺のシンボルともいえる立石《たていし》である。早急な復元修理は必須である。ただちに、調査が開始された。

調査では、復元方法の検討のため、立石西側の一部に調査区を設定し、内部構造を確認することとした。驚くべき事に立石の根は浅く、粘土を固くつき固めた地業の上にすり鉢状に設置された飼石の上に乗っている状態で、地中へは三〇チセン程しか埋設されていないことが判明した。もともと立て置かれた状態に近いものが、地震により飼石の一部が割れて立石本体が八度傾き、残った石でかろうじて支えていた状態だった。

特別名勝毛越寺庭園指導委員会において、平成二年の前回整備終了時の傾斜に戻すことと、生じた隙間に飼石を補充して復元することとなり、三叉を組みチェーンブロックで傾いた石を少しずつ平成二年の位置に起こし、割れた石を除去し新たに粘土と飼石を補充した。今回の復元で補充した飼石には補充した石と元々の石が後世の人々に判別できるよう、グラインダーで十文字の刻みをつけた。

調査成果にもとづいて、立石周辺の洲浜の修復も併せて行い、立石および島の価値の保存が図られた。

また、これを契機に露出展示、復元整備の現状を確認し、修復が必要な箇所については再整備を行うための調査が開始され、今後その調査結果をもとに再整備が行われる予定である。

3　観自在王院跡

指定までの経緯

観自在王院跡は奥州藤原氏二代基衡の夫人が建立した寺院の跡で、毛越寺の東隣に位置する。『吾妻鏡』には、観自在王院（阿弥陀堂と称する）は基衡の妻（安部宗任の娘）が建立したこと、小阿弥陀堂も基衡の妻が建立したことが記されている。

藤原氏滅亡後、荒廃が進んだ観自在王院跡は、近世以降大半が水田地帯と化した。しかし、大幅な地形改変が無かったことが幸いし、舞《まい》鶴《づる》が池と称される池跡や土塁の痕跡は、水田の形等から読み取ることができた。

このことから、観自在王院跡は保存状態が良好であると判断され、大正十一年に史跡毛越寺附鎮守社跡の一部、昭和二十七年に特別史跡毛越寺附鎮守社跡（平成十七年に毛越寺境内附鎮守社跡に名称変更）の一部として指定された。そののち、昭和四十九～五十三年に史跡公園観自在王院跡として整備され、平成十七年に名勝「旧観自在王院庭園」の指定を受け、史跡・名勝の二重指定となった。

境内の大きさは南北二五〇㍍、東西一二〇㍍を測り、敷地の北側に大阿弥陀堂・小阿弥陀堂などの主要堂宇が建ち、その南側には中島を擁する舞鶴が池と呼ばれる大きな園池が位置する。

現在、一八世紀初頭に建てられた現存の阿弥陀堂では、毎年春（五月四日）に毛越寺僧侶らによって基衡の妻の葬列を再現した法事（哭《な》きまつり）が行われている。

調査の歴史

観自在王院の調査は、昭和二十九～三十一年に平泉遺跡調査会によって行われた調査が端緒となる。この調査では、園池の北側から大阿弥陀堂および小阿弥陀堂の痕跡を示す礎石が発見されたほか、園池の南側では棟門跡が確認された。昭和四十七～五十二年には史跡整備にともなう内容確認調査が行われ、新たに西門跡、導水路、牛車を収める車宿《くるまやどり》が見つかっている。導水は池西側にある滝石組から供給されているが、滝石組に接続する導水路は西側土塁付近を暗渠でくぐり、毛越寺裏にある弁天池を取水源にしていることが確認された。なお、暗《あん》渠《きょ》に用いられた材木は全てクリ材であった。

舞鶴が池

舞鶴が池は平面形状が、鶴が舞っているように見えることから名付けられたとされており、『作庭記』に「池は鶴か亀の形に掘るべし」との記述からきたと考えられている。その規模は、東西一〇〇㍍、南北約一〇〇㍍ほどあり、中央付近に東西約三〇㍍、南北約一二㍍の中島が設けられている。洲浜は玉石敷の護岸であったものの毛越寺庭園とは異なり、石が葺かれていたのは汀付近の二㍍程のみであった。

池への導水は池西側にある滝石組から供給されているが、滝石組に接続する導水路は西側土塁付近を暗渠でくぐり、毛越寺裏にある弁天池を取水源にしていることが発掘調査で確認されている。なお、暗渠

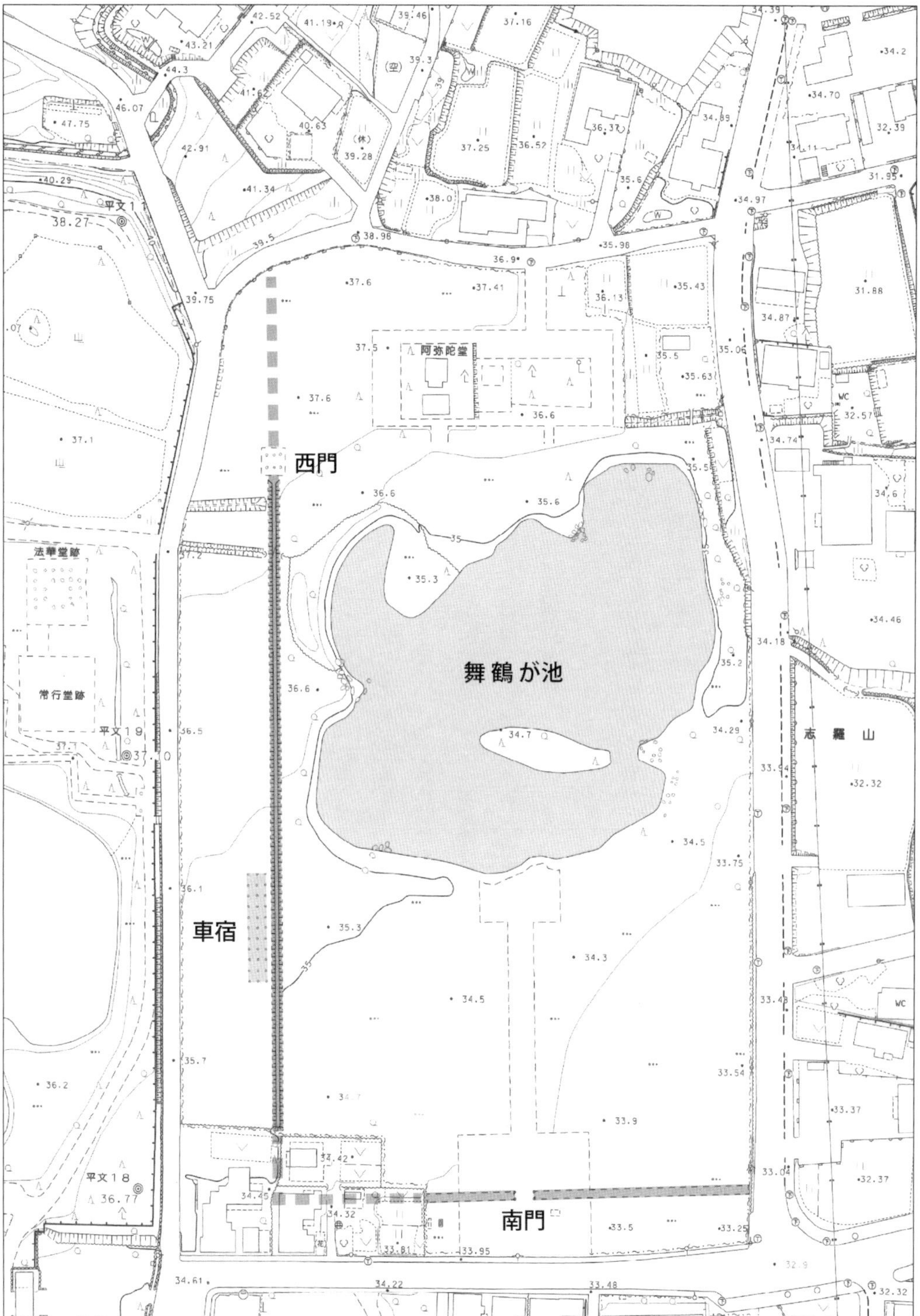

図2—12　観自在王院跡

図2—13　観自在王院跡（南から）

図2—14　滝石組

に用いられた材木は全てクリ材であった。

園池には毛越寺庭園ほど石が葺かれてはいないが、汀の前後二メートルには玢岩《ひんがん》が主体を占め、滝石組も玢岩を主体として花崗岩や輝緑岩等が含まれ、毛越寺庭園で多く認められた蛇紋岩や粘板岩が少ない傾向が伺える。蛇紋岩は暗緑色もしくは黄緑色を呈し、玢岩の色調は白いことから、尼崎博正は前者は荘厳化、後者は上品な雰囲気を演出するためのものとし、「作庭者の意図が石質構成に反映している」のではないかと指摘している。

このように、観自在王院の庭園は、大小の阿弥陀堂の南側に設けられた園池を中心として、園池とお堂が一体的となり極楽浄土が観想されることを意図して造られた浄土庭園であるが、その構成要素は毛越寺と異なる点が多く、後述する無量光院跡とも異なっている。そこに施主や作庭者の意図が影響しているものと思われ、その解明が今後必要になってくるであろう。

整備概要

昭和二十九～三十一年の平泉遺跡調査会による調査の後、平泉町は「平泉町文化財保護基本計画」を策定し、「観自在王院跡保存整備計画」に基づき観自在王院の復元的整備を実施することとした。計画は①土地の公有化と整備、②文化財の管理保護、に重点を置いたもので、文化財に対する国民の親しみと理解を深めることがねらいであった。

土地の公有化は昭和四十二～五十年度まで行い、整備事業は一部公有化と同時進行となるが、昭和四十九～五十三年度に実施した。

以下、地点毎に整備の概要を見てみる。

・池跡　調査成果を踏まえ、布掘り・池底の浚渫《しゅんせつ》を行い、粘土をつき固め、砂利と砂を加えて転圧した。州浜は調査の結果二メートル程の幅があったので、盛土の上に幅二メートル、緩勾配の玉石敷の州浜を復元した。玉石敷の厚さは一〇センチ、全長三〇〇メートル程であるが、現在は草や泥に覆われ見えなくなってしまった部分も多い。

・滝石組　毛越寺の遣水《やりみず》と同じように、露出展示を原則として、明らかに倒れている石の傾きを戻すのみに留めている。基本的には石の根元に粘土を突き固め、景石の安定化を図っている。池北西側の岬状地形や鐘楼北側の石組についても、玉石による修景が施されている点が異なるが、同じ対応をとっている。

・**門跡**　西門は主柱は掘立柱、袖柱は礎石という構成で、桁行一間（四・八メートル）、梁間二間（三・六メートル）を測る。主柱は築地と並行していた。また、北側の主柱は掘立から礎石に変更されており、二時期あったことが分かるが、南側の主柱は掘立のままである点が気になる。

南門は主柱・袖柱ともには掘立柱で、桁行一間（四・五メートル）、主柱は径三六センチを測る。主柱から二四センチ外側では太さ一五センチ角の掘立柱があるが、主柱から二四センチ程外側にずれていることから袖柱ではなく、築地の端に立つ貝形柱と考えられている。西門に比べ簡素な門の印象がある。

整備においては、西門は三〇センチの盛土を行い、調査で確認された柱の位置に三本の太さ三〇センチの木柱と四本の一五センチ角の石柱を設置した。盛土の表面には玉石、法面には張芝を施した。南門は、西門と同様に、調査で確認された柱の位置に木柱を設置し、その外側（南北）一・八メートルの所に、切石柱四本を設置した。

・**車宿**　観自在王院跡の西側からは南北方向一〇間（一七・五メートル）、東西方向二間（四・六メートル）の南北方向に細長い掘立柱の遺構が確認された。柱間寸法は南北方向一・七五メートル、東西方向二・三メートルと揃っている。柱の径は約三〇センチ程あり、材質は檜《ひのき》であった。西側土塁の西に近接し、北・東・南の三方には地覆石《じふくいし》を敷いた痕跡があることから、西側のみ解放していたと推測される。観自在王院の西隣に近接すること、遺構の形状からこの遺構は『吾妻鏡』に記載されている牛車を格納する車宿と考えられている。整備においては車宿が見つかった一帯に砂利を敷き、車宿の位置を表示するため柱穴が確認された箇所に太さ約三〇センチ、長さ五〇センチの柱を建てて、表面表示を行っている。

・**池南部分**　東西約一二〇メートル、南北約七八メートルの広がりを有する。この部分は舞鶴が池より標高が低く、整備前は水田化していた所で、北西から南東に向かって標高が下がり、比高差は一・八八メートル程ある。整備では北西側の表土の一部を削り、南東側を盛土し、平坦に近づけ、南北中軸線を中心に幅六メートルの通路を設け、その両側には張芝を施した。現在町民の憩いの場として、各種イベントにも活用されているが、大半が未調査部分なので、どのような遺構が広がっていたのかは分かっていない。

・**植栽**　地下への影響を考え、最小限度とすることを原則とした。樹種は「当時の庭園観として、春を東、秋は西へ、という感じを詠んだ歌があり、（中略）東方に梅・桜・柳などを多くし、楓は西岸に近く植えた」（整備報告書）ことを基本とした。

整備完了からすでに四十年が経過し、舞鶴が池の州浜については、崩落・えぐれが著しかったことから、平成十五年度に一度保存修理工事を行っているが、説明板の更新、車宿の表示方法、その周辺の石敷広場の表現方法について課題が残されている。

平泉で最初期に整備された庭園であり、これらの問題を解消することを目的とした再整備が求められていること、その際には未調査となっている池南側部分の内容確認調査が必要であろう。

4　無量光院跡

無量光院跡は、奥州藤原氏三代秀衡が一二世紀後半に建立した寺院の跡である。『吾妻鏡』文治五年九月十七日条では、三代秀衡が建立したこと、堂内の四壁の扉に観《かん》無《む》量寿経《りょうじゅきょう》の大意を描いてあり、秀衡自ら狩猟の様子を描いたこと、本尊は丈六の阿弥陀像であること、三重の宝塔、院内の荘厳はことごとく宇治の平等院を模したことが記されている。

南側を除く三方を土塁に囲まれ、その範囲は南北約三二〇メートル、東西約二三〇メートルある。土塁に囲まれた境内内部には、東西約一五〇メートル、南北約一六〇メートル、水深約四〇センチの池があり、池の中には大中小三つの島（中島、東島、北小島）が設けられている。一番大きい中島には本堂（阿弥陀堂）が、その東に位置する東島には拝所などの関連施設が建てられていた。中島の北側にある北小島は中島との位置関係が宇治の平等院と類似しており、『吾妻鏡』の記載を裏付けている。中島・東島にある建物群は、阿弥陀堂の背面（西方）に位置する金鶏山山頂と東西の中軸線を揃えている。金鶏山山頂には経塚が営まれており、宗教的な意味合いを持つ山を基準点にして寺院設計がなされていた。なお、金鶏山経塚からは経筒とその外容器である一二世紀前半の渥美壺が出土している。

無量光院は、境内の独特の空間構成および信仰の山である金鶏山との位置関係から、浄土庭園の発展した形態と考えられている。

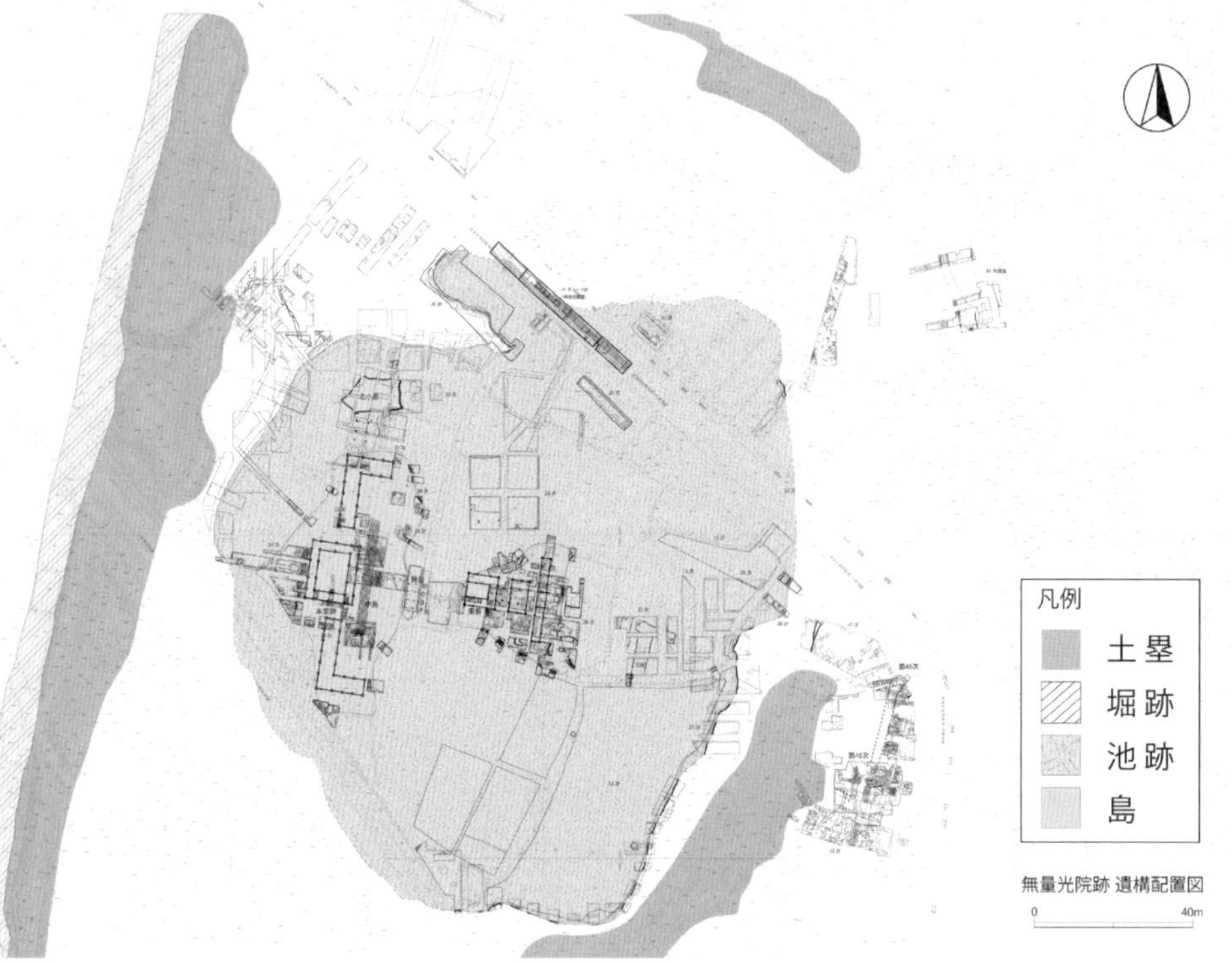

図2―15　無量光院跡

図2―16　無量光院跡全景（試験湛水時の写真）

図2―17　無量光院跡阿弥陀堂復元CG
復元考証：京都大学教授冨島義幸、ＣＧ作成：共同研究者　竹川浩平

中軸線の延長線上にある園池東側から阿弥陀堂付近を見ると、金鶏山を中心に左手には毛越寺の背後に位置する塔山、右手には中尊寺が位置する関山丘陵が見えるロケーションは、絶妙な位置関係であり、父祖が造営した寺院が背景に入るよう意識したものであろう。無量光院跡の三方を区画する土塁、特に西側土塁は背後の金鶏山の裾野のアクセントであると同時に、周辺施設の目隠しを兼ねており、外界と寺院境内を隔絶させ、かつ園池の意匠としての機能を有していた。拝所《はいしょ》がある東島が池の中央にある理由も外界との隔絶が目的で、東島から阿弥陀堂を礼拝した時、特に日輪が沈む夕方には阿弥陀堂の背後から夕陽が差し、幻想的な光景を演出する。東島から周囲を仰ぎ見ると土塁で外界の情報は遮断され、広大な池は大海の中にいるかのような錯覚を持たせ、非日常的な感覚に至らせる。非日常的な空間から阿弥陀堂を礼拝した場合とこの世ではなく、仏の世界を思わせる。まさに阿弥陀堂は仏の世界の宮殿であり、庭園は仏の世界を仮想体験できる空間とも言える。仏の世界を具現化するために設けられた阿弥陀堂、土塁、池をはじめとする数々の施設が織りなす空間は、浄土庭園の発展形態と呼ばれるのに相応しいと言える。

調査の歴史

無量光院跡の発掘調査は、昭和二十七年の文化財保護委員会（現在の文化庁の前身である）の調査が最初である（一次調査）。僅か二週間ほどの調査ではあったが、阿弥陀堂の中堂部分をはじめとする平等院との類似性が確認され、吾妻鏡の記述が裏付けられる成果が得られている。この一次調査の成果から、昭和三十年に特別史跡に指定されている。その後は小規模な調査が続くが、平成十四年から平泉町教育委員会によって史跡整備に向けた内容確認調査が進められており、北小島や池中舞台、池の形状や意匠など多くの成果が得られた。無量光院跡が廃絶して以降、境内の大半は耕地化し、近年までその風景は変わらなかったが、平成二十四年から平泉町教育委員会により当時の園地空間の復元を目指して池跡を中心に整備が進められており、徐々にではあるが当時の園池空間に戻りつつある。

ここでは、近年の調査で新たにわかった部分を中心に触れていきたいと思う。

池跡—浅くて広い池—

無量光院跡中島・東島周辺の休耕田部分は「梵字《ぼんじ》が池」と呼ばれる池の跡として平坦地を形成し、当時の面影を伝えていた。発掘調査の結果、現在まで残されていた旧耕田の平坦地が概ね池の範囲と一致しており、池の広さは東西約一五〇㍍、南北約一六〇㍍あること、池北側からは岬と入江が確認されるなど、池の形状が平等院に似ていることが発掘調査で明らかになってきた。

東岸　東土塁が近接する東岸では、もっとも土塁に近接する箇所を周囲より一段高くさせ高低差のアクセントをつけている。また、無量光院跡付近の旧地形が西から東に向かって低くなっている関係上、護岸の大半が整地盛土で構成されており、その点が他の護岸と異なっている。

南岸　阿弥陀堂南側および池南端には、鉄道（東北本線）が通っている。線路は当初単線で、昭和四十年前後に複線化され南側に位置する下り線が設置された。一次調査報告書において線路より南側に池が広がる想定をされていたが、線路南側の標高が二八・七～二九・〇メートルと池跡部分の水田標高（二七・八～二七・九メートル）より一メートル以上高いこと及び複線化以前の地積図から見て、その部分は複線化工事によって失われ、池は線路敷内に収まると考えている。

北岸　池北側には通称中尊寺通りと呼ばれている県道が通っており、その北側には住宅が広がっている。この県道より北側に池跡が広がるかが課題であったが、県道北側で行った二〇次調査において池岸を検出し、池は県道より北側に広がることが確認された。なお、平成二十四年（二〇一二）には県道部分の調査が行われ、県道下から池堆積層および北岸の一部が確認されている。

岬と入江　阿弥陀堂が所在する中島から北側の県道に面した部分から、南東側に延びる岬（半島）状の張り出しと、北西側に広がる入江が確認された。

　岬の大きさは長さ二八メートル、幅一〇メートル、入江は幅一一メートル、奥行二九メートルほどある。入江奥の岸の残存状況は非常に良好で、汀を中心に小石がまとまって確認され、この部分に関しては石を葺いていたものと思われる。ただし、無量光院跡の池（梵字が池）において小石が出土するのは中島・東島・北小島の周辺以外ではほぼ無いため、入江のみ石が葺かれていたと考えられる。

石が無い理由　島と岬、入江には（毛越寺庭園のような）玉石が葺かれているが、大半の池護岸には石が葺かれていなかった。また、池の水深が四〇センチと非常に浅いことも確認された。

　では、何故池の護岸に石がないのだろうか？

　池跡部分が数多く調査されたにもかかわらず、石の出土量が島の周囲や岬と入江を除いて極端に少なく、石の抜き取り痕跡も皆無で、石が葺かれていたのは池北側の岬と入江部分のみであった。しかも、石が葺かれている部分は主要な視点場である東門や東島からは見えにくい。主要視点場から阿弥陀堂を礼拝する際に見える空間には石を使わず、そこから見えない池北側の岬と入江のみに石を葺く、そのことにも意味があるのではないだろうか。池北側は、北小島とそれに接続する橋を介して阿弥陀堂のある中島に往来できる数少ない場所で、日常的に阿弥陀堂と往来する動線のみに石を葺いた可能性はないだろうか。石が葺かれている範囲が限定的であるため、無量光院は未完成とする考え方もあるが、そうではなく、非日常の表現のために、敢えて無量光院は意図的に石を使わない庭園を目指していたのではないだろうか？

　それを裏付ける可能性がある写真がある。

　図2—18は無量光院跡の整備後の池跡の様子である。無風状態の時は鏡のように上下対象となるが、風が吹くと浅い池のため容易に池底が見えてしまう。ある日池底が綺麗な金色のように見えたのである。

　整備の際には発掘調査で確認された池底と同系色としたので、当時も同様の光景が見れたはずである。阿弥陀経には七宝の池が

図2―18　無量光院跡（整備後の様子）

あり、池の底には金色の砂が敷き詰められていることが書かれている。今後検討すべき課題ではあるが、阿弥陀経との関連を想起させるような光景である。

また、従来から指摘されているが、無量光院跡の池は平泉でももっとも浅い池であり、清衡以降代々、浄土庭園を作り上げて来た蓄積、高い土木技術が浅い池を作ることを可能とさせたものである。未完成と見られがちな石のない浅い池も秀衡の作戦なのではないか？　そう思わせるものがある。

（蛇足）浅い池は管理が大変!!　本当に常時水を張っていたのか？

整備が進み、池に長期間試験湛水を行った。池底は一年も経たないうちに泥に覆われ、気温水温が上昇する夏には藻が大量発生した。浅い池は水が温まりやすく、気温が二五度を超えてくると、水の循環もない場合は、当然のように藻が大量発生し、浄土庭園とは思えないくらい悲しい光景が眼前に展開される。管理のおじさんたちと日々藻除去を行うが到底追いつかず、平泉の他の庭園よりも水の管理が非常に難しい事を痛感してしまう。当時の人々がどのような水の管理をしていたのか、本当に常時水を張っていたのか、それとも重要時の前に掃除をしていたのか？　浅い池と大量発生する藻は大きな疑問と課題を与えてくれる。

阿弥陀堂―平等院阿弥陀堂をモデルに―

昭和二十七年の第一次調査の結果、無量光院跡の阿弥陀堂は『吾妻鏡』の記載通り平等院鳳凰堂をベースとしていることが確認された。一方尾廊《びろう》が無いこと、中堂裳階部分の柱間寸法は若干広くし、翼廊の柱間数を一間分多いなど異なる点も確認されている。近年の再調査で、基壇外装および塼敷について新たな情報が得られているのでそれを中心に触れてみたい。

川原石に覆われた基壇

阿弥陀堂の基壇については、はっきりしていなかったが、その後の調査で南翼廊東・南辺の基壇際から、川原石が見切り状に並んでいた状況が見つかった。この川原石は基壇造成土にめり込み、基壇を外周する石敷（板石列）にのっていた。また、中堂背面（西側）の基壇床面では、二～二〇㌢の川原石が面的に広がっていた。この川原石はあたかも基壇表面に葺いたかのように薄く層状に入っていた。問題は葺かれている範囲であるが、中堂母屋南東隅の礎石付近でも（川原石の広がりを）面的に見つかっており、少なくとも裳階部分より外側には葺かれていのは確かである。

よって基壇については、①地山を削りだしておおよその形をつくり、その上に地山起源の粘土を盛土する。②その外周部分に石敷を敷設する。③石敷（板石）の上に拳大の石を見切り状に積み上げ、床面に被覆させた川原石をすりつけたと考えている（図2―19）。

図2―19　無量光院跡阿弥陀堂復元CG
復元考証：京都大学教授冨島義幸、ＣＧ作成：共同研究者　竹川浩平

一見すると亀腹風《かめばらふう》基壇《きだん》の表面に川原石を被覆させたかのような基壇外装である。特に中堂背面は検出時から洲浜と誤解するような状況で、川原石の色も単色でなく複数の色が使われている。特に水に濡らすと色の違いが顕著で、あたかも洲浜が基壇の上に広がっているかのような光景であった。当初から見せることを意識したのではないだろうか。何故基壇外装にこのような意匠を施したのであろうか。平等院の当初段階では翼廊先端部は島に立地するのではなく、池に張り出して設けられていた。その後沈下等があり、翼廊先端部も陸地化し現在の光景になっていった。この平等院の歴史が影響しているのではないだろうか。理想は池中に張り出し水上楼閣風に表現したいが、沈下してしまうリスクがある。そのため当初から島の上に立地させ、基壇表面まで洲浜として表現してしまおう。中島洲浜から基壇までなめらかに繋げ、一体的に洲浜として見えるようにする。そのような意図があったのではないだろうか。

基壇高は中堂で八三～八八センチ（約三尺）、翼廊で四〇～四五センチ（一尺五寸）あったと考えられる。基壇の縁辺には、基壇の見切りを兼ねた石敷が外周している。本堂部分で幅八〇～九〇センチ、翼廊部分で幅六〇～七〇センチ程あり、大小様々な粘板岩を組み合わせ、外縁は揃えていた。この石敷は正面側からの視点（見え方）を意識したのか、正面側に比較的大振りで面取りされたものが多く、背面側には正面に比べて小振りな石が配置されている。

また、翼廊部分では、約四〇センチの間をおいて対になる石敷を検出した。幅は四〇センチ前後で、両側の縁は揃っていた。この対になる石敷きは毛越寺講堂および金堂（円隆寺）翼廊の事例（藤島亥治郎一九六一）から、雨落ち溝にともなう石敷と考えられる。ただし、雨落ち部分には底面を覆う部材も、溝の痕跡は見つかっていない。中堂前面部分では対になる石敷は確認されていないが、後述する塼敷との間が四五～六〇センチ程であることから、石敷きと塼敷との間の部分を雨落ちにしたものと思われる。なお、この部分から若干ではあるが小石が中島の造成面にめり込んでおり、中堂の雨落ち部分には巻き石が施されていた可能性がある。

なお、翼廊から池までの雨落ち溝は無量光院廃絶以降、崩落が進み開田時の削平と相まって、南翼廊先端部分の雨落ち溝がどのように巡り、どのように池に繋がっていたのかを確認することはできなかった。

軒　出　中堂の軒出は石敷と塼敷《せんじき》に雨落ちがかからない一八尺、同様に翼廊の軒の出は一・八メートル（六尺）あったと考えられる。

塼　敷　中堂の正面から四五×四〇センチの塼が南北二四メートル（六〇列）東西二・八メートル（六列）にわたって広がっていた。完形個体はないが、中堂正面付近では塼の単位をみいだすことができる。ただし、北・南端に向かうにつれて残存状況は悪くなり、細片主体となっていく。東端からは見切りと思われる石列を検出したが、塼敷東端と重なり、石の下に塼が入る堆積状況であった。よって、この石列は創建当初からのものではなく、創建以降の塼が崩落を開始した段階で補修したもので、創建時の塼敷きには見切りの石列はなく、塼のみで構成されていたと考えられる。なお、塼の色調は赤褐色・灰色等様々で置き方に規則性は無く、塼敷と中堂正面側基壇際を巡る石敷の標高がほぼ同じであった。

池中舞台

中島東端から三×三間の舞台が見つかった。総柱で規模は五・九メートル四方の正方形である。柱間隔は中央が二・一メートル、それ以外は一・九メートルと中央が若干広い。阿弥陀堂（本堂）の正面かつ中軸線上に位置し、三×三間の総柱であることから舞台と判断した。柱の建て方は一律でなく、島に一番近い西端の列は掘り込み、それ以外は打ち込んで柱を建てていた。柱材はクリ材である。同一の構造物で柱の建て方が異なるのは、中島際という立地から、陸地部分は掘り込み、池中部分は打ち込みで柱を立てていた為と思われる。

舞台の東端から東島上場までの距離は八・〇メートルあるが、舞台から東島にかかる橋跡は確認できなかった。ただし、舞台東端から五メートル付近を中心に、二〇～三五センチの粘板岩が検出されている。舞台の柱筋に対応していないことから（仮設的な）橋ではなく、東島の基底部に伴うものと考えている。

舞台は文字史料（『中右記』元永元年閏九月二十二日条）などに儀式・法要時に舞台を池中に設置した記録があるものの、実際に浄土庭園から遺構として見つかった例は無く重要な発見である。

相違点はオリジナリティ

『吾妻鏡』には院内の荘厳はことごとく宇治の平等院を模したことが記されているが、中堂母屋の規模が同一であること、同様の北小島の発見（中島と北小島の位置関係が類似）、池の形が似ていること（特に池北側から岬と入江の発見は大きい）等、平等院との類似性は多く認められ、『吾妻鏡』の記述を裏付けている。

一方で基壇構造が壇上積基壇ではなく亀腹風洲浜仕上げであること、阿弥陀堂前に塼敷があること、阿弥陀堂の尾廊が無い（ちょうどその部分に鉄道があるため確認できないが、橋はあった可能性はある）こと。

図2—20　舞台遺構

裳階部分の柱間寸法は若干広く、翼廊の柱間数が一間分多い事、東島の存在など相違性も多くあり、類似性と相違性の双方が際だっている。

違いにこそ、秀衡の意図がある

これまで、無量光院跡の研究は平等院鳳凰堂との類似性に重きが置かれてきた印象がある。これは前述の吾妻鏡の記事（「悉く宇治の平等院を模す」）から始まるもので、類似性と相似性の分類とその前者に重きが置かれなかったか？　翼廊付き阿弥陀堂建築で浄土庭園の建設もあることを前提とすれば、平等院鳳凰堂との相似点にこそ意味があり、そこにこそ秀衡の意図が隠されているのではないだろうか

阿弥陀浄土の忠実な具現化

無量光院跡阿弥陀堂は平等院鳳凰堂をベースとしつつ、平等院では結果的に沈下してしまい修正を余儀なくされた翼廊先端部の池へのせり出しを、別な表現で行おうとした意図を感じられる。具体的には基壇を州浜のように川原石で覆い、阿弥陀堂が立地する中島州浜（護岸）からの接続をなめらかにすることで、あたかも水上楼閣風に見えるような表現にしたのではないだろうか？　また、池中舞台は、『当麻曼荼羅』等に描かれた阿弥陀三尊が坐す島の正面に舞台状の「せり出し」を表現したと考えられる。塼敷は冨島義幸によって指摘されているが（冨島二〇一〇）、『清海曼荼羅』等の阿弥陀浄土図に描かれた阿弥陀如来の周辺で表現されたタイルを具現化したものと思われる。また、今後検討が必要ではあるが、浅い池かつ洲浜に石が葺かれていない点も阿弥陀経との関連を想起させてくれる。

このように無量光院跡の浄土庭園は、平等院鳳凰堂およびその周辺

の景観を踏襲しつつ、阿弥陀堂浄土図に描かれた当時の浄土に対するイメージをさらに具現化するため、これらの施設が盛り込まれたと考えられる。

今後このオリジナル部分の検討を進めることにより、無量光院跡の性格の解明により繋がるものと思われる。（2～4、島原執筆）

〔参考文献〕

及川　司　二〇〇六「特別史跡中尊寺境内内容確認調査報告書」平泉町文化財調査報告書第98集
及川　司　二〇一二「遺跡発掘の軌跡」論集第三号　中尊寺仏教文化研究所
菅原計二ほか　二〇〇九「平泉遺跡群発掘調査報告書」平泉町文化財調査報告書　第一一〇集（二〇〇九）、第一一四集（二〇一〇）、第一一六集（二〇一一）、第一一八集（二〇一二）、第一二〇集（二〇一三）、第一二八集（二〇一七）
前川佳代・島原弘征　二〇一四「平泉無量光院の造営プラン—GISの利用に向けての試論—」『古代学』第6号
菅野成寛　一九九二「都市平泉の宗教的構造」『奥州藤原氏と柳之御所跡』吉川弘文館
冨島義幸　二〇一〇『平等院鳳凰堂　現世と浄土のあいだ』吉川弘文館
平泉町　一九七九『観自在王院跡整備報告書』
藤島亥治郎　一九六一『平泉　毛越寺と観自在王院の研究』
八重樫忠郎　一九九九「平泉・無量光院跡再考」『岩手考古学』第11号
八重樫忠郎　二〇一五『北のつわものの都　平泉』新泉社
宗教法人平等院　二〇〇三『平等院庭園保存整備報告書』
文化財保護委員会　一九五四『無量光院跡』埋蔵文化財発掘調査報告第三

コラム

平等院と無量光院の浄土庭園ビジョン

菅野成寛

平等院鳳凰堂の創建は、天喜元年（一〇五三）三月のことである（『扶桑略記』）。近年の発掘調査で、園池の泥土から一一世紀半ばの土師器《はじき》皿（土器《かわらけ》）が出土したことから（宇治市歴史資料館二〇〇三）、鳳凰堂を囲繞《いにょう》する園池も同時代のものと見られる。

おそらくこれは藤原道長の無量寿院とその園池の構想を発展させたものであろう。鳳凰堂を建立した藤原頼通《よりみち》の父道長は、寛仁四年（一〇二〇）三月、九体の阿弥陀像からなる無量寿院《むりょうじゅいん》を創建し（『御堂関白記』ほか）、その庭前には園池が造成された（『栄花物語』巻一八）。だが鳳凰堂のごとく園池の中島に無量寿院が営まれた形跡はなく（同、巻一七ほか）、鳳凰堂の構想は無量寿院とその園池との関係を独自に発展させたものであろう。

頼通の鳳凰堂は、建立間もない康平四年（一〇六一）十月にはすでに「極楽世界の儀」を移した「彼岸」の地と見なされ（『扶桑略記』）、後の一〇七四～八七年頃には鳳凰堂の正面、園池の対岸の一郭を埋め立て、「小御所《こごしょ》」が常設されることとなった（『為房卿記』。宇治市歴史資料館二〇〇三）。天永元年（一一一〇）閏九月二十二日に催された法華経の供養会では、園池の池中と州浜《すはま》上に造花や水鳥の造り物を飾り立てて「極楽」の様を模し、それを摂関家の人々が小御所から観覧したというから（『中右記』『殿暦』）、小御所は鳳凰堂の礼拝施設、あるいは観想の空間と見なされている（福山敏男一九四四、清水擴一九九二）。

その約一三〇年後、こうした鳳凰堂の構想そのままをモデルとして営まれたのが平泉の無量光院《むりょうこういん》であった。『吾妻鏡』文治五年（一一八九）九月十七日条によれば、同院は三代藤原秀衡が建立した阿弥陀堂で、荘厳のことごとくが「宇治の平等院を模」したものであったという。さらに同二十三日条では「宇治平等院の地形を模」したともいうが、この無量光院跡に初めて発掘調査の手が入ったのは昭和二十七年（一九五二）のことであった。

その調査報告書によると、同跡には鳳凰堂とまったく同類の左右相称形の翼廊をしたがえた中堂が東面して建ち（建物規模は無量光院がやや大）、これを囲繞した園池も鳳凰堂の中島や地形にきわめて近似したという。しかし鳳凰堂のごとき尾廊は存在せず、また中島も、無量光院の中島とは別に設けられた中島や、建物遺構（礼拝施設ほか）が存在するなど相違点もあるが（文化財保護委員会一九五四）、『吾妻鏡』記事の大要が裏付けられる結果となった。

これほど正確な鳳凰堂の情報が秀衡にもたらされた背景として、平泉藤原氏歴代の摂関家との繋がりに加え、秀衡の岳父、藤原基《もと》成《なり》との関係もはたらいたことであろう。保延二年（一一三六）三月に供養された鳥羽の勝光明院は、「宇治平等院を写」した阿弥陀堂として基成の父忠隆が鳥羽上皇に寄進したもので（『中右記』）、これらが無量光院建立にいたる主な情報源と見られる。

さらに二〇〇二年に開始された無量光院跡の発掘調査では、新たに鳳凰堂園池と同様の北小島跡のほか岬跡と入江跡、あるいは池中上の舞台とも思しき建物遺構などが一一八〇年代前半の土器とともに発見され、無量光院研究は面目を一新しつつある。

こうした園池プランの浄土教文化史上の意義だが、鳳凰堂モデルの究極的な到達点こそが秀衡の無量光院園池のビジョンであろう。特に両者の差異として著しいのは、〈礼拝施設〉の設置場所と背後の〈山容〉の有無だ。鳳凰堂の礼拝施設（小御所）が本尊の真正面、園池対岸の陸地上の設置であるのに対して、無量光院では園池の池中に造成された中島のなかに設営され、大きな違いを見せる。両園池の池水が『阿弥陀経』が説く極楽浄土の宝池《ほうち》に相当するのであれば、彼我の礼拝施設が担う意味は決定的に異なる。宇治のそれは現実世界の延長たる陸地上に営まれた現世の施設であるのに対して、平泉のそれは極楽浄土の宝池のなかに構えられた来世の礼拝施設と見なされ、もはや極楽往生者の居場所そのものへと進化している。つまり、鳳凰堂のプランがいまだ現世性から離脱できぬなか、かたや無量光院の場合、来世浄土そのものを体感するシミュレーション装置へと飛翔を遂げたのだ。

来世性を獲得した無量光院園池においは、背後の小高い金鶏山《きんけいざん》などの稜線と同院の建物ラインとが一つに融合して緊密な一体感を際立たせ、鳳凰堂景観では達成されなかった仏教文化史上で唯一の現世浄土景観すら創出させることとなった（菅野成寛二〇一五ほか）。後にこれを見た源頼朝は（『吾妻鏡』文治五年九月二十三日条）、無量光院の景観を手本とした永福寺の園池を鎌倉の地に造成したが、平泉に実現した現世浄土の構想が継承されることは一切なかった。

平安時代浄土庭園に現象した来世浄土と現世往生のビジョンが、宇治と平泉の地において二つながらいまだに息づいていることはまったく奇跡的ですらある。

〔参考文献〕

宇治市歴史資料館編　二〇〇三『史跡及び名勝　平等院庭園保存整備報告書』。
菅野成寛　一九九二「都市平泉における宗教的構造―思想と方位による無量光院論―（一九九一初出）、平泉文化研究会編『奥州藤原氏と柳之御所跡』吉川弘文館。
〃　二〇一一「天台浄土教建築と天台本覚思想―宇治・平等院鳳凰堂から平泉・無量光院へ―」『仏教文学』三五号。
〃　二〇一五「平泉文化の歴史的意義」柳原敏昭編『東北の中世史一　平泉の光芒』吉川弘文館。
清水擴　一九九二『平安時代仏教建築史の研究―浄土教建築史を中心に―』中央公論美術出版。
福山敏男　一九七二改訂版所収「宇治平等院小御所に就いて」（一九四四年初出）、同氏『日本建築史研究』墨水書房。
文化財保護委員会編　一九五四『無量光院跡』埋蔵文化財発掘調査報告書第三、吉川弘文館。

第三章　柳之御所遺跡——調査研究の現状と課題——

櫻井友梓

はじめに

岩手県を南北に縦断する北上川沿いに、一二世紀に奥州藤原氏が繁栄した平泉の政治行政の中心である柳之御所遺跡が所在する（図3—1）。遺跡は北上川沿いの段丘上に立地し、東辺を北上川、西辺と南辺を猫間《ねこま》ヶ淵《がふち》跡と呼ばれる低地、北側は高館の丘陵と各辺を自然地形によって区画される。一二世紀当時の流路には諸説あるものの、北上川沿いの水運に恵まれた立地が遺跡の特徴のひとつであることは衆目が一致する。

大河川沿いの水利がある一方で、平泉の周辺は洪水に幾度も襲われてきた。そのため治水事業が行われることとなり、昭和六十三年から柳之御所遺跡の範囲で発掘調査が開始された。平泉の文化財として著名な寺院や庭園以外では初となる大規模な発掘調査で、その当初から多くの成果が挙げられ、柳之御所遺跡と平泉の考古学的な内容が明らかにされた。この時期の遺跡では全国的にも稀な、柳之御所遺跡の大規模な発掘調査は平泉の考古資料の特徴や意義を広く伝え、多くの研究成果が生み出される契機となった。調査後、柳之御所遺跡は大規模な保存運動を受けて保存されるが、この調査研究の成果がその後の平泉の世界遺産登録へつながる研究の基礎となったほか、その後の継続的な発掘調査でも多くの成果が挙げられてきた。

図3—1　遠景写真（岩手県教育委員会提供）

ここでは、平泉研究が進展する上で大きな意義をもってきた柳之御所遺跡について、現在までの考古学的な調査成果の概略と遺跡の変遷や性格などの研究上の論点のいくつかをまとめる。なお、遺跡は大規模な堀跡により堀内部と堀外部の二つに分かれ、それぞれ堀内部、堀外部と記す。両者は遺構・遺物の様相の差が顕著で、性格も異なると考えられてきた。以下では、政治的な中心としての機能が想定でき調査も進展している堀内部を主に、堀外部などの隣接する部分の様相にも触れていきたい。

1　柳之御所遺跡の概要

調査保存の経過

平泉における考古学的な調査は中尊寺や無量光院《むりょうこういん》跡、毛越寺などの寺院跡を対象に開始された。また、柳之御所遺跡においても岩手県の考古学黎明期を支えた一人である小田島禄郎による昭和初期の踏査や、昭和四十年代に建築史を専門とする藤島亥治郎らによる発掘調査が行われた。その後、昭和五十年代からは平泉町教育委員会による内容確認調査が開始されている。これらにより遺構・遺物の分布が知られていたが、小規模な調査にとどまり、内容は不明確なままだった。近世以降の伝承もあり、この段階まで柳之御所遺跡は藤原清衡・基衡の居館跡と伝えられていたものの、洪水などにより多くは失われたものと考えられていた。

内容が明らかとなったのは、遺跡のほぼ全体が事業予定地内となる一関遊水地《いちのせきゆうすいち》事業にともなう大規模な発掘調査が開始されて以降である。昭和六十三年に始まる発掘調査は開始当初から大規模な堀跡の確認や多量の遺物の出土により、その成果が大きく注目された。当時の発掘調査の状況と成果は、堀内部の調査担当者である三浦謙一による紹介がある（三浦一九九三）。文字資料を含む多量の遺物と遺構が奥州

図3―2―1　調査当時（岩手県文化振興事業団埋蔵文化財センター提供）

図3―2―2　現景写真（岩手県教育委員会提供）

藤原氏の活動の様相を具体的に示し、この調査により列島でも数少ない平安末期の大規模な遺跡として重要な意義をもつことが明らかとなった。この調査成果を受け、遺跡の保存を求める声が高まり、あわせて多くの研究成果が発表された（斉藤一九九二、平泉文化研究会一九九二・一九九三）。この時期に示された多くの研究成果は以降の平泉研究の基礎となった。遺跡は奥州藤原氏の居館と評価され、保存運動も研究者のみでなく多くの署名が集まるなど大きな盛り上がりをみせた。これらを受けた地元住民や当時の建設省の理解と英断により、北上川の流路を東に移動するという大規模な事業を伴う計画変更が行わ

図3—3　柳之御所遺跡全体図

れ、堤防などの治水事業と遺跡保存の両立が決定された。

その後、遺跡の大部分は平成九年に史跡指定され、現在まで史跡整備に向けて内容確認調査が継続して実施されている。この継続的な調査によっても、多くの成果が加えられてきた（西澤二〇〇七）。特に、一二世紀初頭の遺物が確認されこの遺跡に限らず遺物研究が進み変化が把握されてきたこと、一二世紀代を通して遺跡の変遷が理解されるようになったことは大きな成果である。現在、遺跡は史跡公園として整備されているほか（図3—2）、主要な出土遺物が重要文化財に指定されている。

調査の概要

柳之御所遺跡は大規模な堀跡に区画され、内部と外部に分かれる（図3—3）。それぞれ五万平方メートル強程で、遺跡全体で約一一万平方メートルである。堀内部は道路跡や塀があり、これらの区画施設により細かく区域と機能が分かれた。ただしこの区画は遺構が重複し、遺跡存続期間を通じて一定しないとみられることは留意すべき特徴でもある。塀などで区画された内には大規模な掘立柱建物跡や園

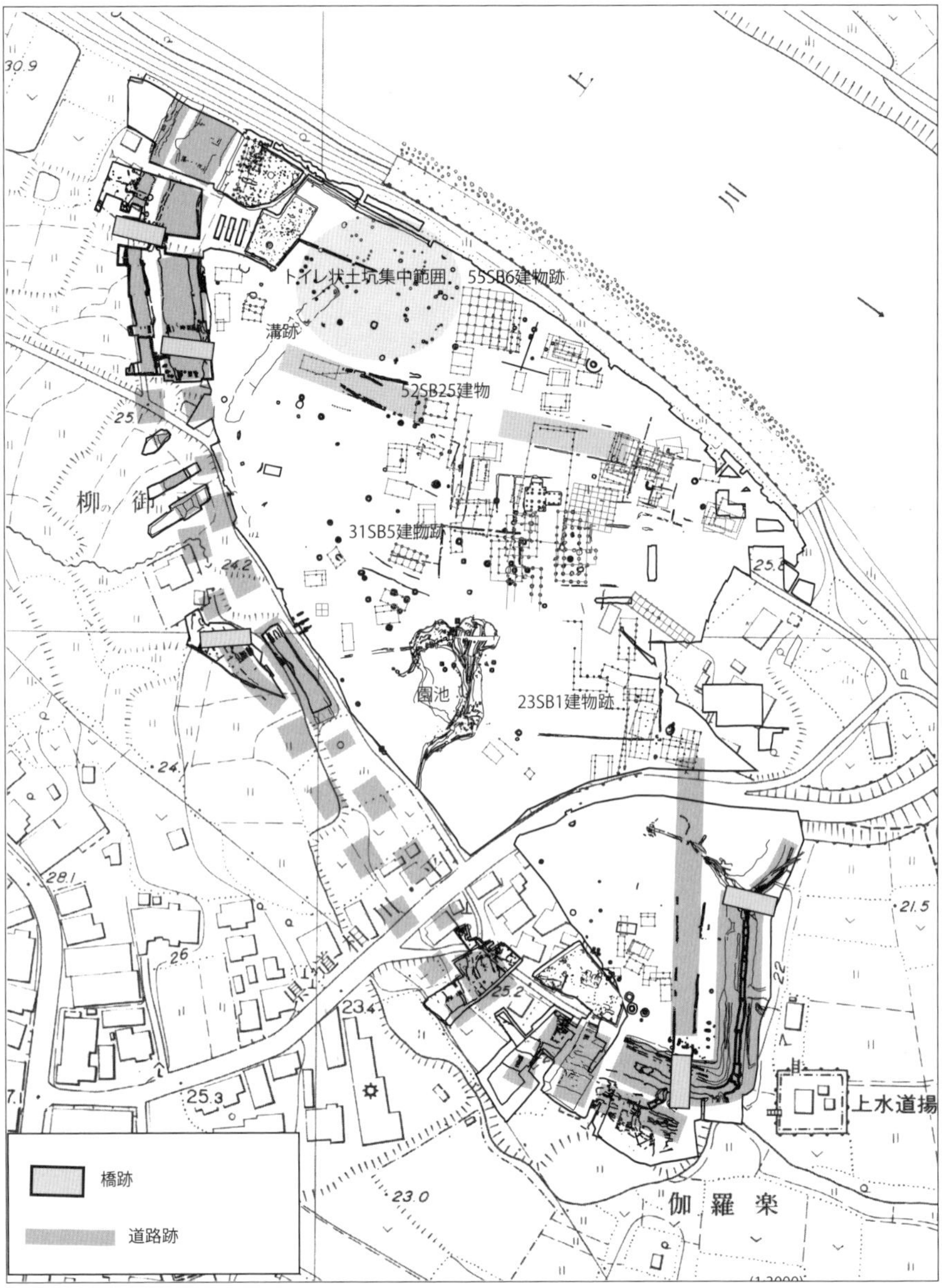

図3—4　堀内部遺構配置図

池が所在するほか、区画内外に井戸跡やトイレ状土坑などの関連遺構がある。出土遺物には多量の土器類や文字資料があり、多くの宴会儀礼や識字層の存在が理解できる。国産陶器や輸入陶磁器類、木製品なども多く、流通のあり方や実際の生活の様相が理解できることも大きな特徴である。堀外部は、堀内部の西側に広がる緩やかな傾斜地に遺構が分布する。ここでは、内部から中尊寺方向へと伸びる道路跡が確認され、道路跡に沿って遺構が所在し、溝等により区画されて施設が所在する。遺構の規模や区画のあり方は堀内部との差異もあり、遺物でも国産陶器類などに完形に復元できるものも多い。これまでの調査で堀内部と外部、さらに北側の高館跡の部分も含めて同時期の遺構が連続して確認され、当時の機能の関連が窺える。一方で、堀内部と外部は遺構・遺物の特徴の差異

が発掘調査の開始当初から指摘され、両者の性格の違いが想定されてきた。

堀内部の主な遺構

①**堀**　二条の堀跡が平行して確認されている（図3―4、5）。

〔内側の堀跡〕　内側の堀跡は地点によって細部は異なるが、幅一二～一五メートル程、深さ四メートルの大規模なものである。断面形状は遺跡南端部から猫間ヶ淵《ねこまがふち》跡にかけての位置では逆台形、遺跡西側の堀外部と接する位置ではV字の形状をとる。全体に自然堆積土層で埋没し、上層部分は近世以降の堆積土層で遺跡廃絶の段階でも下層までの堆積にとどまり、堀の基本的な形状を最終段階まで保つとみられる。最下層に近い部分でも出土土器は一二世紀後半を中心に中葉以降の特徴をもつ。

図3―5　堀跡遠景（岩手県教育委員会提供）

〔外側の堀跡〕　外側の堀跡は幅五～八メートル程、深さは二メートル程と内側の堀跡と比較すればやや小規模だが、区画施設としては十分な規模をもつ。断面形状は逆台形で、全体に掘り直しによる改修の痕跡がみられる。猫間ヶ淵跡に構築された一部を除き、自然堆積後に掘り直しが行われ、さらに自然堆積の土層が堆積した後に一部が人為的に埋められる。特に、南端部ではこの人為的に埋められた範囲が平面的には溝状に確認でき、堀の改修や掘り込みをともなう地業の痕跡などの可能性も考えられる。この溝状の人為土層の延長は内側の堀跡に壊されており、堀跡の前後関係を把握できる。構築当初の段階に近い土層の遺物が少ないが、旧期の堀跡にともなう遺物には一二世紀後半以降の特徴はみられず、一二世紀中葉までには構築されていたとみられる。廃絶の時期には不確定な部分が残るが、人為的な埋戻し土からの出土遺物には一二世紀後半段階の資料を含む。

〔時期と関係〕　二条の堀跡は平行し直接的な切り合いはみられないものの、既述のとおり遺跡の南側では外側の堀跡より新しい溝状の人為土層を内側の堀跡が壊しており、構築の時期の前後関係が把握できる（【外側の堀】→【溝状の人為的埋戻し】→【内側の堀】）。南端部の様相が遺跡全体にどの程度敷衍できるかは留保されるが、外側の堀跡で一二世紀中葉以前の遺物が確認できるのに対し内側の堀跡では一二世紀後半代の遺物が多く出土すること、外側の堀跡は掘り直しがあり人為的な埋め戻しなど複数時期の変遷が確認できるものの内側の堀跡は自然堆積で廃絶し明確な改修などが確認できず単調な堆積状況となることなど、遺跡全体で外側の堀跡が古く内側の堀跡が新しく構築された可能性が高いとみられる。

一方で、両者の廃絶の様相については不明な点も残る。内側の堀跡は遺跡が廃絶する時期まで機能したとみられるが、外側の堀跡は全体が埋められた地点がある一方で自然堆積のまま窪みが維持された状況を想定できる地点もある。外側の堀跡に顕著な地点ごとの様相の差異は、場の使われ方と関係する可能性があろう。

〔**関連施設**〕　内側の堀跡に架かる橋跡が三ヵ所で確認されている。遺跡の南側では、遺跡南端部に位置し平泉の街並みへとつながると推測できる橋、北上川の方向へと向かう橋の二ヵ所が確認されている。前者は規模も大きく、接続する道路幅からも、遺跡内と外部をつなぐ主たる機能をもつと推察できる。後者は橋の延長部分が河川により削平されているが、河川水運との関連が想起される。遺跡の北側で確認されている橋跡は一部の検出にとどまり詳細は不明だが、遺跡の堀内部と外部を結ぶと考えられる。また、堀部分の様相は判然としないが、無量光院跡に接する猫間ヶ淵跡でも橋状の施設を確認しており、柳之御所遺跡と無量光院を結ぶ通路に関連する施設と想定できよう。

外側の堀跡では、南端部では明確な遺構は確認されていないが、内側の堀に架かる橋跡のほぼ直線上で外側の堀跡を埋める土坑状の範囲から部材が出土し、橋脚の可能性がある柱穴もあり、橋の存在が推測できる。北端部では掘り残しによる土橋が確認されている。外側の堀の埋め戻しが周囲で確認されており、二条の堀の前後関係を示唆するとともに、堀改修の際の大規模な変化とその後を含めた場の機能が注目される。

なお、堀の周辺部では部分的に整地層が確認できる。外側の堀跡周辺は低地である猫間ヶ淵跡へ傾斜する地形で、低地部分との間に堀構築の段階など複数回の地業が捉えられる。また、外側の堀跡と内側の堀跡の間にも一部に整地層が分布する。これらの整地層には外側の堀跡の構築時、外堀のみの機能時、内側の堀跡の構築時などの各時点が想定できる。なお、遺跡南端部の周囲では、整地土層に由来する崩落土層が堀跡の堆積土に確認できる位置があり、その土量と堆積の様相から二条の堀跡の間に人為土による高まりが想定でき、部分的に土塁状に機能した可能性もある。これが遺跡南端部に限定されることは、堀内部への主たる導入部の推定に関連する興味深い傾向である。

この他、これらの堀跡と別に、遺跡の西部を区画する当初の区画施設の可能性がある溝跡がある。土層の状況から遺跡内でも古い段階の遺構で、掘り残しによる土橋が確認されている。また、遺跡南端部では外側の堀跡のさらに外側で溝跡が確認されている。このほか、堀や橋に関連する遺構として、遺跡南端部の遺跡と、伽羅御所方向を結ぶ位置と遺跡と無量光院跡を結ぶ位置の二ヵ所に幡状の遺構とされる特異な形状の柱穴がある。具体的な機能は判然としないが、通路と目される位置に並ぶなど共通する特徴をもち、遺跡への導入施設と関連する遺構として注目できる。

②**掘立柱建物跡**　遺跡全体で九〇棟以上の建物跡が確認されているが、いずれも掘立柱構造である。これらは庇の有無での分類が可能なほか、総柱建物もある。また、塀に区画された内部を中心に大規模な規格性の高い四面庇建物跡が所在する。ここでは便宜的に大規模な建物と付属的な建物、特徴的な建物とし、それぞれの特徴を記す。

〔**大規模な建物跡**〕　遺跡内には多くの四面庇建物があり、柱筋の通りも良い精緻な構造をとる、柱規模なども大規模なものを含む。28SB4建物跡は九×四間の南北棟の建物跡である。建物の構造は身舎に四面庇、南側に孫庇が付設される。身舎の内側には間仕切りと想定される柱穴がある。五×四間の南北棟の２８ＳＢ１〜３建物跡は四面庇の建物で、ほぼ同規模の三棟の建物が空間的に重複する。同規模の建物跡がほぼ同一の位置で建て替えられたことは特徴的である（図３―６）。

遺跡の北側には大規模な総柱建物跡がある（５５ＳＢ６建物跡）。二棟に分離する可能性もあるが、六×六間の総柱構造の掘立柱建物跡に復元できる。平面形態はほぼ正方形で、柱間寸法は桁行・梁行とも一〇尺を超え、柱間寸法や床面積の大きさなど主要な機能を持った建物跡と考えられる。柱穴からの出土土器がロクロ成形で占められ、手づくね成形は細片がごく少量含まれるのみであることは遺構の時期を示唆する出土傾向である。

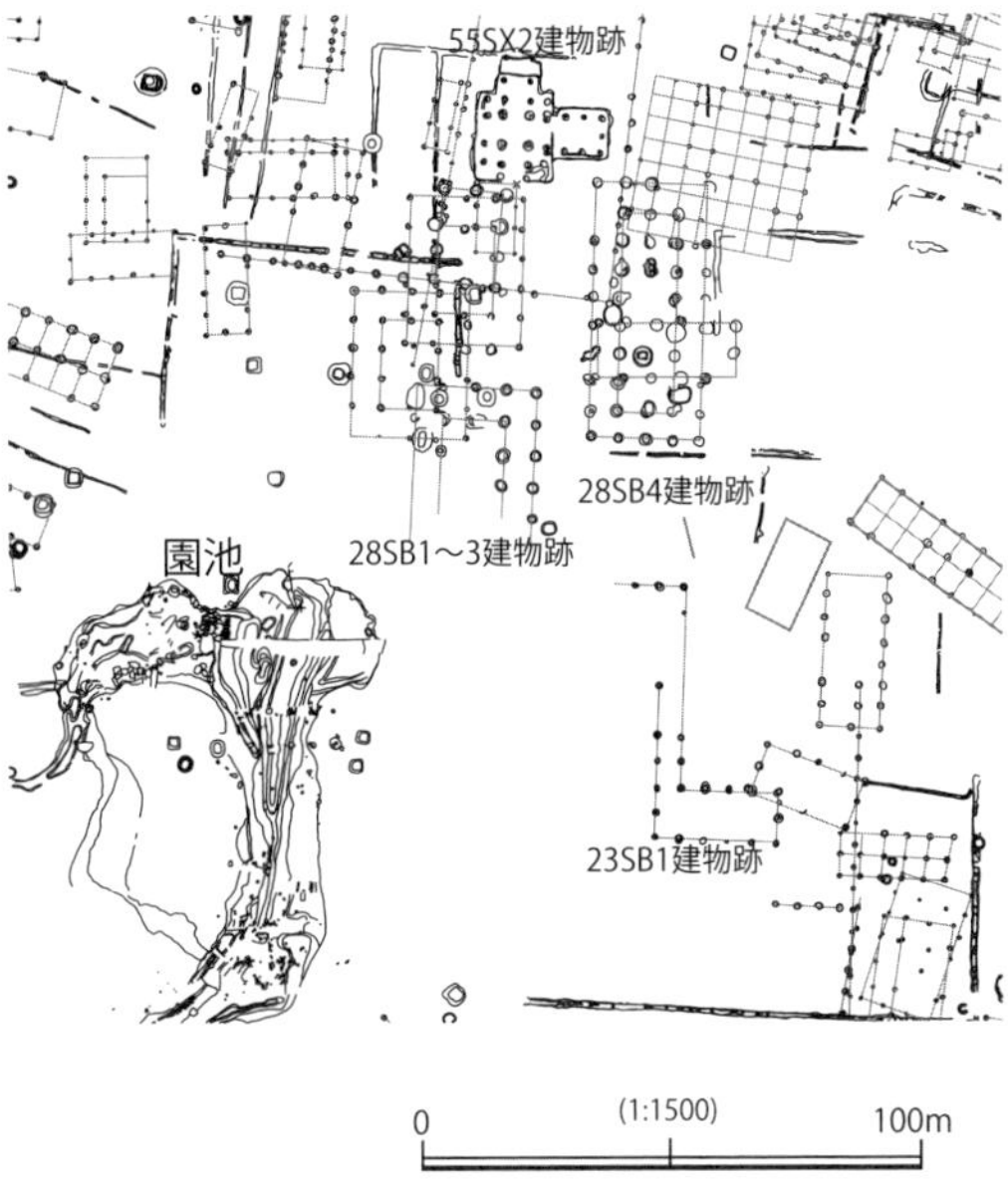

図3—6　中心域遺構配置図

５２ＳＢ２５掘立柱建物跡は五×四間の東西棟の掘立柱建物跡で、東側に七×二間の南北棟が付設される可能性がある。東西棟は四面庇が付き、東側の庇がやや大きく、この部分が正面となる可能性もある（冨島二〇〇六）。いくつかの柱穴では礎板をもつ。後述する２３ＳＢ１建物跡を含め、廊の可能性がある建物跡で礎板が確認されていることは注目できる。

〔付属的・特徴的な建物跡〕　柱筋の通りがやや乱雑な構造のものや柱穴や建物規模が小規模なものがあり、これらは庇をもつものもあるが柱穴や建物規模・構造からも付属的・補完的な機能を想定できる。

このほか、注目できる遺構に廊の可能性がある２３ＳＢ１建物跡がある。東西方向と南北方向の建物で構成され、北側で西に折れて延び、他の建物跡に連結する可能性もある。柱穴には礎板が八個確認されている。３１ＳＢ５建物跡（図３―７）は、池や大規模な建物を囲む塀の外側に位置するが、五×二間の東西棟で総柱構造である。柱穴はやや大きく、柱間寸法も広く一定の建物高が推定できるほか、遺跡内で少ない総柱構造で周囲の建物とは異なる機能も想定される。観自在王《かんじざいおう》院《いん》跡と東西大路を挟んで向かい合う倉町《くらまち》遺跡で確認されている倉庫とみられる遺構と構造や規模が類似し（平泉町教育委員会二〇〇四・二〇一〇）、この遺構も倉庫の可能性が高いとみられる。ただし、削平が著しく時期の確定が難しい。

また、竪穴《たてあな》遺構が一棟確認されている（５５ＳＸ２竪穴遺構・図３―８）。堀内部地区のほぼ中央部に位置し、約一二メートル四方で平面形は凸形の部分と東側に方形の部分が組み合わさる形態をもつ。床面には、

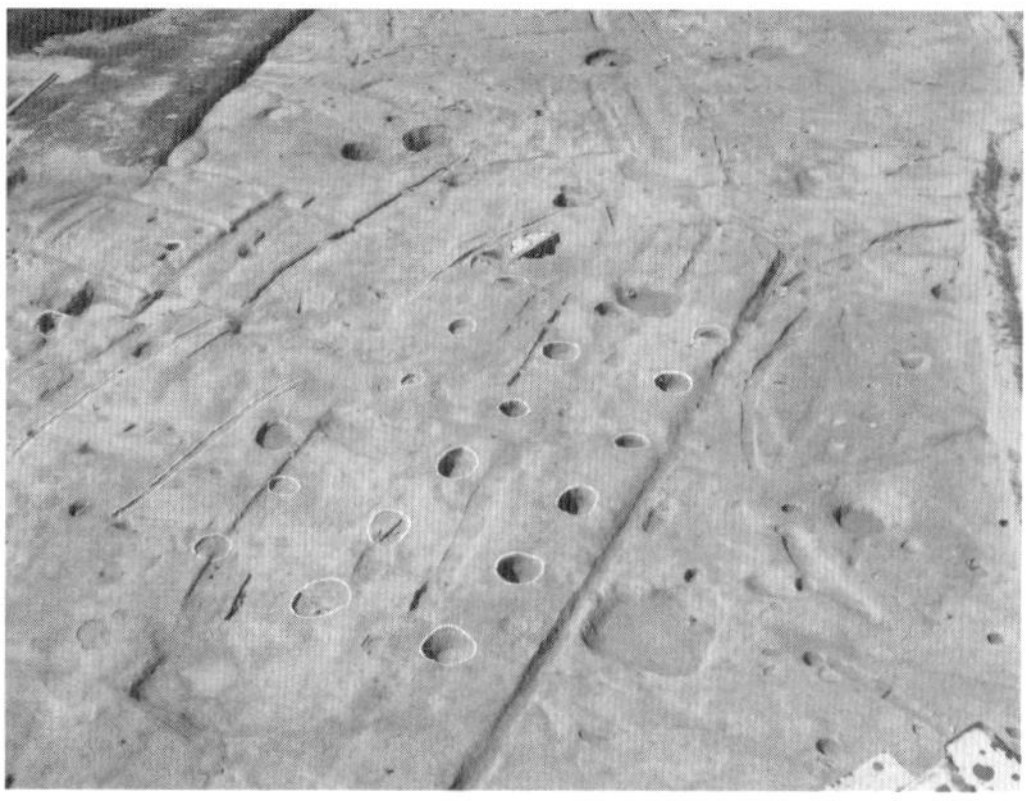

図3—7　建物跡（岩手県教育委員会提供）

図3—8　竪穴遺構（前同提供）

柱穴が総柱状に配置される。中央部の柱穴は規模が他よりも大きく主柱穴とみられ、柱穴の重複などの状況と床面の様相から、凸形の部分に、張り出しが付設される構造とみることができる。一部は後に拡張された可能性がある。多くの土器類がまとまって出土しており、用途も含めて注目できる遺構である。

③塀　堀で区画された遺跡の内部は塀でさらに区画され、遺跡内では多くの塀跡が確認されている。構造は布掘りの有無で分類でき、前者では板材を並べたものと丸太材を並べたものが、後者では材木塀がある。このうち園池などが所在する区域を囲む塀跡は布掘りをもち、材の並べ方も精緻なものである。なお、中心域とみられる区画をなす塀跡を含め、塀同士や他の遺構の切り合いが存在し、区画された区域が一定しないことは遺跡の変遷を考える上で留意すべき特徴のひとつである。

④井戸跡　遺跡内で七〇基程確認されている。多くは井戸枠等の構築部材をともなわず、「井戸状遺構」と認識されてきた。平面形態は方形が多く、径二メートル前後が多い。深さは八メートルを超すものが一基あるほか、四〜五メートルと大規模なものもあるが、二〜三メートル程にまとまる。削平の程度にもよるが、個体差が大きい。遺構は遺跡全体に広がるが、比較的集中するのは大規模な建物跡や園池が所在する周辺である。なお、一二世紀初頭から一二世紀後半の各時期の遺構が確認されている。遺物が一括廃棄される遺構が多いことも特徴的である（図3—9）。遺物の一括廃棄には儀礼的な背景を想定する見解もあるが、廃棄物の雑多な様相からは性格の特定が難しい遺構が多い。廃棄土坑に利用された遺構も多く、遺構の構築後、開口した遺構として機能し、遺物が廃棄され廃絶するという一連の過程が把握される。堆積土層には壁面の崩落土が少ない遺構も多く、遺構の機能時が短時間であったとする解釈もありえ、その機能には議論がある（八重樫二〇一五）。遺構の方形

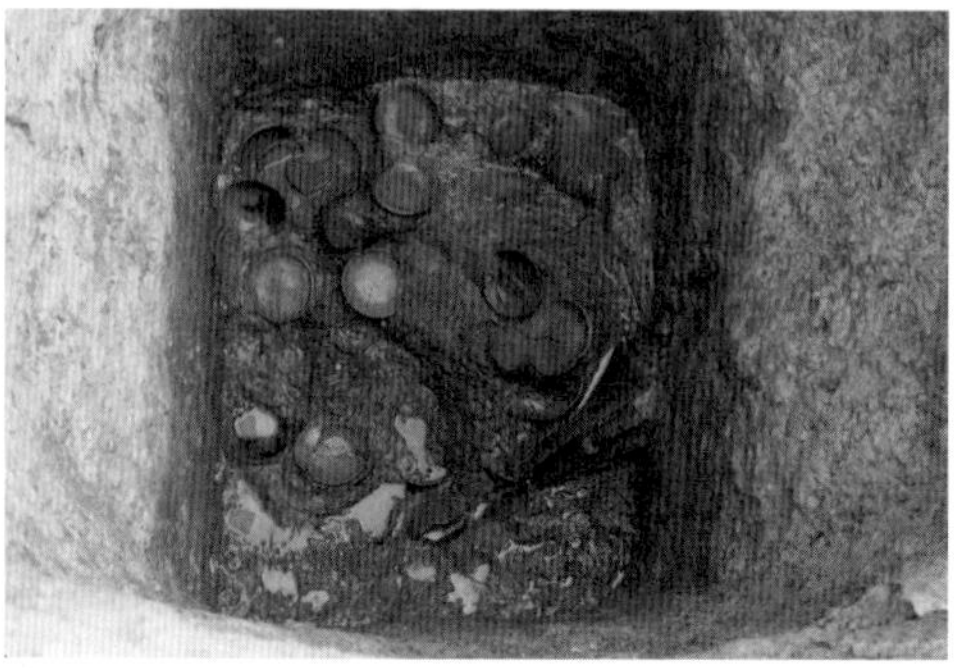

図3—9　一括廃棄状況（前同提供）

図3—10—1　池跡（前同提供）

や円形の掘り方形状や直線的な壁面の構築、深さや平面規模などの遺構の各属性の特徴は井戸とされてきた遺構と類似し、遺構ごとに機能の時間幅の長短は存在しても、井戸の機能時を想定する方が無理がないように思われる。

⑤園　池　遺跡中央部やや南西寄りの場所で確認されている。大きく二時期の変遷が確認されており、ここではそれぞれⅠ期、Ⅱ期と呼称する（図3—10—1・2）。Ⅰ期はトレンチ調査が主体のため、全容が判明しているわけではない。南北に細長く、全長四二メートル×二三メートルと推定しているが、西側に延長する可能性もある。Ⅰ期の園池は基本的に地山《ぢやま》を掘りこんで作られるが、汀線《ていせん》（水面と陸地の境界線）付近では一部で盛土による地業が行われる。底面は平坦に整形している。この段階では景石や礫敷きの痕跡は確認されておらず、西側には排水溝が連結する。Ⅰ期段階の池跡は中島をもつかは不明だが、東西方向の橋跡が確認されており、この延長が金鶏山《きんけいざん》方向にあたることも注目できる。時期決定には不確実さを残すが、遺物は一二世紀後半以降の資料が出土している。Ⅱ期は中島を有する園池である。園池南西部は後世に削平を受け現状では明確には残存していないが、部分的な盛土の痕跡や土層の変化、一部の岸の立ち上がりなどから規模を推定できる。南北に細長く、四二×三五メートル程の規模である。Ⅰ期園池の堆積土上に盛土され、基盤が形成される。直径一〇～二〇センチ前後の円礫が確認されており、円礫が葺かれていたと推察できる。本来の位置は判然としないが、中島の北側を中心に景石が配され、池底には複数の石

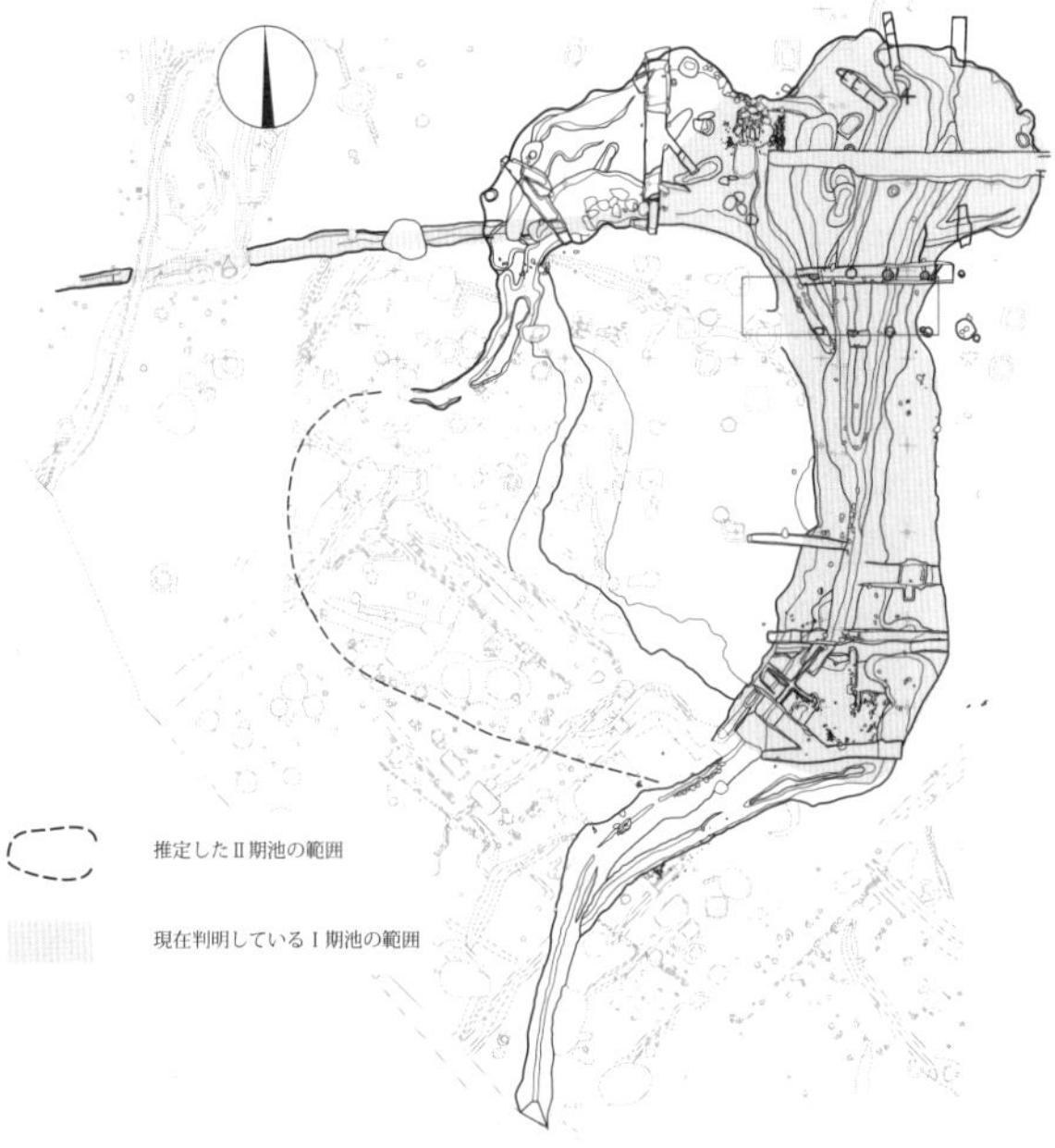

図3—10—2　池跡

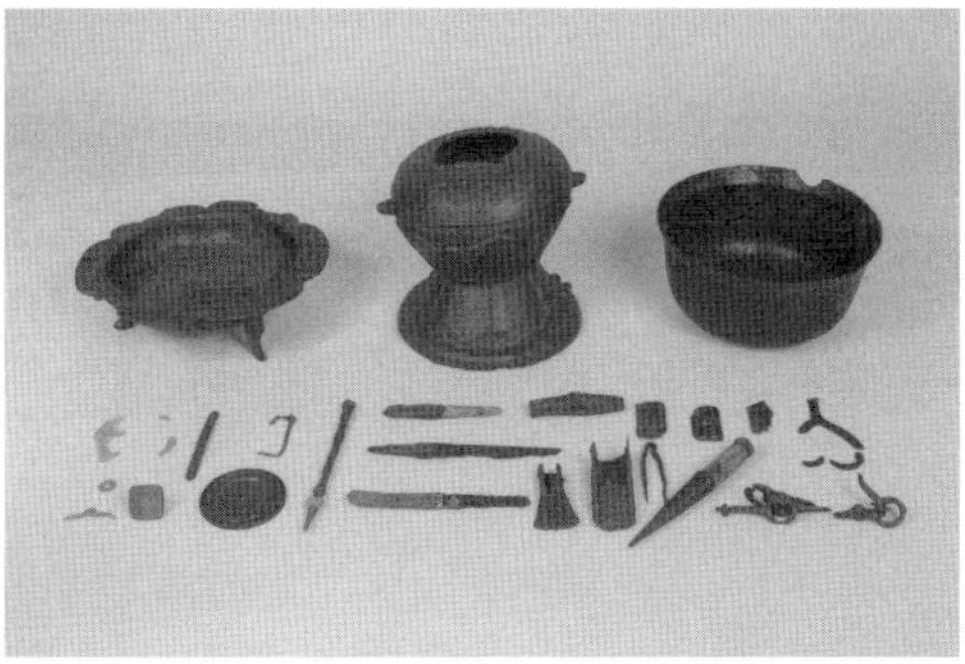

図3—11　祭祀関連遺物（前同提供）

図3—13—1　12世紀前半（前同提供）

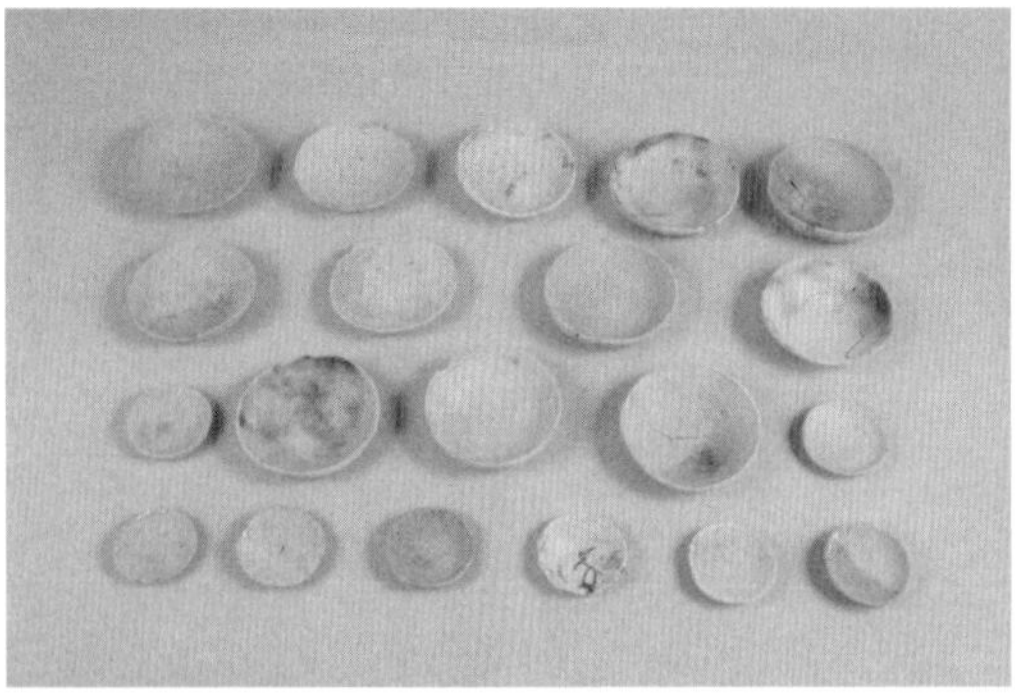
図3—13—2　12世紀中葉（前同提供）

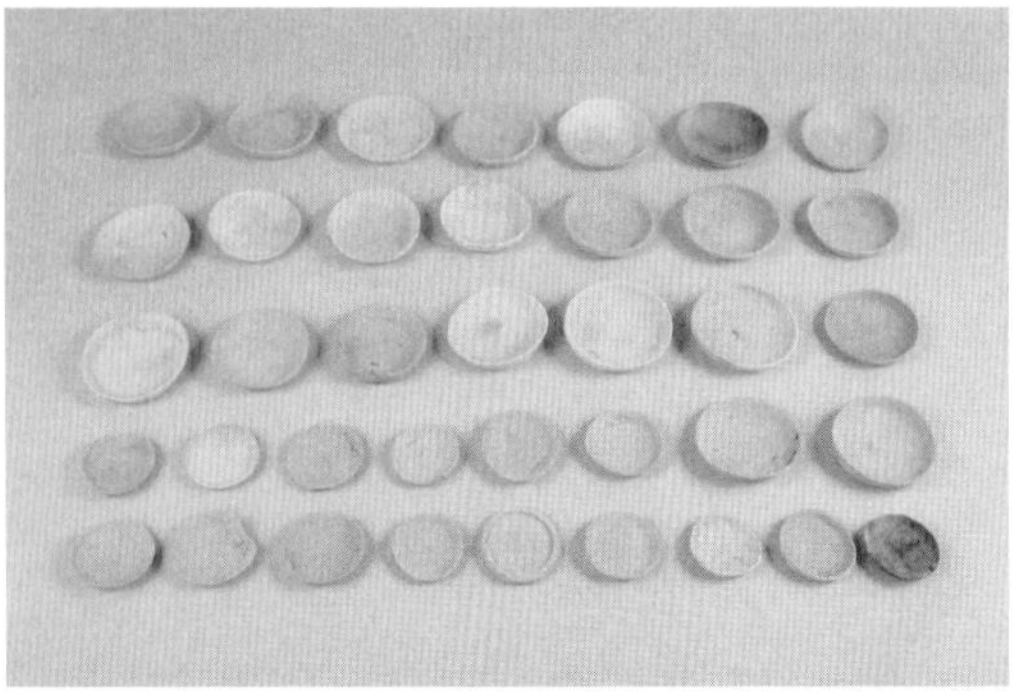
図3—13—3　12世紀後半（前同提供）

図3—12　出土遺物（前同提供）

組みもみられる。なお、中島は一定の規模をもつが、園池の存続時期の遺構は確認できていない。年代はⅠ期の年代をふまえ、一二世紀後半の年代が想定できる。

⑥その他の遺構

〔トイレ状土坑〕　排泄物を含む雑多な内容が廃棄されたトイレ状土坑と呼ぶ土坑が八〇基ほどと多く見つかっている。井戸を廃棄後に転用した遺構もみられる。遺跡内の分布傾向をみると、遺跡中央部にも所在するものの、遺跡北端部に分布が集中する。遺跡内の機能分化に注目できる傾向である。排泄物に由来する土層からは、ちゅう木などの木製品やかわらけなど雑多な廃棄物が出土する。ちゅう木には墨書資料もあり、接合する資料も確認できる。この様相は折敷の廃棄からちゅう木への再利用・廃棄が一連の密接した利用の過程として理解できる事例を示唆する。

〔道路〕　遺跡内からは、複数の道路跡が確認されている。いずれも路面等の地業の痕跡は残存せず、平行する溝跡からの想定である。遺跡南端部で確認された道路跡は、遺跡内を南北方向に走る。内側の堀跡の橋跡から延びる位置に整地層上で検出さ

図3—14　国産陶器（前同提供）

図3—15　輸入陶磁器類（前同提供）

れ、幅七〜一〇メートル程で、六〇メートル程の延長を確認している。遺跡の中心域の北側でも道路跡が確認されている。

〔祭祀遺構〕　祭祀に関連する遺構もみられる（図3—11）。輪《りん》宝《ぼう》と橛《けつ》（地鎮に用いられた密教法具）が出土した土坑や、火舎と花瓶が出土した土坑があるほか、遺跡南端部と無量光院跡からつながる位置で特異な形状の柱穴が確認されている。この他に木製宝塔や呪符木簡などの遺物も出土している。

遺物の概要

①土器類

〔かわらけ〕　遺跡内でもっとも多く出土する遺物である（図3—12）。これまでの平泉の土器研究では素焼きの土器類を「かわらけ」と呼称しており、以下はそれにしたがう。堀内部では一〇トンを超える数量が出土し、平泉の中でもまとまった出土量が確認できる遺跡にあたる。出土状況では、井戸などへの一括廃棄が特徴的である。なお、かわらけは大まかにはロクロ成形のみの時期、手づくね成形が導入される時期、手づくね成形が多数を占める時期の変遷が捉えられる。遺跡内で、一二世紀初頭から末葉まで全時期を通じて資料が確認できること（図3—13—1・2・3）、平泉の中でも量がまとまって出土する範囲であること、その出土傾向が各時期を通じてある程度継続されることは遺跡を特徴づける内容である。

〔国産陶器〕　渥美産・常滑産が多数を占める（図3—14）。甕壺《かめつぼ》類が多く、片口鉢《かたくちばち》や椀類が相対的に少ない。渥美産は刻画文《こくがもん》や貼花文《ちょうかもん》なども含まれ、多様な文様が確認できる。珠洲《すず》などの日本海側からの交易を窺わせる須恵器系陶器や、水沼窯跡産・猿投《さなげ》産もある。堀内部の出土資料では破片資料が多く、形状を復元できる個体が少ない。

〔輸入陶磁器〕　中国産磁器は白磁と青磁があり（図3—15）、白磁が多くその中でも四耳壺など壺類が多い。青白磁は多くないが、二次被熱が確認できる資料が多い。青磁は龍泉窯系が多く、いわゆる「同安窯系」とされる一群も含まれる。中国産陶器は褐釉壺が多いが、黄釉《おうゆう》や緑釉《りょくゆう》も含まれ、絞胎陶器や吉州窯産などの類例が少ない資料もみられる。

②木製品類　井戸や堀などの遺構から多様な種別の木製品資料が多量に出土しており、柳之御所遺跡を特徴づけ、遺跡の機能を示唆する資料も多い。木製品には食事具類から服飾具、祭祀関連の資料など多様な資料が出土している。

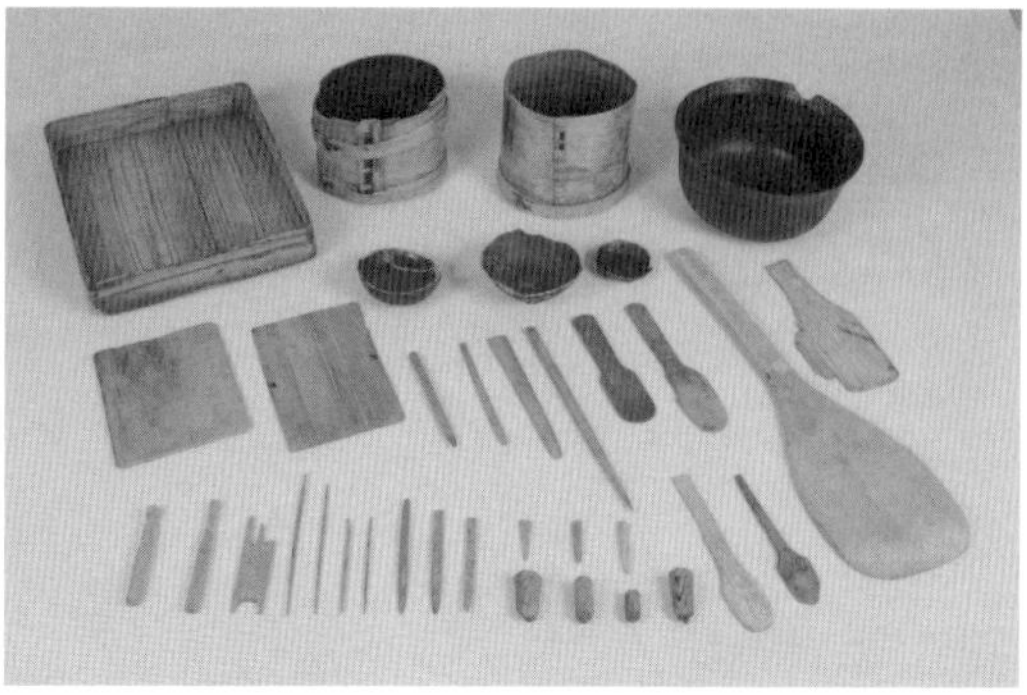

図3―16　食膳具類（前同提供）

図3―17　漆器類（前同提供）

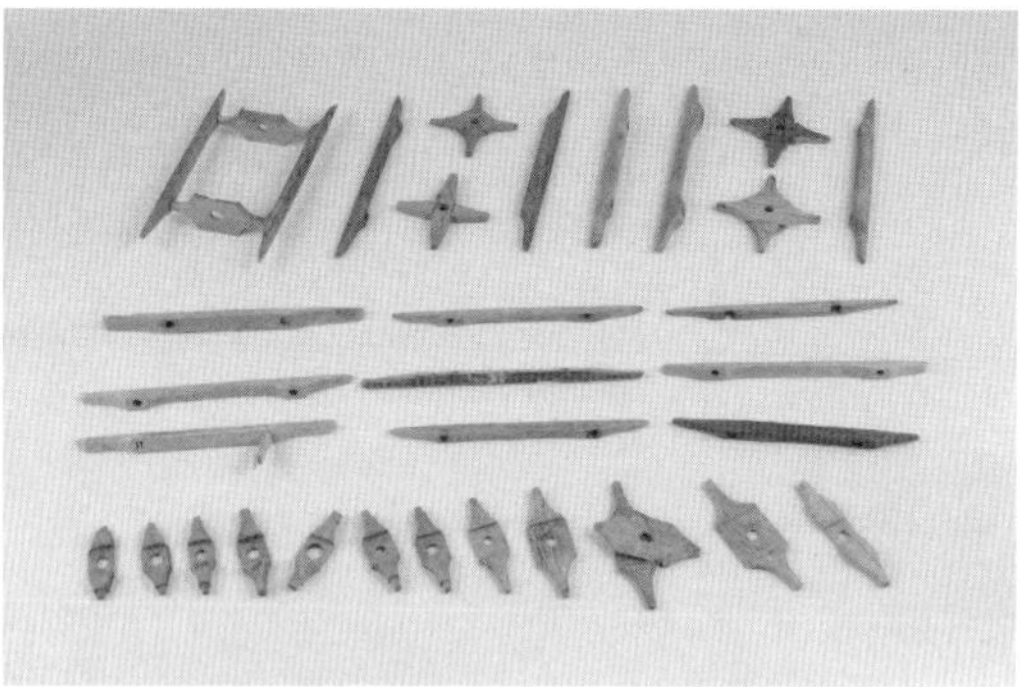

図3―18 生産関連遺物（前同提供）

図3―19　瓦（前同提供）

図3―20　建築部材（前同提供）

食事具類では、箸や折敷などの宴会儀礼との関係が想定できる遺物がまとまって出土しており（図3―16）、遺跡内での営為に関連する。このほか、杓子《しゃくし》や篦《へら》も出土し、大型の資料も含まれる。漆製品には椀、皿がある（図3―17）。椀類は一定の法量の幅に収まり、規格性がうかがえる。生産関連の資料も多く、木槌《きづち》・鍬先《くわさき》・糸巻・御簾《みす》錘《すい》・紡輪《ぼうりん》・刷毛《はけ》などがある。糸巻きや針は比較的多く出土し、遺跡内での手工業生産を考える上で重要である（図3―18）。服飾具では下駄、板草履《いたぞうり》がある。下駄は連歯（台部と歯が一体のもの）と差歯（台部と歯が別作りのもの）の両者が確認できる。漆塗り下駄も少量だが含まれる。櫛や扇骨も出土し、扇骨には竹材も確認できる。ちゅう木はトイレ状土坑から多数出土する。墨書があり、接合する資料から、折敷等の再利用を看取できる。折敷など木製品の再利用は遺跡内での一連のサイクルを把握でき、遺跡内の機能とも関連して注目できる（櫻井二〇一六）。また、後述の墨書資料の記載時のあり方も、考古資料としての文字資料の検討として重要である。また、出土は限定的だが祭祀具も出土し、宝塔や五輪塔、笹《ささ》塔婆《とうば》がある。形代《かたしろ》は板材を基本とし多くの種別がある。遊戯具では将

図3—21　銅印「磐前村印」（前同提供）

図3—23 「人々給絹日記」（前同提供）

図3—22—1　題籤軸（裏）
（前同提供）

図3—22—2　題籤軸（表）
（前同提供）

図3—24　戯画折敷片
（前同提供）

棋駒、独楽《こま》、毬杖《ぎっちょう》の毬、木とんぼがある。なお、材質は異なるが、遊戯具では碁石が比較的多く出土している。

③瓦・建築部材　瓦は軒丸・軒平・平・丸瓦の各種のほか、鬼瓦がある（図3—19・20）。一二世紀前半代と後半の資料があり、出土量に比して多様な瓦当文様は平泉の瓦の特徴である。出土量は瓦葺の建物を想起すれば決して多くないが、平泉の中では中尊寺と柳之御所遺跡でまとまって確認できる。年代差が想定されるこれらの瓦の用途は諸説あり（上原二〇〇一）、大きな課題でもある。瓦は大きく二時期にわかれるが、年代的な位置づけや瓦当文様と技術的な多様性から、それぞれの時期に際しての技術導入が想定される。建築部材は格子などの小型品や柱部材が出土しているほか、屋根の葺板や破風板などの大型品もみられる。土壁も一定量の出土がある。

④文字資料　遺跡の性格を検討する上で注目できる資料に文字資料がある。代表的なものを挙げておきたい。銅印「磐前《いわさき》村印」は記載地名の読みや位置に諸説あるものの、その地を奥州藤原氏の勢力圏内に想定できる。「村」の印章が出土したことは、その行政単位の印章を必

要とする文書行政が遺跡内で行われたことを示す。この銅印は、「村」という地方単位の行政支配の一端をこの遺跡が受け持っていたこと、奥州藤原氏の地域支配の一部に「村」という単位があることを示し重要な資料である（図3―21）。題籤軸は文書と一体で利用され、遺跡内での文書類の保管を示す。さらに「馬」「日記」の記載から、馬の出納に係わる日々の記録といった性格を持つ文書が考えられ、遺跡内での行政的な機能を示唆する（図3―22）。「人々給絹日記」は調査の初期に出土し、注目を集めてきた（図3―23）。釈読については大方の一致がみられるが、人名の比定や記載の状況については複数の説がある。この他に、平仮名やカタカナの資料があり、釈読できる資料は少ないものの和歌様の内容や拍子のような記載がある。これらは折敷の再利用によるものが多く、宴会儀礼などに際しての記載が想定できるなど注目できる（図3―24）。

堀外部の様相

堀外部は、堀内部と高館の丘陵部分の間の緩やかな傾斜地にあたる。堀内部と比べて未調査の部分も多く、不明な点も残り、調査の概要を中心にまとめる（平泉町教委一九九四）。

堀外部の中央部に長さ六〇メートル程にわたって道路跡が確認されている。平行する二条の溝跡で、作り替えもしくは改修が一度確認されている。道路跡は延長方向から、堀内部から中尊寺方向へと向かうことが想定でき、路面幅は七～八メートル程で側溝を含めて一〇メートル程である。道路跡に沿って建物跡等が分布し、区画されていない時期、溝により区画される時期が指摘されている。溝による区画は、現在までの調査では大きく四つに分かれる。区画の内部には掘立柱建物が分布し、四面庇《しめんびさし》をもつ建物もみられる。四面庇建物には八×五間の大規模なものもあり、堀内部よりやや規模が劣るものの、それに次ぐ、もしくは同格に近い機能や格式が想定できる区画が堀外部に存在した可能性が高い。また、遺物は国産陶器や輸入陶磁器が多く含まれ、国産陶器では完形に近い形に復元できる個体が複数みられることが特徴的である。輸入陶磁器では青白磁碗が出土している。土器類には一二世紀前半の資料も含まれており、遺構と時期の対応には検討課題も残る。また、区画内の様相には区画ごとに差が想定でき、上述のとおり大型の建物跡が所在する区画や、やや小規模に捉えられる区画もみられる。道路跡や地理的な位置など堀内部と密接な関連を捉えることができ、区画内の施設のあり方から堀内部にやや優位性があるものの、一定の施設が所在し、

図3―25　高館の堀跡（前同提供）

それに対応する格をもつ区画の存在が推定できる。これらの区画ごとの性格付けなど、今後の調査と検討が求められる。

高館跡の概要

高館跡は柳之御所遺跡の北側を画する丘陵部で、丘陵頂部には現在は義経堂《ぎけいどう》が所在し、源義経の伝説とともに古くからよく知られた場所である。柳之御所遺跡全体や平泉の中心部全域、北側の衣川流域を見下ろす要衝の地にあたるが、丘陵の多くは北上川に大きく削られ、本来の地形形状は不明である。

丘陵頂部の周囲に幅六〜八メートル程の堀跡があり（図3—25）、走行方向と位置から丘陵頂部を囲むことが想定できる。深さは二メートル以上と大規模で、断面形状はV字に近い。斜面上方は旧地形の傾斜を活かした切り岸状の造作が行なわれ、斜面の下方は堀構築時とみられる排土により一定程度の広さを整地造成する。整地面の一部で、堀と平行する溝跡を確認している。堀跡は斜面上部からの自然堆積土で埋まり、一二世紀代の埋め戻しや改修は確認できない。遺物は地点によって多寡があるが、もっとも出土が多い地点は柳之御所遺跡に近い丘陵東部である。この部分では一二世紀代のかわらけや、少量ながら国産陶器類や輸入陶磁器も出土している。一二世紀後半代の特徴をもつ遺物が多く、構築時期には不定な部分も残るが、主要な時期をこの時期に想定できよう。堀跡からの出土遺物の多くは丘陵頂部の平坦面からの流入で、遺物量の差は丘陵頂部の平坦面の機能や主要な利用範囲と関連すると考えられる。丘陵全体により新しい中世城館の段階での改変が想定できるものの、一二世紀代の遺物の出土から平坦な地形部分も含めて当該時期の土地利用が窺える。

遺物の分布状況や堀の位置から、一二世紀代の主な利用範囲を堀によって区画され柳之御所遺跡に近い現在の高館丘陵頂部に想定できる。柳之御所遺跡に隣接する丘陵という地形のあり方と頂部を大規模に囲む堀跡やそれにともなう地業の痕跡などの様相から、一二世紀後半を中心に柳之御所遺跡と関連して機能した場と捉えられよう。具体的な性格の解明が今後の課題である。

2　柳之御所遺跡をめぐる論点

遺跡の変遷

柳之御所遺跡の遺構変遷には、建物の軸方向を基準に出土遺物を加えながら検討を行う点で共通しながらも、いくつかの案が提示されている（羽柴二〇〇四、八木二〇〇二、柳之御所遺跡調査事務所二〇〇七・二〇〇八ほか）。これは遺跡内の遺構の重複が柱穴を中心に複雑であることや、この遺跡についての一般的な印象と異なり、遺構の残存状況が悪く個々の遺構の前後関係の特定が困難な部分が多いことなどにより、複数の解釈の余地があることによる。また、変遷の前提となる堀内部の把握に、大きく二つの案が想定できることも解釈の幅を大きくする。堀内部全体をひとつと捉え全体での変遷を想定する場合と堀内部のさらに複数の区画でそれぞれの独立した変遷を想定する場合があり、想定のあり方でも遺跡の景観復元は大きく異なる。当然ながら両

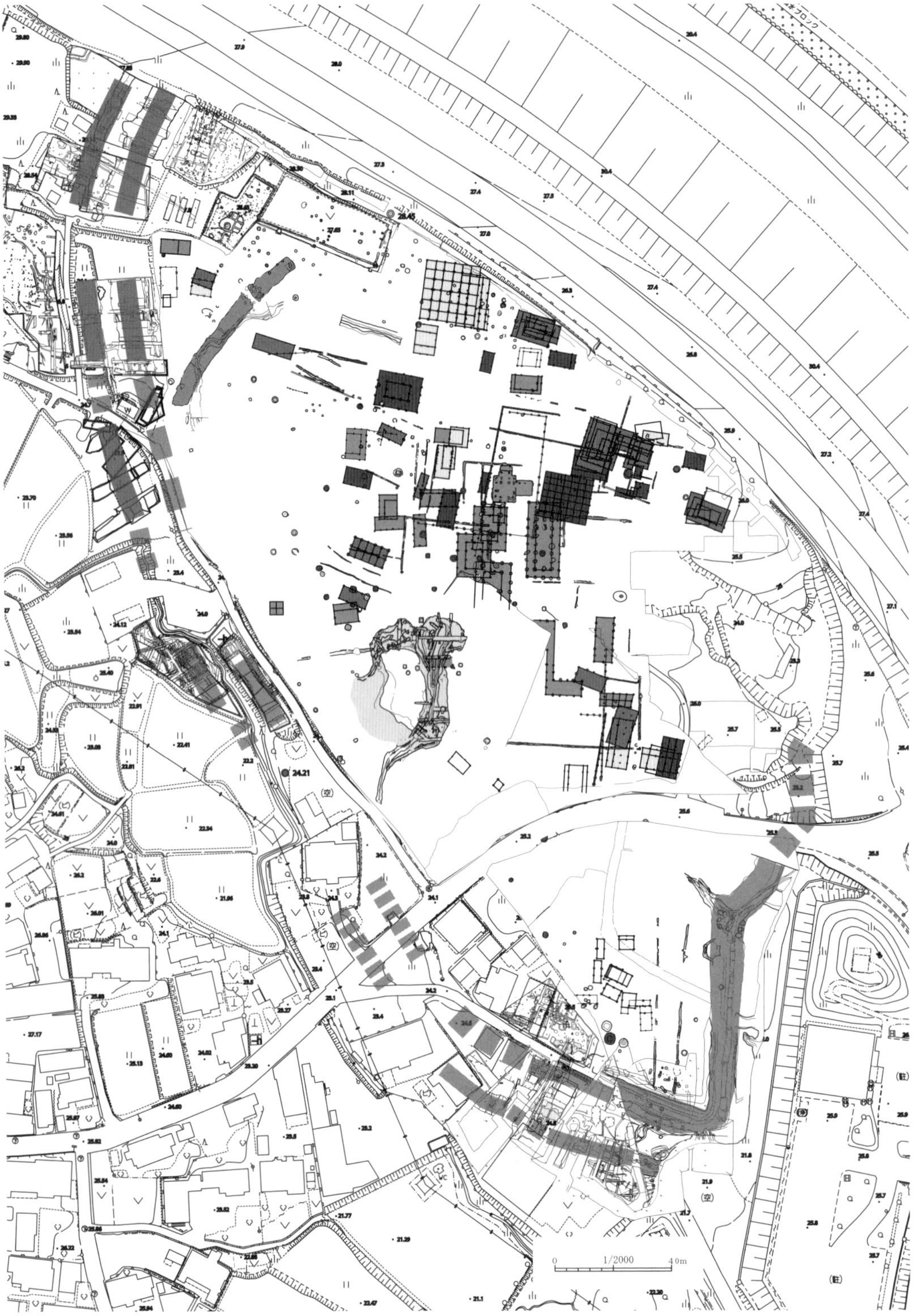

図3—26　建物区分図

図3―27―1　12世紀前半頃の建物群

図3―27―2　12世紀中葉頃の建物群

料金受取人払郵便

本郷局承認

3864

差出有効期間
2022年7月
31日まで

郵便はがき

113-8790

東京都文京区本郷7丁目2番8号

吉川弘文館 行

愛読者カード

本書をお買い上げいただきまして、まことにありがとうございました。このハガキを、小社へのご意見またはご注文にご利用下さい。

お買上**書名**

＊本書に関するご感想、ご批判をお聞かせ下さい。

＊出版を希望するテーマ・執筆者名をお聞かせ下さい。

お買上書店名　　区市町　　書店

◆新刊情報はホームページで　http://www.yoshikawa-k.co.jp/

◆ご注文、ご意見については　E-mail:sales@yoshikawa-k.co.jp

ご氏名《ふりがな》		年齢　　歳	男・女
〒□□□-□□□□		電話	
ご住所			
ご職業		所属学会等	
ご購読新聞名		ご購読雑誌名	

今後、吉川弘文館の「新刊案内」等をお送りいたします(年に数回を予定)。
ご承諾いただける方は右の□の中に✓をご記入ください。　□

注文書

月　　日

書　　名	定　価	部　数
	円	部
	円	部
	円	部
	円	部
	円	部

配本は、○印を付けた方法にして下さい。

イ.下記書店へ配本して下さい。
(直接書店にお渡し下さい)

(書店・取次帖合印)

書店様へ＝書店帖合印を捺印下さい。

ロ.直接送本して下さい。

代金(書籍代＋送料・代引手数料)は、お届けの際に現品と引換えにお支払下さい。送料・代引手数料は、1回のお届けごとに500円です(いずれも税込)。

＊お急ぎのご注文には電話、FAXをご利用ください。
電話 03－3813－9151(代)
FAX 03－3812－3544

図3—27—3　12世紀後半頃の建物群

者は択一の選択ではなく、遺構の重複関係や塀などの区画施設の様相からは、両者を合わせた変遷が想定できる。中心域と周辺域の変遷は一定程度連動するが、それに加え各区域の範囲自体の変遷が重複し、遺構変遷の把握には遺跡全体での変遷と各区域での変遷が重なり合う。これは当然の事象でもあるが、古代官衙などに代表されるような変遷はありながらも比較的整然とした地区や区画とその内部の変遷の把握と異なり、遺構の重複や遺物の出土が少ない掘立柱建物の変遷を把握する場合に大きな課題となる。変遷の前提となる遺跡の基本的な事項に、以下の点が挙げられる。i）遺跡内には堀・塀の区画施設があり、塀に区画された区域は変遷がある。ii）建物と井戸で基本的な空間が構成され、建物の軸方向からグルーピングが可能である。iii）建物の遺構の重複から三～四時期程度の変遷が想定可能である。iv）堀によって区画される範囲は概ね維持される。

ここでは近年の成果を基に一例を示す（柳之御所遺跡調査事務所二〇〇七・二〇〇八）。建物の軸方向を基準にすると（図3―26）、建物軸方向からは0～5°、6～9°、10～15°、15°～の四つ程度にグルーピングが可能である。次に、建物軸方向で分類した建物の重複などから、大きく三時期程度に分けた時期変遷案を示しておきたい。（この場合でも一二世紀中葉とした時期など実年代の幅は一定ではないとみられるが）、出土土器などからはそれぞれを一二世紀前半・中葉・後半と示すことが可能であろう（図3―27）。より細かい変化が把握できる部分もあり、一方で仮説にもとづく部分もあるが、各時期それぞれで大規模な建物跡が中心的な機能をもつとみられる。特に園池が造営された、一二世紀中葉以降の中心的な地域を園池の周囲に想定でき、一二世紀後半以降に中心的な範囲が前時期までの中心域を包含しより拡大して把握することも可能である。このことは遺跡の機能の拡充を想定すれば注目できる様相である。また、堀跡も外側の堀跡から大規模な内側の堀跡へ変化している可能性が高く、遺跡全体の様相として把握可能であろう。

これらの施設規模の拡充の傾向と、無量光院跡などの周囲の施設との詳細な時期的な関係が今後の課題となろう。なお、これまで示されてきた各論においても大枠の変遷は共通する点が多いが、これまでも指摘されてきたが既述の諸条件もありすべての事象を整合的に遺跡内の変遷を跡付けることは困難をともなう。現状では課題をふまえ、確定できる事実から整合性をより高くすることが求められよう。当初期の区画施設の様相など堀の変遷や、重複が著しい位置での詳細な変遷や各区画の対応など細部の動向は、なお検討の余地を残すほか、細かい各空間の機能が課題となる。

遺跡の機能

大規模な調査開始当初から機能・性格には議論があるが、柳之御所遺跡を『吾妻鏡』にみえる「平泉館」にあてる論者が多い。多くは遺跡の位置や遺構・遺物からの推察による。特定の遺構に注目する見方では、倉庫とみられる建物跡（31SB5建物跡）を『吾妻鏡』にみえる「倉廩《そうりん》」に対応させ、遺跡が「平泉館」にあたるとする見解もある（入間田二〇一四）。当該遺構は前述のとおり倉庫の可能性が高いものの、この遺構が遺跡の廃絶時に想定できるかは遺物も少なく判然としない。このほかにも不確定な要素も多く、この建物跡が「倉廩」に対応する可能性は十分にあるが特定は難しい。

　他の要素では、銅印「磐前村印」や題籤軸木簡《だいせんじくもっかん》（「馬」「日記」）は遺跡内での行政的な機能を補強する資料として注目できる。また、「人々《ひとびと》給《たまう》絹《きぬの》日記《にっき》」は遺跡内での儀礼を示唆し、遺跡の機能にも関わる。このほか、多量の土器の出土はこれまでも指摘されてきたとおり、この遺跡の特徴のひとつである。かわらけの機能や性格には議論があり、日常食器の性格は完全には排除されないが、この遺跡においては多量の一括廃棄のあり方が特徴的で宴会儀礼との関係を想定できる。あわせて、折敷などの食膳具類の出土も示唆的である。これらは宴会儀礼との関係を想起でき、集中的な出土は宴会儀礼との関係を補強する特徴であろう。

　また、一二世紀代当初から遺跡の機能が継続することも重要である。一二世紀代の一〇〇年間を通して遺物が確認でき、各時期において出土量が多く平泉の遺跡群の中でもまとまった出土量が確認できる。次に、遺構の様相からみると、堀による区画が維持されることが注目できる。自然地形による区画も含めて、この範囲が奥州藤原氏の治世を通して保持され、その占地面積も大きい。また、柳之御所遺跡の堀内部に所在する掘立柱建物跡は平泉の拠点域の中でも規模が大きく、さらに柱筋の通りが良い構造上も精緻なものが多い。このあり方は遺跡の性格を考える上で重要な内容であろう。

　これらの柳之御所遺跡の機能に関わるとみられる属性に、以下の点が挙げられる。A文字資料が多く、行政的な機能との関係が強い資料を含む。B各時期で膨大な遺物が確認でき、特に宴会儀礼との関係が強い土器や折敷などの食膳具類にその傾向が顕著である。C大規模な堀に区画され、堀による区画域は一〇〇年間の遺跡の機能時を通じて概ね維持される。D遺跡内では規格性の高い掘立柱建物などが所在し、規模などからも平泉の中で各時期において優位な範囲と捉えられる。

　これらの特徴から、柳之御所遺跡堀内部に行政的な機能を想定でき、遺構・遺物の傾向から、平泉における約一〇〇年間の奥州藤原氏の治世において一貫して機能し、その規模もあわせてみた場合に拠点的な場所であったと想定できる。遺跡の機能は柳之御所遺跡単体で示しうるものではないが、平泉の政治行政の拠点との評価は可能であろう。通説では、「平泉館」と『吾妻鏡』に記される藤原秀衡期の「宿館」が政治行政的な機能をもつと把握でき、格式の高い重要な場と位置づける見解が多い。その見方が妥当であれば、平泉の中でも規格的な建物跡が分布することやその特徴、遺物の濃厚な分布や文字資料などの各属性をふまえ、現状の成果からは柳之御所遺跡堀内部がそれに該当する可能性は高いと評価できよう。ただし、この課題には文献上にみえる平泉の諸施設の機能や、それと考古学的事象との対応など整理検討が必要な事項も残されている。

　以上柳之御所遺跡堀内部が奥州藤原氏の治世下を通して政治行政の拠点であった可能性が高いと考えるが、藤原秀衡期以外の名称は不明である。また、機能も各時期によって拡充などの変化が存在した可能性が高いことを付け加えておきたい。

おわりに

まとめとして柳之御所遺跡と平泉の拠点域に所在する遺跡との関係を確認する。一二世紀前半は平泉においても遺物の分布が限定的で、

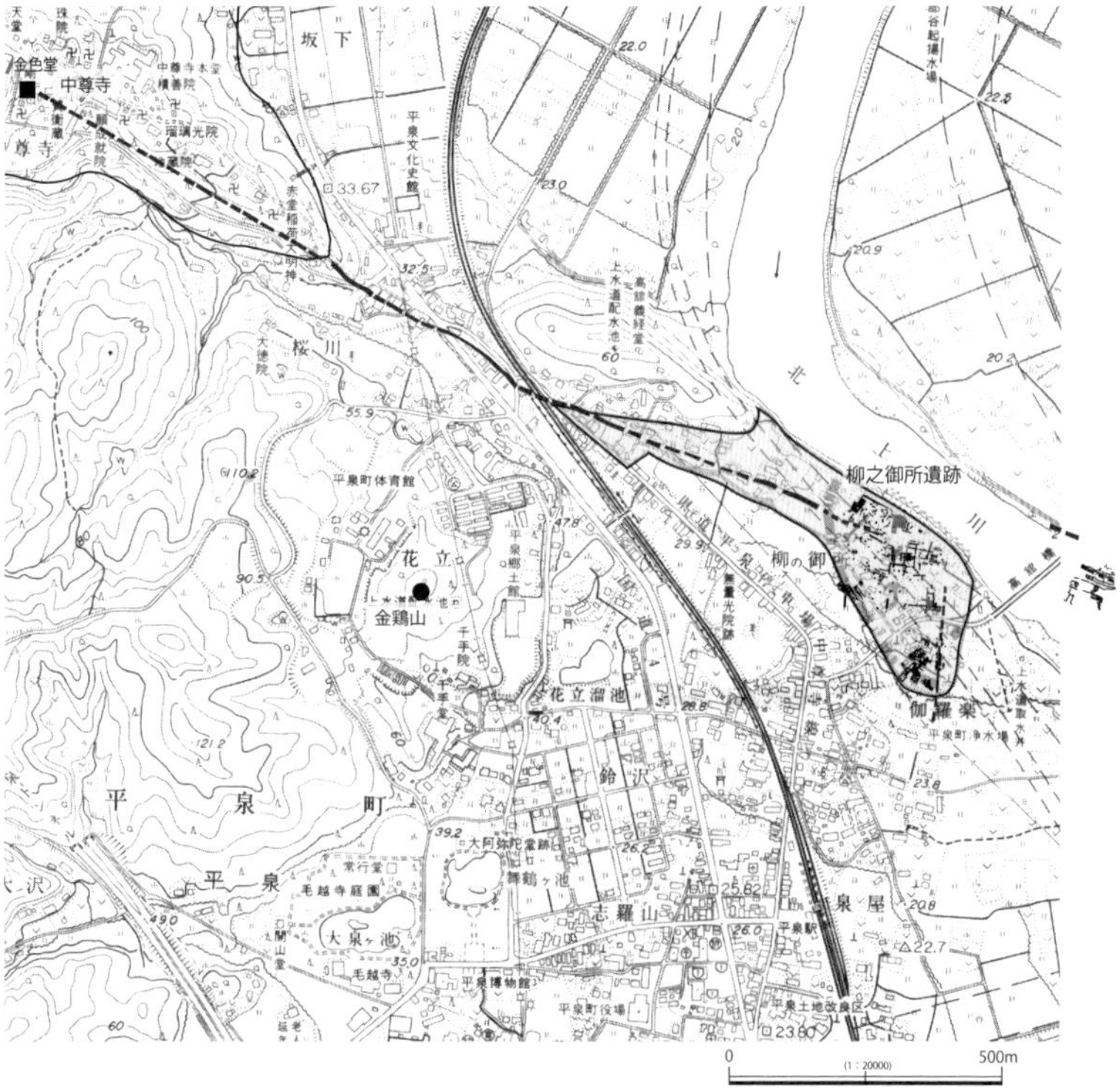

図3—28—1　12世紀前半頃の柳之御所遺跡と周辺

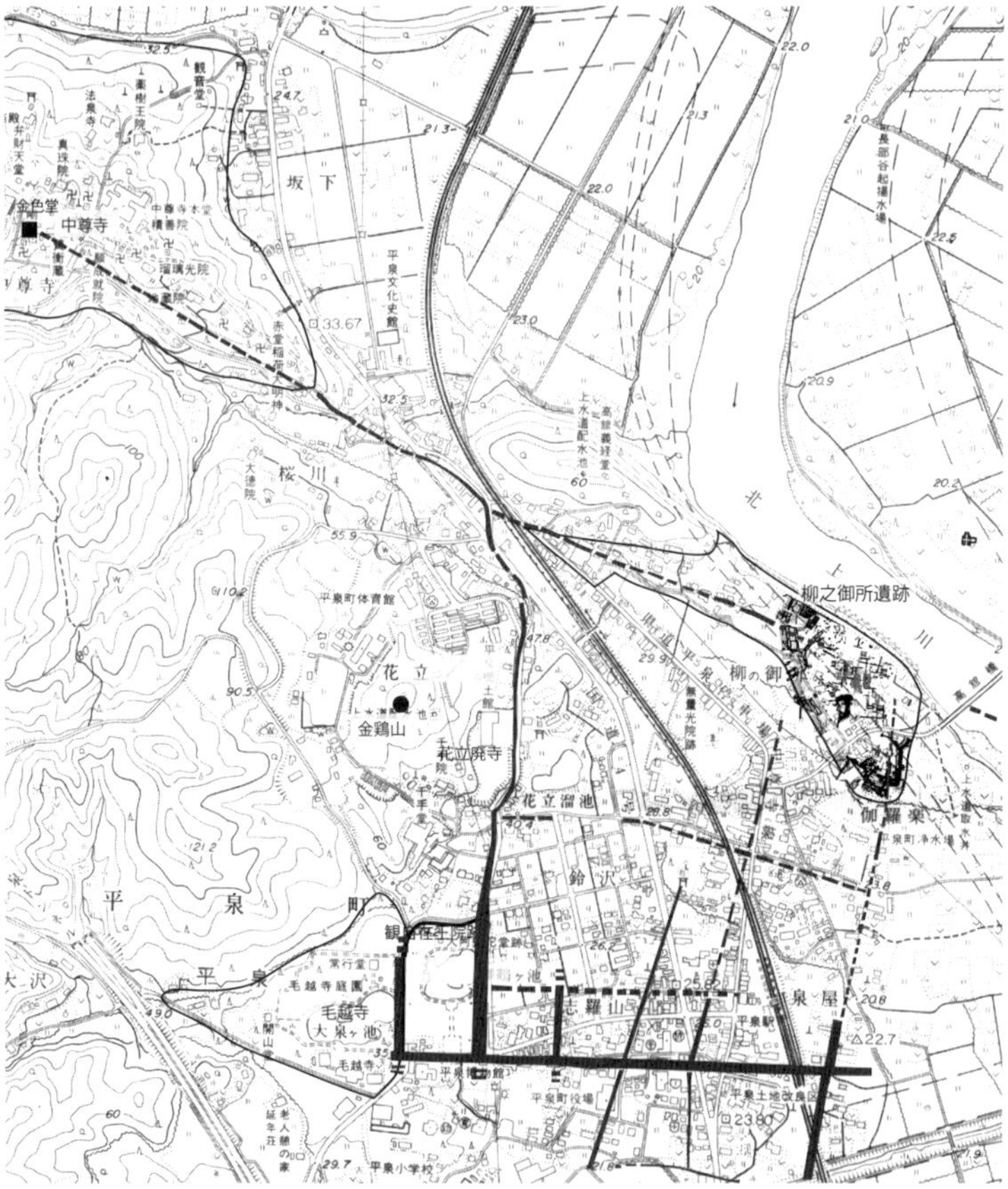

図3—28—2　12世紀中葉頃の柳之御所遺跡と周辺

比較的まとまった資料が確認できるのは柳之御所遺跡と中尊寺の二つの場所に限定される。堀内部の建物もこの時期以降に比して散漫な分布傾向がうかがえる。柳之御所遺跡に拠点機能が想定できようが、より限定的な領域の拠点の可能性もある（図3—28—1）。堀外部の利用は明確ではないが、土器類の出土などから部分的にでも利用が開始さ

れたとみられる。

一二世紀中葉以降に平泉の街並みを構成する道路の区画が確認できるようになってからは、柳之御所遺跡内の道路跡と関連し、堀外部も含めた利用がより明確になる。この段階で堀内部では規格的な建物や園池跡なども存在し、政治行政の拠点機能が想定できる。遺跡内容が充実することから機能の拡充も想起される。空間的な位置関係では、この段階の柳之御所遺跡の建物の軸方向や園池跡で確認されている橋跡が、遺跡の真西方向に位置する金鶏山方向を向くことも注目できる（図3—28—2）。

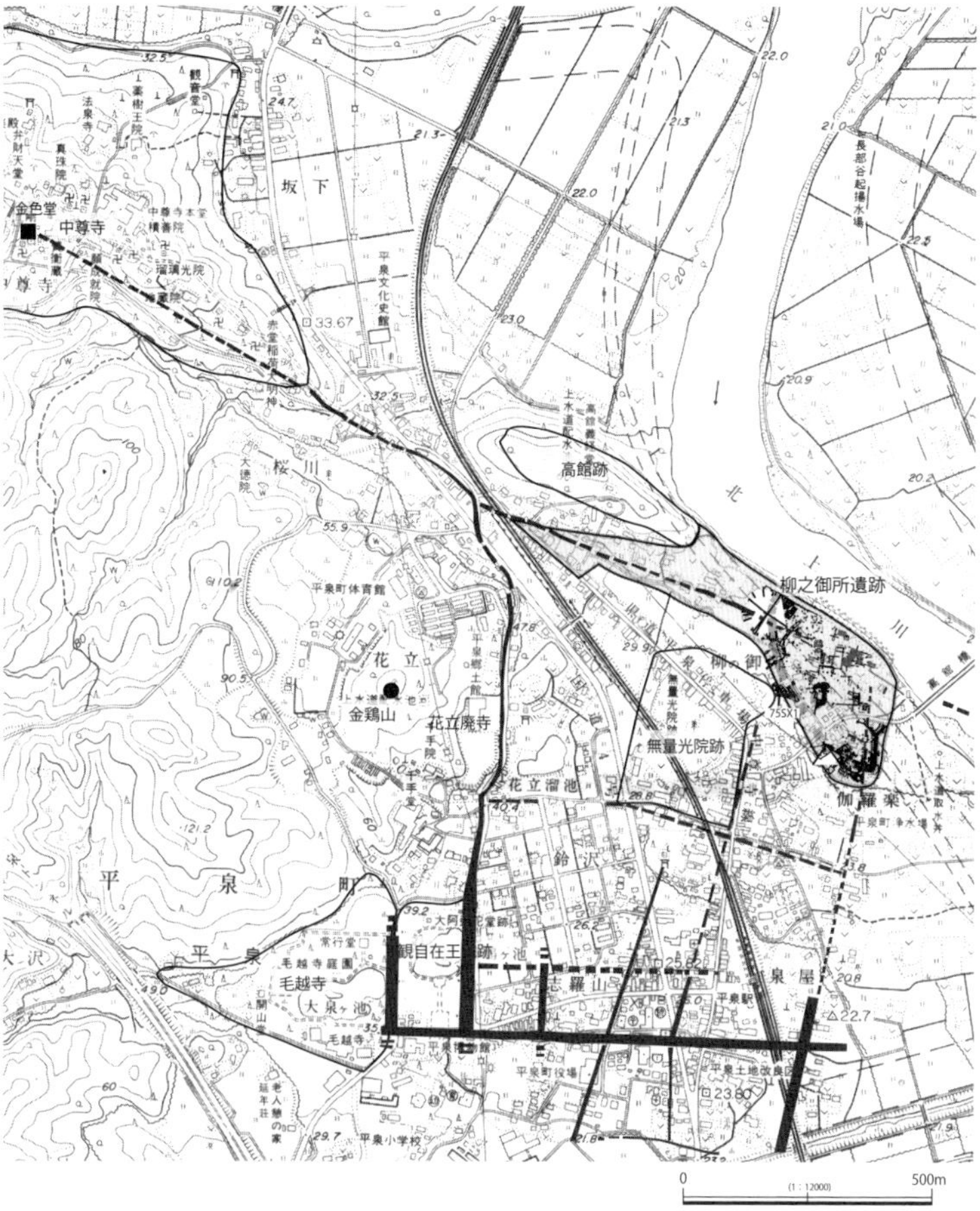

図3—28—3　12世紀後半頃の柳之御所遺跡と周辺

一二世紀後半に猫間ヶ淵跡を挟んで無量光院跡が造営され、さらに高館跡の部分の利用も明確になる。一二世紀後半以降には柳之御所遺跡堀内部に隣接して、堀外部・高館跡までが関連をもって機能したと推察できる。堀内部も内容がもっとも充実する時期で、政治行政の拠点の機能が継続する。無量光院跡との間に位置する橋状の施設は、無量光院跡との関連を示すが、その西方向に位置する金鶏山との関係も示唆する可能性があろう（図3—28—3）。この段階には平泉の街並み、無量光院跡などとのより広範な関係が明確で、堀内部の機能も充実したことが想定される。以上、各時期の平泉の諸施設と柳之御所遺跡の関係を概観したが、遺跡内の変遷は、これら平泉全体での施設配置や遺構変遷との関係を想定できる部分も多い。

ここまで柳之御所遺跡の概要と論点のいくつかをまとめたが、遺構変遷は確定したものではなく、各遺構の意義など触れ残した課題も多い。特に、本章では紙幅の関係もあり遺物の詳細を述べ得ていないが、輸入陶磁器や国産陶器・石鍋などの流通品は奥州藤原氏の交易と平泉のあり方を物語る重要な資料で、遺物個々にわたって論点は多い。現状では、議論の前提となる資料の提示の段階にとどまる部分も多く、これらの検討は新たな視点も付加しながら絶えず継続されていくべきものでもある。

今後、周囲や関連する遺跡の調査成果もふまえ、平泉全体の変遷や様相の中で柳之御所遺跡の特質や奥州藤原氏の支配の実態解明など、より広範な中での平泉の位置付けなどの検討も課題である。これらの課題に柳之御所遺跡の成果と検討は重要な意義をもち、今後も大きく貢献していくであろうが、これは調査が可能な状態に遺跡が保持されていることによる部分も大きい。このことは遺跡の重要性を前提とするが、開発事業に伴う緊急調査から遺跡保存に至るまでの地域住民の理解と、多くの関係者の尽力によって得られた大きな成果であることを文末ではあるが再度記しておきたい。

〔引用文献〕

入間田宣夫　二〇一四『平泉の政治と仏教』高志書院
岩手県文化振興事業団埋蔵文化財センター　一九九五『柳之御所跡』岩手県文化振興事業団埋蔵文化財調査報告書第二二八集
岩手県教育委員会　二〇一〇『柳之御所遺跡第Ⅰ期保存整備事業報告書』岩手県文化財調査報告書第一三一集
岩手県教育委員会　二〇一五『柳之御所遺跡出土資料目録（重要文化財指定品）』岩手県文化財調査報告書第一四一集
岩手県教育委員会　二〇一七「柳之御所遺跡」『奥州藤原氏が構想した理想世界』岩手県教育委員会・一関市教育委員会・奥州市教育委員会・平泉町教育委員会
岩手県教育委員会　二〇一七「柳之御所遺跡」『奥州藤原氏が構想した理想世界　資料集』岩手県教育委員会・一関市教育委員会・奥州市教育委員会・平泉町教育委員会
上原真人　二〇〇一「秀衡の持仏堂」『京都大学文学部研究紀要』第四〇号　六九—一三五頁
黒崎直　二〇〇九『水洗トイレは古代にもあった』吉川弘文館
佐藤嘉広　二〇〇五「柳之御所遺跡出土かわらけの年代推定」『岩手考古学』第一七号　岩手考古学会　六一—七四頁
斉藤利男　一九九二『平泉』岩波書店
櫻井友梓　二〇一六「折敷の資料的履歴」『歴史』第一二六輯　東北史学会　一四一—一六一頁
冨島義幸　二〇〇六「平泉柳之御所遺跡の建築についての一考察」『平泉文化研究年報』第六号 岩手県教育委員会　一—一〇頁
西澤正晴　二〇〇七「柳之御所遺跡調査の現段階」『平泉・衣川と京・福原』高志書院　九五—一〇四頁
羽柴直人　二〇〇四「柳之御所遺跡の変遷」『国立歴史民俗博物館研究報告』第一一八集　二一九—二五一頁
平泉文化研究会編　一九九二『奥州藤原氏と柳之御所跡』吉川弘文館
平泉文化研究会編　一九九三『日本史の中の柳之御所跡』吉川弘文館
平泉町教育委員会　一九九四『柳之御所跡発掘調査報告書』平泉町文化財調査報告書第三八集
平泉町教育委員会　二〇〇四『倉町遺跡第四次発掘調査報告書』平泉町文化財調査報告書第八八集
平泉町教育委員会　二〇一〇『倉町遺跡第七・八・九・一〇次発掘調査報告書』平泉町文化財調査報告書第一〇四集
三浦謙一　一九九三「柳之御所跡を発掘する」『図説　奥州藤原氏と平泉』河出書房新社　六一—九二頁

八重樫忠郎　二〇一五「掘り出された平泉」『東北の中世史1　平泉の光芒』吉川弘文館　九八—一三四頁
八木光則　二〇〇二「奥六郡安倍氏から奥州藤原氏へ」『平泉の世界』高志書院　八七—一一一頁
柳之御所遺跡調査事務所　二〇〇七「柳之御所遺跡の検討（中間報告その三）」『平泉文化研究年報』第七号　岩手県教育委員会　五七—六八頁
柳之御所遺跡調査事務所　二〇〇八「柳之御所遺跡の検討（中間報告その四）」『平泉文化研究年報』第八号　岩手県教育委員会　六五—七五頁
吉田　歓　二〇一四『日中古代都城と中世都市平泉』汲古書院
（補註）本稿の脱稿後に刊行された、柳之御所遺跡に関連する文献に以下がある。
櫻井友梓　二〇一八「柳之御所遺跡の変遷とその位置」『考古学ジャーナル』七一九　五—九頁。
岩手県教育委員会　二〇一八『柳之御所遺跡　堀内部地区内容確認調査図版編』岩手県文化財調査報告書第一五四集
岩手県教育委員会　二〇一九『柳之御所遺跡　堀内部地区内容確認調査本文編』岩手県文化財調査報告書第一五五集

コラム

平泉出土木簡を読む
—掘り出された肉声—

岡　陽一郎

平泉藤原氏に関わる同時代の文献資料の数は少なく、京都関係者や鎌倉幕府など、外部の人間の手になるものが圧倒的である。ましてや鎌倉軍の捕虜となり、源頼朝や梶原景時《かじわらかげとき》らの尋問を受けた結果、記録が残された由利《ゆり》八郎《はちろう》（『吾妻鏡』文治五年九月七日条）のように、肉声を伝える例は稀である。彼らの動静を記録した側と平泉との関係を念頭に入れると、資料には伝聞や憶測、蔑視や敵意による色づけが介在している可能性も無しとはしない。そうした中、数少ない資料を読み込み、考古学資料を始めとした他分野の資料との突き合わせなどを積極的に実施し、成果を挙げてきた諸先輩の努力には頭が下がる。

出土文字資料の登場

しかし、資料を取り巻く環境は二〇年ほどの間に変わってきた。発掘調査の増加によって平泉の人々が文字を記した資料が続々と地中から姿を表すようになってきたのである。転用材や木片に文字様の墨書《ぼくしょ》があったり、読めても断片的だったりと、単独で議論の材料とするのは難しいものが圧倒的である。だが、例外的に研究史に多大な影響を及ぼしたものもある。

柳之御所遺跡から出土した「人々給絹日記《ひとびとたまうきぬのにっき》」と呼ばれる資料（口絵参照）こそ、それである。折敷《おしき》を転用した本資料には、秀衡の息子に当たる国衡（信寿太郎殿）や泰衡（小次郎殿）を中心に、文献資料で確認できる人々と、そうではない人々の名前、さらには彼らに支給される品々がリストアップされている。本資料については、柳之御所遺跡（＝平泉館《ひらいずみのたち》）で開催される何らかの儀式に先立ち、儀式に参加する彼らの衣服を調達するリストと推測されており、ここから判明したことは実に多い。単に平泉政権の構成員の一端が明らかになったことに止まらず、登場人物たちと政権との距離、彼らの政権内部での立ち位置、これらを受けて平泉政権の体質、あるいは平泉館内部の部署など、既存の文献資料では切り込むことが不十分だった分野を探る突破口になったのである。

この手の資料は他にもある。例えば同じ柳之御所遺跡から出土した「磐前《いわさき》村印」（口絵参照）は、村が共同体としての印章を持ち、文書行政に関わっていたことの証拠である。そうした品が柳之御所に置かれていた謎も含め、当時の奥州における村のかたちや、平泉藤原氏による在地支配を考える材料となっている。文字とは違うが、報道されて話題を呼んだ、鳥獣《ちょうじゅう》戯《ぎ》画《が》様の蛙《かえる》が描かれた木片もそうだろう。平泉が京都の文物を積極的に移入したことは知られていても、絵の技法といった情報もそこには含まれ、かつは現地で拡大再生産されていたことが、当該資料から判明する。

しかし、平泉から出土した文字資料や画像資料の総体から見れば、これらはあくまでも極一部に過ぎない。他の多くは先にあげたような状態だが、中にはある程度の文字がまとまって記されているのもあり、「人々給絹日記」と同じ遺構から出土した遺物も含まれている。しかし、それらが研究に供されない理由は誠に簡単。まず読解が難しいのである。何とか読みはしたものの、念のため数人の研究者に意見を求めた結果、読解者ごとに釈文が違い、却って混乱したという代物もある。他にも読めても語句の意味が分からなかったり、文意が繋がらないものもあって厄介だ。

残るべくして残った文献資料とは違い、出土文字資料には残すことを前提にしない、一時的な内容のものが多い。言ってみれば電話対応時のメモ書きのようなものだから、書いた人がそのとき理解できればよく、保存はもとより、後の第三者による判読を視野に入れていないのである。また、かわらけに歌様《うたざま》の文字列が記されたものなどは、宴席で戯れに記されたと想定されるが、こちらも同じ理屈が成り立つ。もっともこの手の遺物に関しては、酔いが筆に反映されているから読みにくいのだと、個人的には睨んでいるのだが。むしろ字句の出入りはあっても比較的容易に解読でき、そのために研究に供されてきた「人々絹給日記」は、特別な存在といえる。これは複数の人間が読むことを念頭に置き、ある程度の保存も視野に入れた、メモと文書の中間に位置づけられるだろう。

このようなことから出土文字資料は、残すべくして残された既存の文献資料では掴《つか》みにくい内容―多分に一過性であり、極めて日常的なもの―が記されている公算が大きい。したがって上手く分析できれば、平泉研究はさらなる高みを目指せるに違いない。昔、このように考え、平泉における出土文字資料のデータの収集と分析を試みたことがあった。出発点は気宇壮大だったものの、想像したよりもはるかに作業は難しく、それは筆者の能力をいともたやすく越え、腰砕けとなってしまった経緯がある。

出土文字資料研究へ

その後、数人の研究者と一緒に、同じ作業をする機会に恵まれた。資料を数人がかりで読んでいくと、一人では気づかない知見がいろいろとでてくる。紙数の都合上、そのすべてを書くことはできないが、そのときの記録から筆者の個人的な興味を引いたものを、思いつくまま述べてみよう。

①カタカナの多さ　平泉出土の文字資料群を見渡すと、カタカナ書きのものが比較的目立つ。カタカナは音声を文字化する際に使われることが多いから、これらは口頭報告や宴席など、音声の飛び交う場で作成された可能性が出てくる。出土文字資料の中には、経塚《きょうづか》造営の結縁《けちえん》のために石を持参することを命じたものがあり、命令を文字化したと解釈すれば、文書作成の土台となるため、文書として取り扱うことができる。これまで当地の歴史研究は、考古学が材料を提供して進められてきた。かたやこの種の資料の存在は古文書学という、冒頭で述べたような事情から、一見すると平泉研究とは無縁にみえる分野であっても、研究のある分野をリードする可能性を示す。

②謎の単語　柳之御所から出土した資料に、カタカナで三文字

の単語を羅列したものがある（図1）。この資料が厄介なのは、読めても相当する言葉が辞書に載っていなかったり、意味は分かっても文中では前後の単語と意味が繋がらないことで、言葉遊び説や楽譜説、あるいは手習い説が出ているものの、いずれも意見の一致をみていない。これについては以下のような見解も出されている。すなわち辞書に載る古語は、当時の文献資料から蒐集されたものであり、そのため資料に登場しにくい単語―日常的な俗語や口語（特に庶民のそれ）、殊に同時代の文献資料が少ない土地のもの―などは抜け落ちていると予想される。ならば意味不明の単語には、当時の平泉で話されていた肉声が保存されている可能性も出てくる。だとすれば、爾後の研究では、言語学や日本語研究での活用も視野に入ってくる。

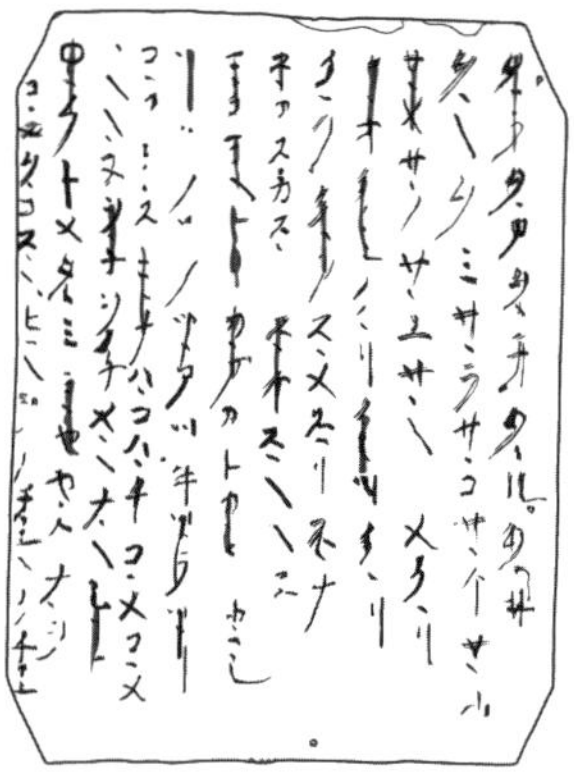
図1　折敷の転用品の翻刻
（岩手県教育委員会所蔵）

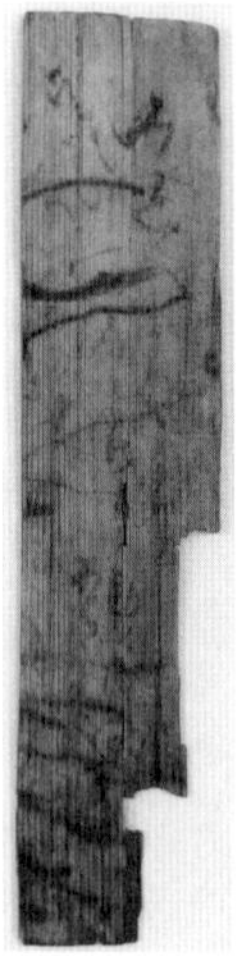
図2　折敷の転用品
（同右）

③記された和歌　先にも触れたとおり、出土文字資料には和歌状の構成、すなわち五・七・五・七・七の配列が認められるものがある。例えば柳之御所から出土した木片には、

み□□□くに泉（カ）
みたりし平清泉
あはれは白（カ）
宣（カ）ひのう（カ）

と記されたものがあり（図2）、時田里志は

みちのおくに　泉みたりし平清泉　あはれは白き篝火《かがりび》の鵜

という読みを提示している。出土地点から、柳之御所遺跡で和歌が詠まれていたことは明白で、地域の文化拠点だった様子を偲ばせる。内容の文学的解釈は筆者の力量のおよぶところではないから措くが、当時の地方文化の水準を図る材料となることが確かである。出土文字資料は、国文学の参入も可能にする。

④手跡からみた出土文字資料　筆者にとっては考えもおよばず、まさに「目から鱗《うろこ》」だったのがこの視点である。平田光彦は出土文字資料を同時代の書体、なかんずく平泉にも縁のある西行のそれと比較し、両者の間に同時代性を見出すものの、彼の書体との直接的な関係を指摘できるには至っていないとしている。これは平泉が当時の列島における大きな文化の流れの中にあり、書き手やテキストなどの往来による影響を受けていたことを如実に示している。また、平田は文字資料の書き手として、練度は高くないが筆に長けた人物を想定していて、これを受けて想起されるのは、

事務能力ゆえに伊豆国目代《もくだい》に起用された傀儡子《くぐつ》の話である。彼の手跡は、美しくはないが「筆軽クテ目代手ノ程」(「伊豆守小野五友目代語第二十七」『今昔物語集』巻第二十八)というものだった。平泉政権が外部から事務スタッフ(文士)をスカウトしていたのは、先行研究が指摘することである。ならば事務書類ともいえる「人々絹給日記」に現れた筆跡こそ、「目代手」の実物となろう。

紙数も尽きてきたため、まとめに移るが、ここまで述べてきただけでもおわかりのように、出土文字資料は多くの未開拓分野を含んだ豊穣の大地である。しかし現時点では、関心の低さと解読の難しさから、十分に活用されていないという、誠に残念な状況下にある。筆者としては、今後より多くの研究者が当該分野の研究に参入し、本格的な研究が進められることで、従来の平泉研究にはない新たな研究が進むこと。そして、結果として平泉研究自身のさらなる進展、および新展開、の二つを切に願う次第である。

〔参考文献〕

岩手県教育委員会、二〇一二『平泉文化研究年報』一二
同、二〇一三『同』一三

第四章　平泉における建物遺構
―掘立柱建物を中心に―

西澤正晴

はじめに

平泉においては、中尊寺金色堂を除いて一二世紀当時の建築遺構は現在まで残されていない。目にすることができる寺院などの建物はすべてその後に再建されたものである。寺院や屋敷を構成する建物を直接示した絵図なども、折敷《おしき》に描かれた建物以外は残されておらず、当時の状況を復元あるいは想像することはとても困難である。

こうしたなかで、今回取り上げるのは、地面の下に眠る考古学的痕跡（遺構）である。建築史学のように屋根など立体的な上屋構造までを推定する方法はとれないが、二次元の平面形式を中心に検討しておくことにする。一二世紀当時の平泉にはどのような建物があったのか、どのように使われていたのかなどを紹介したい。さらにそれらから平泉の建物の特徴をまとめていきたいと思う。なお、ここでは、寺院に対する用語として「住宅」という語を使用する。居館や居宅、マチやムラにある建物も含めている。これらの「住宅」を中心に取り上げるため、寺院関係の建物は含めていない（寺院関係については、第二巻第五章〈冨島義幸執筆〉を参照）。

1　平泉の建物に関する基本説明

これまでの主な研究

平泉における建物の研究は、後述する四面庇《しめんびさし》建物を中心に行われてきた（松本一九九七、羽柴二〇〇一、鹿野二〇〇四、島山二〇〇七、八重樫二〇一一、荒木二〇一四、島原二〇一七など）。この建物は一般的に格式の高い（最上位の）建物として認識されていることや、平泉町内からは相対的に多くの四面庇建物が見つかるからである。また、建築史学からは、この時期の変化をよくあらわした宮本長二郎の論考がある（宮本一九九九）。考古学においては八重樫忠郎の論考（八重樫二〇一一）が詳しい。また、建物の類型からその性格を論じた八木光則の論考（八木二〇一六）など平泉における建物は四面庇建物を中心に多くの俎上に上げられ、研究の深化に寄与し続けている。本章は、このような研究成果を踏まえながら四面庇以外の建物も含めて広くその内容をみていきたい。

建物の種類

この時代に確認できる建物には、その構造から、礎石《そせき》建物、掘立《ほったて》柱《ばしら》建物、竪穴《たてあな》建物の三種類（発掘遺構については掘立柱建物跡などとすべきであるが、ここでは「跡」を省略する）がある。平泉においては、これらが共存していたが、「住宅」では掘立柱建物が中心となっている。そのため、本章ではこれを中心に取り上げる。

地下に残る痕跡とは?

掘立柱建物が地面の下から見つかる場合、実際に目にすることができるのは柱の穴だけである。柱の穴とは、柱を立てるために地面を掘って空けた穴（柱掘方《はしらほりかた》という、以降は単に柱穴《ちゆうけつ》とする）のことで、大きなものから小さなものまである。直径と深さは、それぞれ三〇センチ～一〇〇センチの間にあるものが多い。実際、平泉の地下を発掘調査すると、無数の穴があるのを目にすることができる（図4—1）。これら多数の柱穴群の中から規則的に配置されている柱穴を探し出し、ひとつの建物として認識することになる。たったこれだけのもので建物遺構について検討するわけなので、おのずと限界はある。この柱穴の配置が、建物の平面形式（構造）というものであり、これを検討することが考古学のおもな役割である。本章もこれを中心としている。

図4—1　無数の柱穴群（柳之御所遺跡）（岩手県文化振興事業団埋蔵文化財センター提供）

2　一二世紀における平泉の掘立柱建物

では実際に平泉にはどのような建物がみつかっているのであろうか。ここでは、平泉町内の各遺跡からみつかった掘立柱建物について、その種類（平面形式）や分布などを検討していくことにする。

まず平面形式の分類からはじめよう。柱穴の配置にはいくつかの規則的な配列があり、それらの中で有為なものを一つの平面形式として認識している。大別すると無庇建物、庇建物、総柱建物の三種類があり、さらにそ

- 無庇建物
  - 梁行一間
  - 梁行二間
  - 梁行三間
- 庇建物
  - 身舎梁行一間
    - 一面
    - 二面
    - 三面
    - 四面
  - 身舎梁行二間　〃
  - 身舎梁行三間　〃
- 総柱建物
  - 梁行二間
  - 梁行三間以上

図4—2　掘立柱建物の種類

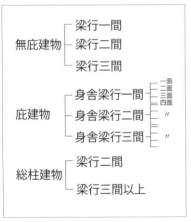

れぞれがいくつかに細分される（図4―2）。これらの分類を説明しながら、建物の特徴を述べていこう。また、今回分析の対象とした建物は、平泉における発掘調査報告書から集めた一二世紀と想定される掘立柱建物三二九棟（二〇一六年現在）である。紙幅の都合によりデータは提示できないが、これは稿を改めて示したい。ちなみに内訳をみると、三二九棟のうち、無庇建物が一三七棟（四二%）、庇建物一一五棟（三五%）、総柱建物二一棟（六%）、建物として全容が知れず不明分としたものが五六棟（一七%）となる。

無庇建物（いわゆる側柱建物）

ここではいわゆる側柱建物のことで、直屋《すごや》形式の建物のことを表し、庇がつかない建物である（図4―3）。今回の集成では、全体の中の約四割を占め、平泉ではもっとも数が多く一般的な建物といえよう。

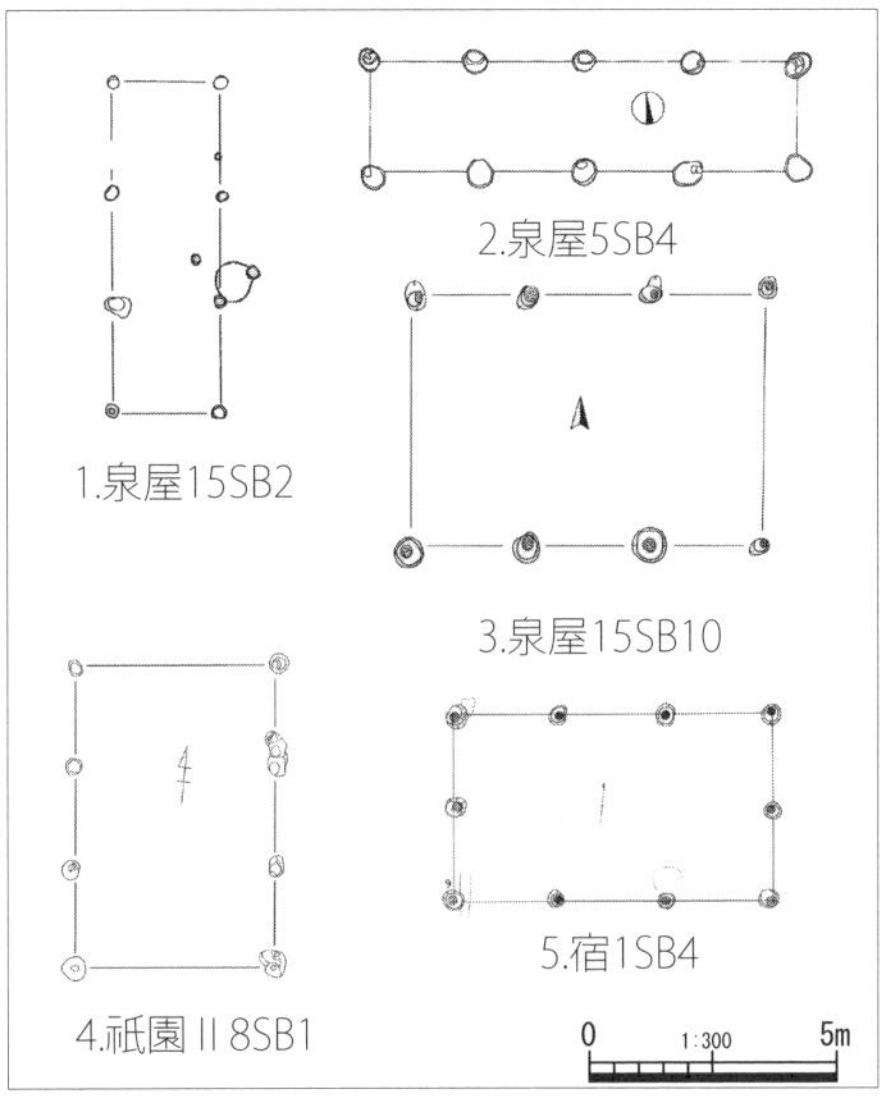

図4―3　無庇建物の例

※建物名は、「遺跡名＋調査次数＋建物番号」で表している（以下同じ）。

前段階である九世紀から一〇世紀（以降、前段階とする）においても、平泉のある北上盆地周辺では、一般的な（最多数の）掘立柱建物形式である（西澤二〇一一・一二）。

掘立柱建物では梁行《はりゆき》方向の構造が基本となるため（山中編二〇〇三）、これを基準に細分すると、梁行一間、梁行二間、梁行三間に分けられる。梁行四間以上のものについては、無庇建物には採用されないようである。桁行《けたゆき》は最大で五間まで確認できる。床面積をみると、無庇建物全体の平均は二六・四平方《メートル》と三分類のなかではもっとも小さい。柱穴の規模も概して小さいものが多い傾向にある。

無庇建物の中でもっとも例が多いのは、梁行が一間のものである。これは、宮本がいう「梁行一間型」（宮本前掲）と同義に近いが、少し意味合いが異なるかもしれない。それは宮本がいうように、妻側中央の柱（妻柱）が壁心棟持柱なのか側柱なのか区別がつかない（筆者が認識できない）ものが平泉においては多いことから、紛らわしいが単に梁間に一間分の柱穴しかないものを一間型に、同様に二間、三間のものをそれぞれ二間型、三間型とする。構造上、機能が異なる柱穴（側柱《がわばしら》か棟持《むなもち》柱）が含まれる可能性があるが、今回は一括して検討する。また、中村隼人のように、梁行が一間でも、長さが二間分あるものを二間型とする考えもある（中村二〇一七）。全建物の中でも数が最多となるのがこの形式である（八二例）。桁行は三間が主流（三二例・三九%）であり、最大で五間が確認できる。

梁行二間の建物は四九例が確認できる。前段階においては主流であった型式であるが、一二世紀に入ると割合が減っていくようである。

桁行は二間（一〇例）から三間（一九例）が主流であり、五間までが確認できる。全国的に見て古代（前段階）の主流であった梁行二間、桁行三間の建物は、一二世紀の平泉においては、もはや主流ではなくなっているということが大きな特徴となる。ただし、梁行一間×桁行三間の建物には、梁行の長さが二間分（およそ四メートル以上か）あるものが一定数あることから、両者を含めてみれば、実質この形がもっとも一般的な型式とすることもできる。その場合、この建物は、前段階での梁行二間×桁行三間の建物とは本質的には同質であることを表していよう。そして、梁行一間×桁行三間の建物は、妻側中央の柱は省略されるのか、あるいは新しい構造として存在すると考えられる。

梁行三間の建物は、六例のみである（柳之御所55ＳＢ24、56ＳＢ3など。建物の一部しか調査されていないものが多く想定として含めているものがある）。無庇建物の中では最も少ないが、平均の床面積は四六・五平方メートルもあり、例数が少ないこともあるが、一間型や二間型のそれよりも大きい。梁行の増加は床面積の拡大を指向している可能性がある。

庇建物

庇建物は、身舎の周囲に一面から四面に庇が付設される建物である（図4—4）。内側の身舎、外側の庇に分けられる。一般的に面積の拡大が一義的な機能と考えられるが、その床面積の大きさからか（とくに四面庇建物）、格式が高く、主要な建物に採用されることが多い。

今回の集成では、平泉の建物のうち三五％を占めるなど、かなり高い割合を占めることが分かる。他地域との比較は行っていないため正

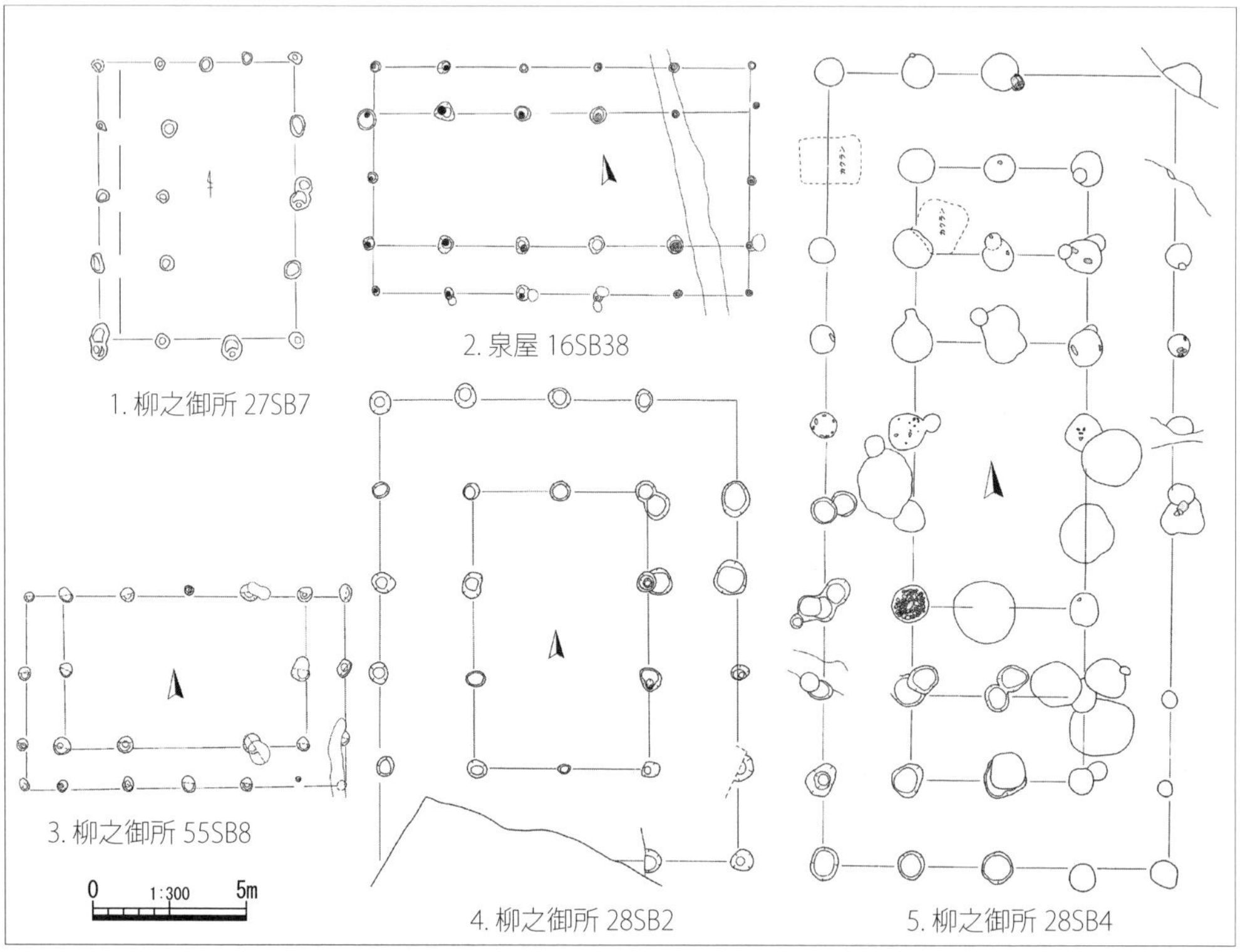

図4—4　庇建物の例

確な比率は出せないが、四面庇建物に限ると東北地方の建物六七棟のうち五一棟が平泉に集中するという（八重樫二〇一二）。したがって、平泉では他の庇建物を含めても相対的に高い割合を有すると予想される。庇建物の場合、「間面記法」によって分類する方法や庇の面数によって一面（片庇）、二面（両庇）、三面、四面と分類することが多いが、身舎《もや》梁行で見た場合、無庇建物と同様に一間から三間までが確認できる。内訳は身舎梁行一間型が五例、二間型が七三例、三間型が四例となる。ほぼ身舎梁行は二間のものに限定されることがわかる。庇建物は宮本の言う「律令型」（宮本前掲）の典型例であり、その主要な二間型がもっとも多くなることは当然の結果だともとれる。また桁行は、片庇から三面庇までは間数にばらつきが大きいが、四面庇建物にあっては、桁行三間が約八割を占める。四面庇建物においては身舎梁行二間、身舎桁行三間が基本構成として捉えられていた可能性が高い。平泉の建物の中では平面構造に比較的ばらつきが少なく、一つの類型として存在していたと考えられる。

梁行の長さは四メートル～六メートルの間におさまるものがもっとも多く、六メートルを超えるものも六例ある。梁行が二間や三間も含めて最大値は六・五メートルである。桁行は、上で触れたように三間が大多数を占めるが、五間以上も一定数存在し、最大で八間である。これは無庇建物よりも桁行が長く、言いかえれば大型化する建物が多いことを示している。庇建物の平均床面積は八三平方メートルであるが、最大例は二七五平方メートル（柳之御所28SB4）と三倍以上の開きがある。面積分布では、一〇〇～一五〇平方メートルにおさまる建物が多く、幅はあるものの、ある一定のまとまりを示している。これに対して一五〇平方メートルを超える建物も一〇棟前後存在する。これらは床面積からみると他とは一線を画す大きさの建物であり、ひいては見た目や格式、機能など明確に区別できるものである。また、身舎の床面積は、平均が三七平方メートルであり、無庇建物よりは大きいがそれほど極端な差があるわけではない。差が認められるのは庇の面積の方である。庇の床面積は、片庇から三面庇までの平均（それぞれ一〇・三、二八・七、三〇・三平方メートル）は身舎の床面積平均よりも小さいが、四面庇建物だけは七六・二平方メートルと身舎平均床面積の二倍以上の面積になる。大型化する建物を除き、無庇建物と庇建物の床面積の違いは単に庇空間の面積分だけであるが、四面庇建物だけは面積の差が他より際立っている。しかしながら、四面庇建物の最小面積（三四・五六平方メートル：志羅山四七次一四区SB3）と最大面積（二八〇・六七平方メートル：柳之御所28SB4）の差が八倍ほどあることや、平均床面積以下の建物が一定数（九例）存在することは、他の建物とは規模において圧倒する四面庇建物といっても機能や格式には差があった可能性がある。

これまで触れたことを総合すると四面庇建物は、構造ひいては機能においては他の種類とは異なっていることがわかる。そして、庇建物とはいえ、四面庇建物とそれ以外の庇建物では、規模の差は大きいことが明らかである。そのほか、四面庇建物については、庇の出の問題がある。庇の出が、身舎柱間と同じか大きい「広庇」と狭い「庇・下屋」である。この差は、年代差や機能差などと考えられることが多い。庇空間が、面積の拡大を指向していること、後述するように、広庇は儀式（宴会）と強い関連があることなどを考慮すると、機能的な差が大きいと考えている。また、庇の出の狭い建物はそもそも構造的（屋根形式や外観など）に庇の出の広い四面庇建物とは異なっている可能性もある。

総柱建物

総柱建物は、無庇建物、庇建物が外側にのみ柱を立てるのに対し、内側も含めて柱を格子状に立てる方式の建物である（図4―5）。平面上では、柱が碁盤の目上にすべて並んでいる。平泉の建物のなかではもっとも数が少ない建物形式で、今のところ二二例しか見つかっておらず、その割合は全体の中では六％と一割にも満たない。このことは言い換えれば、総柱建物は特殊な機能をもつ可能性が高いといえる。これまでと同様に梁行を基準に細分すると、二間のものと三間以上の二者に分けることができる。例数が増加すれば、梁行が三間のものは前者に包含する可能性がある。後者は、梁行が四間以上のものがあり、梁行方向に拡大する唯一の形式となる。宮本のいう「総柱型住居」（宮本前掲）と同義であり、まったく新しい建物形式といえよう。ただし、今回の梁行二間型においても「総柱型住居」は混在すると考えられ、倉庫と想定できない建物は、この新しい形式の可能性がある。

梁行が二間のものは、一三例あり、総柱建物では数が多い型式である。平均床面積は五六平方メートルであり、無庇建物よりは大きい。桁行は二間から一二間までが確認でき、どの種類の建物よりも桁行が長大化する傾向にある。桁行が一〇間を超える建物は、見た目にも非常に細長く、居住用とは考えにくい。このなかで柱穴の規模が大きいものは、高床式になると想定され、高床倉庫と考えられる（宮本前掲）。また、その平面形式から厩《うまや》を想定できる建物もある。

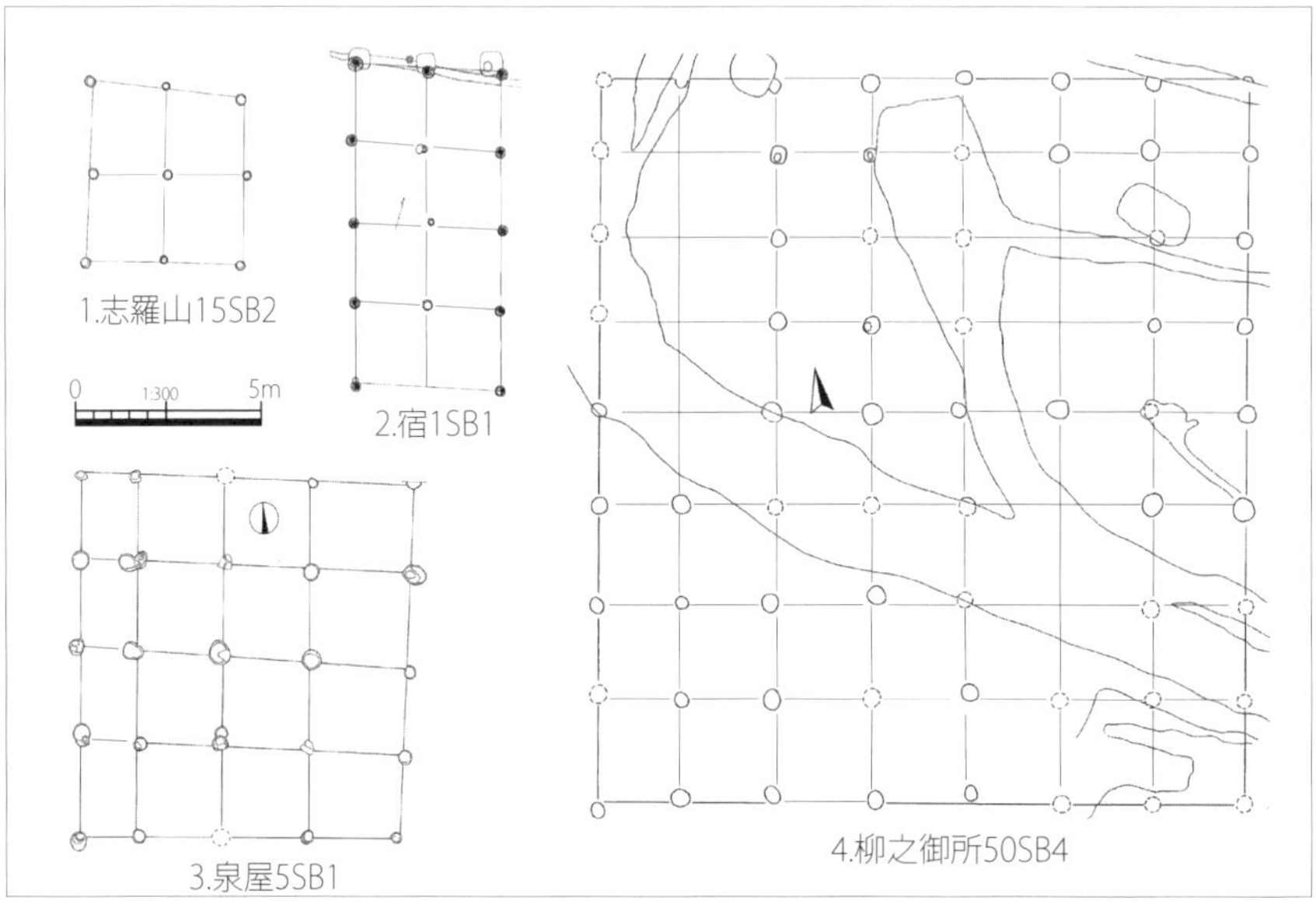

図4―5　総柱建物の例

梁行が三間以上あるものは八例がある。これまで触れたような建物

（ご注意）

・この用紙は、機械で処理しますので、金額を記入する際は、枠内にはっきりと記入してください。また、本票を汚したり、折り曲げたりしないでください。

・この用紙は、ゆうちょ銀行又は郵便局の払込機能付きＡＴＭでもご利用いただけます。

・この払込書を、ゆうちょ銀行又は郵便局の渉外員にお預けになるときは、引換えに預り証を必ずお受け取りください。

・ご依頼人様からご提出いただきました払込書に記載されたおところ、おなまえ等は、加入者様に通知されます。

・この受領証は、払込みの証拠となるものですから大切に保管してください。

収入印紙
課税相当額以上
貼　　付

印

この用紙で「本郷」年間購読のお申し込みができます。

◆この申込票に必要事項をご記入の上、記載金額を添えて郵便局でお払込み下さい。

◆「本郷」のご送金は、４年分までとさせて頂きます。
※お客様のご都合で解約される場合は、ご返金いたしかねます。ご了承下さい。

この用紙で書籍のご注文ができます。

◆この申込票の通信欄にご注文の書籍をご記入の上、書籍代金（本体価格＋消費税）に荷造送料を加えた金額をお払込み下さい。

◆荷造送料は、ご注文１回の配送につき500円です。

◆入金確認まで約７日かかります。ご諒承下さい。

振替払込料は弊社が負担いたしますから無料です。

※領収証は改めてお送りいたしませんので、予めご諒承下さい。

お問い合わせ　〒113-0033・東京都文京区本郷７－２－８
吉川弘文館　営業部
電話03-3813-9151　FAX03-3812-3544

この場所には、何も記載しないでください。

払込取扱票

02	東京

通常払込料金加入者負担

口座記号番号	00100-5-244
金額	千 百 十 万 千 百 十 円 ※
加入者名	株式会社 吉川弘文館
料金	
備考	

各票の※印欄は、ご依頼人において記載してください。

ご依頼人・通信欄

フリガナ	
※お名前	
郵便番号	電話
※ご住所	
※	

◆「本郷」購読を希望します

購読開始　　号 より

1年 1000円 (6冊)　3年 2800円 (18冊)
2年 2000円 (12冊)　4年 3600円 (24冊)
(ご希望の購読期間に○印をお付け下さい)

日附印

裏面の注意事項をお読みください。(ゆうちょ銀行)(承認番号東第53889号)

これより下部には何も記入しないでください。

切り取らないでお出しください。

記載事項を訂正した場合は、その箇所に訂正印を押してください。

振替払込請求書兼受領証

口座記号番号	00100-5-244 (通常払込料金加入者負担)
加入者名	株式会社 吉川弘文館
金額	千 百 十 万 千 百 十 円 ※
ご依頼人	おなまえ ※　　様
料金	日附印
備考	

この受領証は、大切に保管してください。

は、その床面積を拡大させるためには、庇を設けたり、桁行方向に拡大したりすることが基本であった。それに対し、梁行方向に拡大するのが大きな特徴となる。これまでは間仕切りがあって「部屋」を区切る例はあったが、縦方向（直列）にしか並べなかったものが横方向に並列できるようになった意味では非常に重要な変化であると考えている。平泉においては、今のところ最大で七間がある（梁行の長さは一八〜一九メートル）。桁行は最大で八間（桁行の長さ一八〜一九メートル）であり、平面形が正方形に近いものが多い傾向にある（もちろんこれらが一棟で構成されると仮定した場合）。前段階の掘立柱建物には確認できない特徴であり、宮本が論ずるようにまったく新しい構造と考えられる（宮本前掲）。平泉においては、この形式は巨大になるものが多く、平泉の中で最大の床面積を誇る建物がこの形式である（柳之御所５５ＳＢ６）。

平泉町内における建物の広がり

これまで平泉における建物をいくつかに分類し説明してみた。次に、これらの分類を通しながら遺跡ごとの様相をみてみよう。

掘立柱建物が多く見つかっている遺跡（二〇一六年時点の調査の進展度によるが）には、志羅山《しらやま》遺跡（一四三棟）、柳之御所遺跡（一〇三棟）、泉屋《いずみや》遺跡（二〇棟）、伽羅之御所《からのごしょ》跡（一二棟）、宿遺跡（九棟）、国衡《くにひら》館跡（七棟）などがある（図4―6）。このうち、遺跡ごとの特徴をみるために、建物の床面積が六〇平方メートル以上のものを大型建物（六〇棟がある）、一二〇平方メートル以上（一八棟がある）のものを特大型建物として区別しておく。

志羅山遺跡は、都市平泉の主要道路である東西大路を含む遺跡である。この遺跡に多くの建物が見つかっていることは当然のことといえる。しかし、建物の種類をみると、多くは無庇建物であり、庇建物の割合は一割ほどである。庇建物などの大型建物は、遺跡でも東側に集中する傾向がある。また、特大型建物もみつかっていない。したがって、全体的には中小規模の建物が多い傾向にあるが、場所によっては大型建物が偏在している状況がみてとれる。これに対し、泉屋遺跡では、庇建物の割合が六割を占めるなど対照的である。泉屋遺跡は志羅山遺跡の東側に位置する遺跡であり、全体で二〇棟の掘立柱建物が見つかっている。志羅山遺跡の東側から泉屋遺跡にかけては、大型建物を多く含むことから有力者の住宅（居館、居宅）が集中していた可能性がある。東西大路の南側は、都市平泉の中核域（北の衣川《ころもがわ》と南の太田川に挟まれた範囲を通例的にこう呼ばれ、拠点地区ともいう）の南辺であり、ここは大型建物が集中する地域の一つである。このほか大型建物が集中する場所に柳之御所遺跡がある。庇建物の割合が四割を占め、また、大型建物がもっとも集中する遺跡（三三棟）である。特大型建物も一二棟ある。また四面庇建物のうち、床面積が一五〇平方メートルを超える建物すべてがこの遺跡にある。建物数としては志羅山遺跡には劣るものの、内容的には他を圧倒する。建物とくに規模の大きな建物だけを見ても、平泉の中では最大の内容をもつ遺跡である。

そのほか、伽羅之御所跡、倉町遺跡、国衡館跡、鈴沢遺跡、衣関《ころものせき》遺跡なども大型建物が確認できる遺跡である。また、太田川を越えた南側にも、祇園《ぎおん》Ⅰ・Ⅱ遺跡、宿遺跡からも大型建物が確認できる。こ

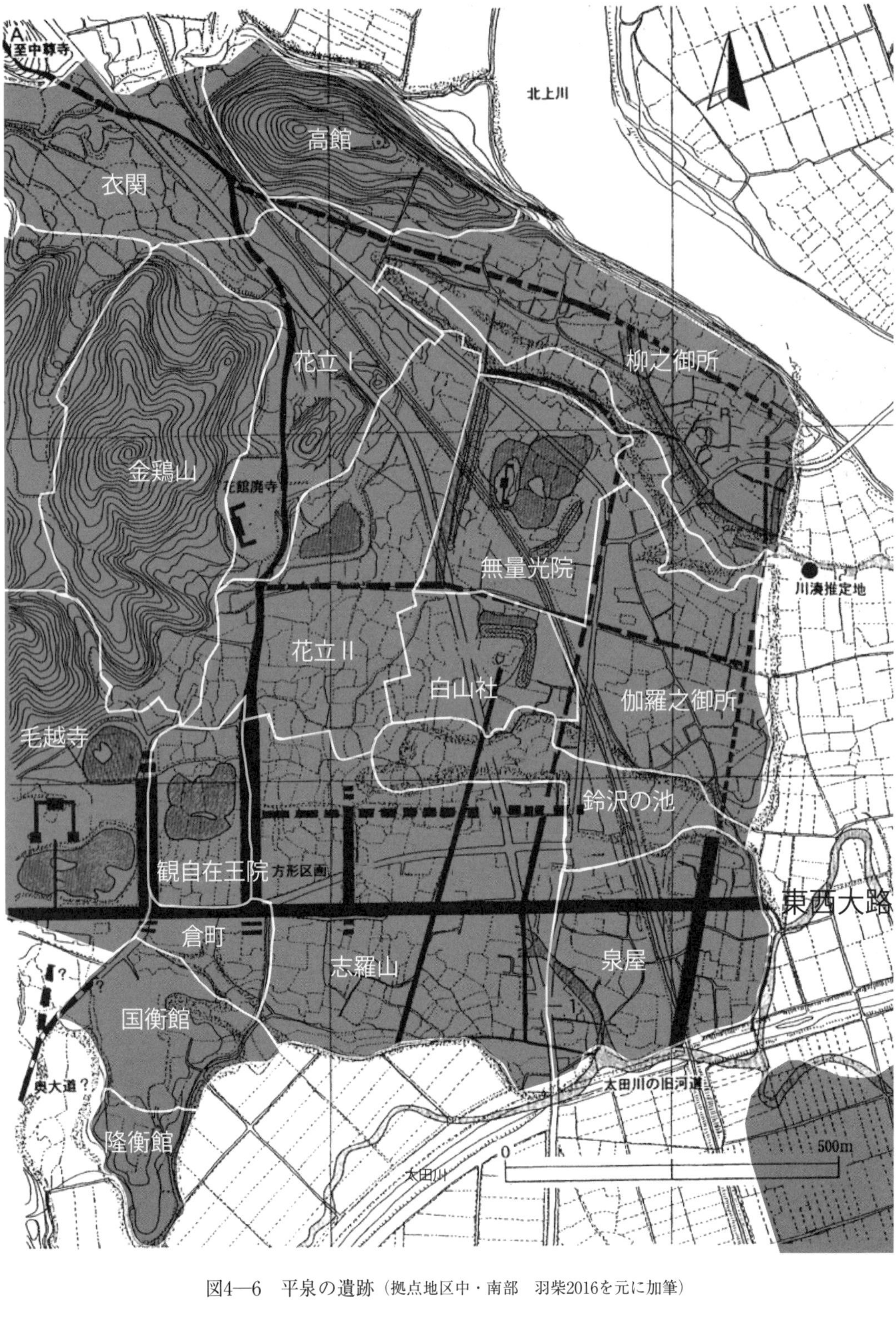

図4—6　平泉の遺跡（拠点地区中・南部　羽柴2016を元に加筆）

のうち、特大型建物がある遺跡は、伽羅之御所跡（総柱建物梁行三間以上型）、国衡館跡、宿遺跡、祇園Ⅰ遺跡（復元面積において）のみである。とくに祇園Ⅰ遺跡（1SB1）、宿遺跡（4SB1）の特大建物の存在は、中核域からは離れてはいるが特大型建物を含んでいることは注意すべきであろう。このように特大型が含まれ、大型建物や中小建物が複数確認できる遺跡については、各建物の同時存在を検討しなければならないが、建物の内容的に他とは際だった違いがあり、複数の建物が特大型や大型建物を中心に密接に関連した建物群と捉えることができる。八木光則は、一二世紀における北奥地域における建物群を類型化し、そのまとまりが、文献に現れる「館」や「宅」、「家」、「御所」などとどのように対応できるのか検討している。そして、堀などの囲郭施設をともなう四面庇建物がある遺跡を居館、四面庇建物があるが、囲郭施設がないものを居宅と呼んで区別している（八木二〇一六）。したがって、先に触れたような建物群は居館や居宅の可能性が高いと考えられる。

　また、遺物など他の属性ともあわせて検討しなければならないが、こうした建物のまとまりにおいても、建物の大きさや数などで階層的な差を内包している可能性がある。なかでも柳之御所遺跡は、平泉における大型建物六〇棟のうち半数以上が集中するなど他の遺跡とは隔絶している。堀という巨大な区画施設とも相俟《あいま》って、この遺跡が平泉の中心的な遺跡であることは、建物を通してみても明らかであろう。

3　平泉にみる建物の特質

　これまで数値をあげながら平泉にある建物の種類を中心に記してきた。ここでは、これらを受けながら平泉にある建物の特質を探っていきたい。

四面庇建物

　建物に関わる特徴として第一にあげるのは、やはり四面庇建物の多さにある。これまでの研究がこの種の建物に多かった要因でもある。全建物のうち三五％が庇建物であり、そのうちさらに三割が四面庇建物であり、東北地方においても、とかく集中する（八重樫前掲）。九世紀から一〇世紀段階のこの地域を含む北上盆地全体の中での割合は、一二％程度である（西澤前掲）。これには官衙《かんが》遺跡を含んでいないため、実際の数値はもっと高くなると予想されるが、三割を超えることはないと思われる。平泉という一地域でこれだけの数が集中することが、建物における最大の特徴といってよいであろう。それは平泉における分類別の建物数順位を見ても明らかである。梁行を基準にした今回の分類では、平泉の建物のなかでもっとも数が多いのが、先に触れたように梁行一間、桁行三間の建物で三二例確認されている。これに次いで身舎梁行二間、身舎桁行三間の四面庇建物二九例が続く。この種の建物が二番目の順位にくることはかなり特異である。このことからも、いかに四面庇建物数の多さ、割合の高さが読み取れるであろう。

　さて、四面庇建物では、庇空間の面積が他の庇建物とは際立って大きいことを先に触れた。この要因を考えるには、その機能を考える必要がある。これまで、大量の土器をともなった宴会（儀式）を行う場所が庇空間であるという考え方がある（飯村二〇一一）。こうした庇空間をもつ建物の割合が高いことは、それだけ宴会儀礼を行う必要があったことを表していよう。また、川本重雄は、文献史料にあらわれる儀式を行った場について検討し、一一世紀前半頃に南庇を中心とする新しい儀式空間が成立したと考えた（川本二〇〇五）。あわせて考えると、庇空間は、何らかの儀式を行う空間であったことを示していよう。したがって、平泉の建物においては、宴会儀礼に特化したというべき大型の四面庇建物の数の多さ（床面積六〇平方メートル以上でも三七棟）が、建物から見た最大の特質といえる。

特徴的な建物

そのほか、平泉においては、四面庇建物の他にも特徴的な建物がある。これらは構造や機能が特殊であることから平泉建物の特質の一端を表している。

廊状の建物が付属する建物

二間以上の長い廊状の建物が付設される例が、柳之御所遺跡（５２ＳＢ５、２３ＳＢ１）、泉屋遺跡（１３ＳＢ２５）、国衡館跡（９ＳＢ１）などから発見されている（図４—７）。このなかでは、建物本体に直結する例としては、柳之御所遺跡や泉屋遺跡の例がある。前者では、東西棟の四面庇建物の主屋の東側に二間七間の廊状の建物がとりつく（５２ＳＢ２５）。後者では、南北棟の主屋の西側に二間、三間の廊状の建物が付設される（１３ＳＢ２５）。柳之御所遺跡２３ＳＢ１や国衡館９ＳＢ１は、本体の建物はまだ検出されていないが、それにとりつくと推定されるＬ字形の廊状の建物が確認されている。このほか梁行一間、桁行一間ほどの凸形の短い廊が付設される例に、柳之御所遺跡５２ＳＢ１４、泉屋遺跡１３ＳＢ２５、志羅山遺跡２１ＳＢ２などがある。

これらの廊状の建物の検討については、東国全体の中で位置づけた小野正敏の研究がある（小野二〇〇四）。このなかで太田静六の『寝殿造の研究』（太田一九八七）に基づいて、「非対称小型寝殿造り」に着目し、東国においては一般的ではないこと、一三世紀前半には廊が省略され、中門廊が直結することなどを論じた。さらに、東国において主となるのは、いわば非寝殿造り系の建物であることを主張している。すなわち、建物に直結する先述の廊状の建物は中門廊の可能性が高いことがわかる。柳之御所遺跡５５ＳＢ１５（図４—７—２）など「非対称小型寝殿造り」の範疇に含められる建物も存在するものの、平泉における中門廊の可能性がある建物は、凸型を呈する短い廊状のものをいれても、わずか一一例である。寝殿造（京都における建築様式としての）の影響はかなり限定的といえ、こうした小野の主張と、時期の問題以外は、矛盾しないといえる。しかしながら一方では、少数例とはいえ、こうした建物が平泉の遺跡（限定されているが）で確認できることは大きな意味があると考える。京都からの影響はとくに寺院に大きかったものの、居館（居宅）といった住宅にもわずかながらも影響は及んでいたことがわかるからである。この点も平泉における建物の特質の一つだといえる。

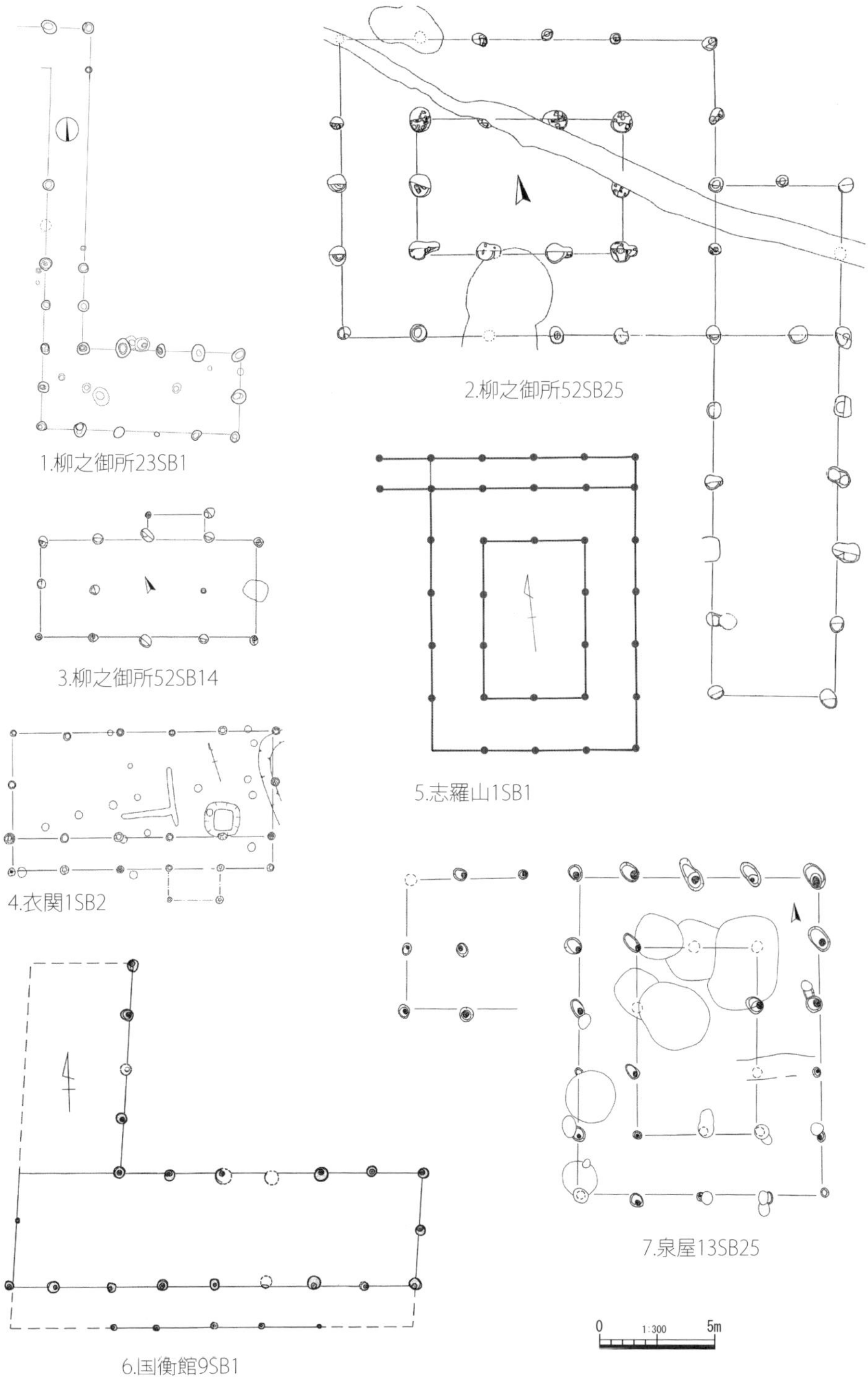

図4—7　廊の可能性のある建物

倉庫のこと

総柱建物に分類される建物は、平泉の中では最も少ないことは先に述べた。このなかには、倉庫と想定できる建物がある。先述の「総柱型住居」とは、柱径が相対的に大きいもの（柱間寸法に対する比率が一三～一五％）が高床の倉庫と考えられ、区別できるという（宮本前掲）。その点でみれば、高床倉庫と想定できる建物には、倉町《くらまち》遺跡４ＳＢ１・９ＳＢ１、柳之御所遺跡３１ＳＢ５があげられる（図４―８）。倉町遺跡のそれは、立地的に『吾妻鏡』が記すように観自在王院の南に位置し、また建物構造から高床の倉庫とすることができることから『吾妻鏡』記載の「高屋」と想定されている（発掘調査報告書など）。文献に記載される建物では、寺院を除き、比定できる数少ない遺構で

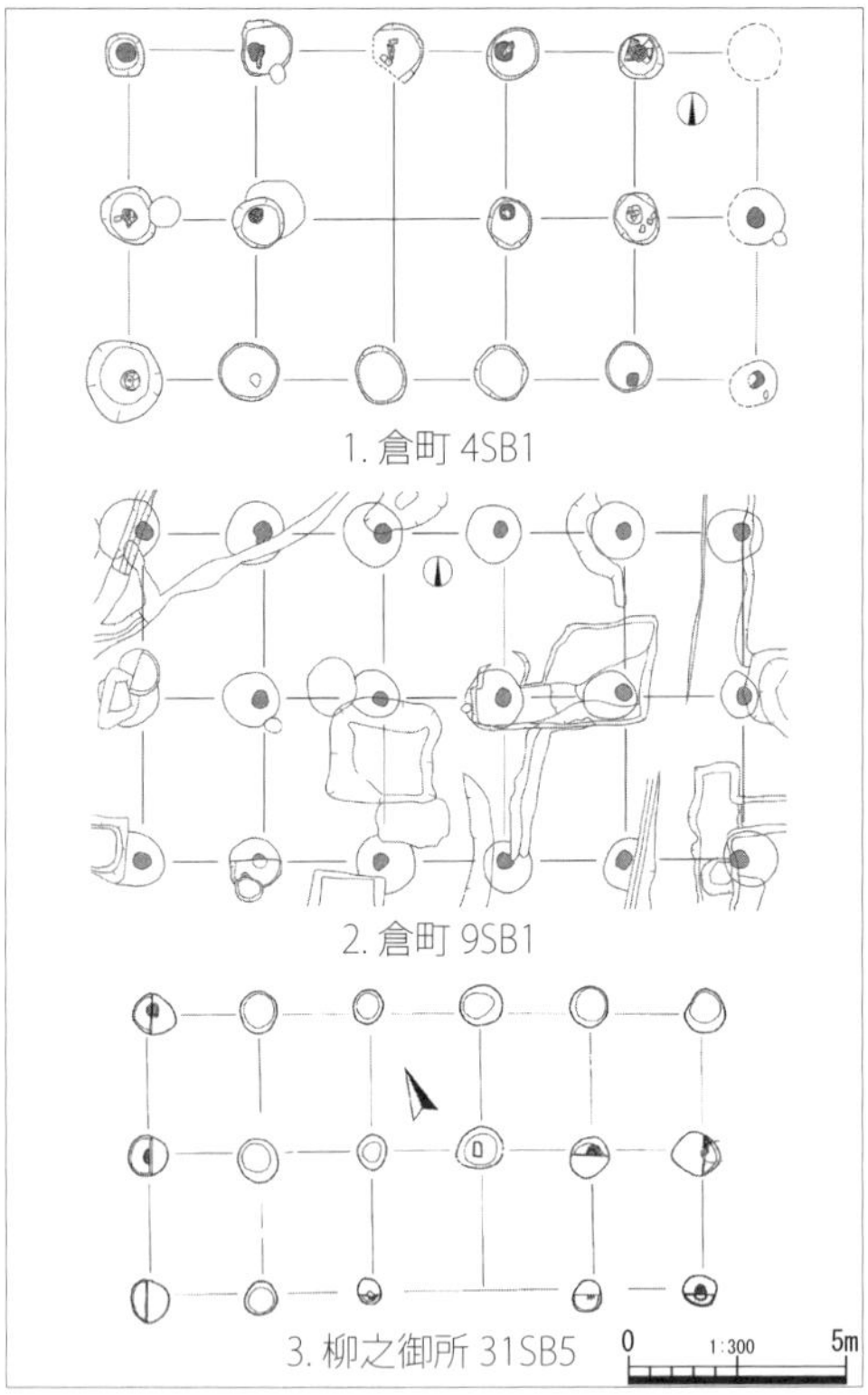

図4—8　高床倉庫と想定される建物

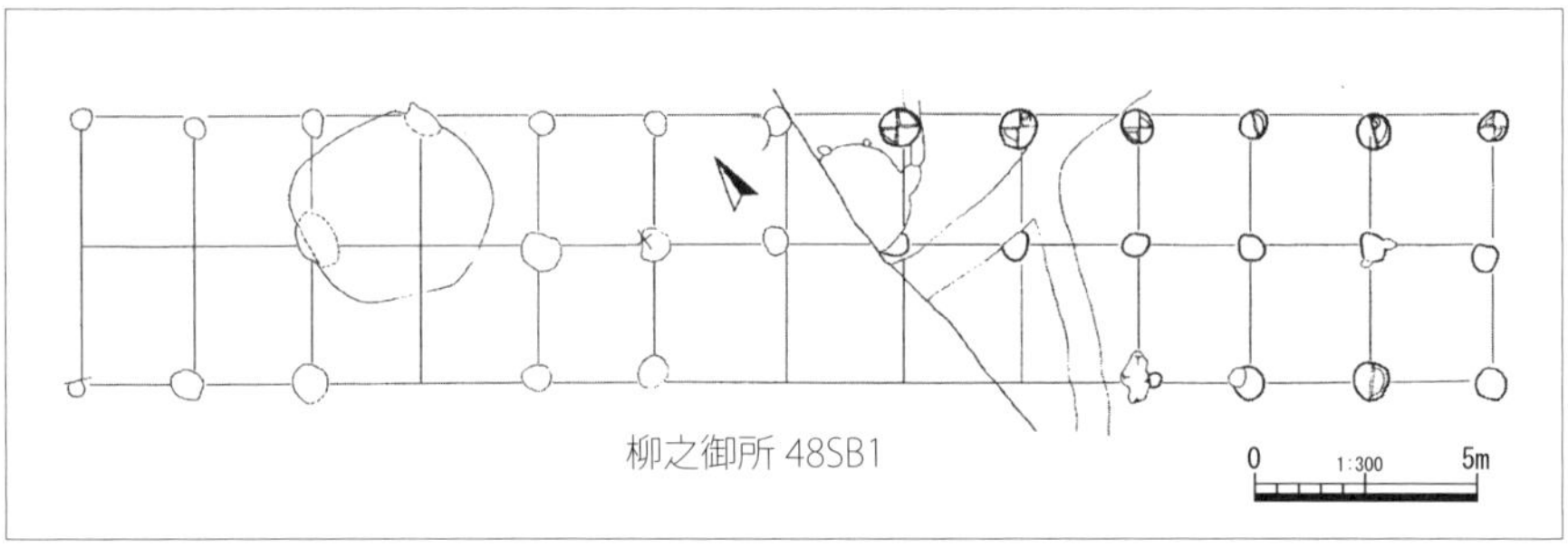

図4—9　最長（桁行）の建物

ある。そのほか総柱建物で桁行が七間や九間（志羅山１１０ＳＢ２、１０７ＳＢ１）、一二間（柳之御所４８ＳＢ１）の建物が確認されている。このうち、もっとも長い建物は柳之御所遺跡４８ＳＢ１で、桁行の長さが二〇メートルを超える（図４―９）。これらの長大な建物は、倉庫の可能性があるが、柱穴が相対的に大きくなく、したがって柱径も太くならず、異なる機能をもった建物かもしれない。

歪んだ建物・柱筋の通りが悪い建物のこと

八重樫が強く主張しているように、平泉の建物には柱筋の通りが悪い建物が多く存在し、それは四面庇建物の中にも当てはまるものがある（八重樫前掲）。ただし、柱痕跡が不明確な建物が多く、全体の中での割合を出すことは難しい。柱穴の直径の分だけ柱筋には幅があるからである。ここでは「住宅」における掘立柱建物は、礎石建物である寺院などと比べると相対的に柱筋の通りが良くないという意味で捉えておく。

また、実際に柳之御所（41SB2、55SB9）、志羅山遺跡（74SB13）、泉屋遺跡（15SB4）などからは、台形や平行四辺形の平面形をもつ建物が見つかっており（図4―10）、柱筋の悪い建物、柱間寸法がそろわない建物などとあわせて、「住宅」にはこういった建物が少なくない数が含まれていることには注意を向けたい。

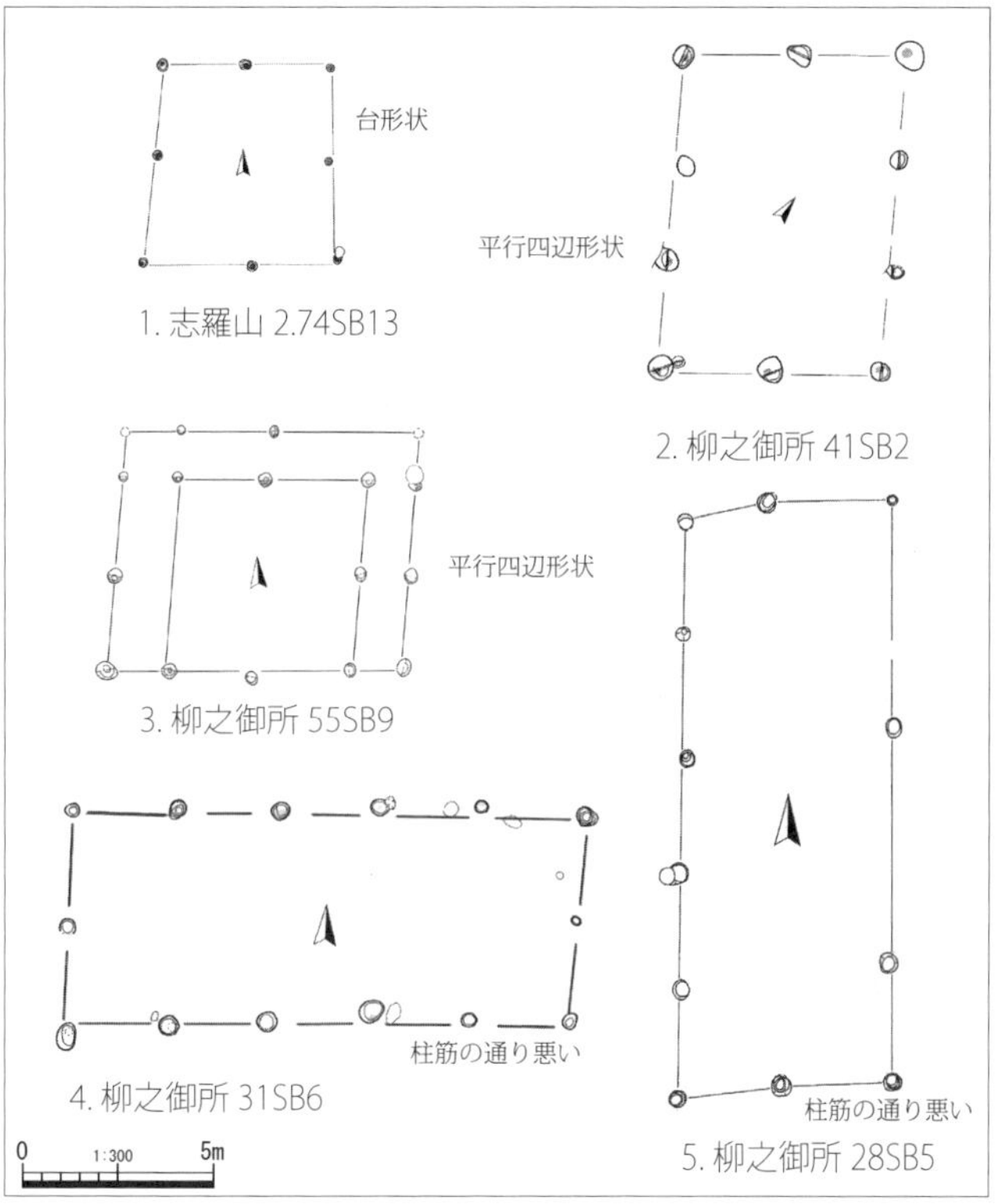

図4―10　歪んだ建物の例

床面積の大きな建物

床面積が最大の建物は、柳之御所遺跡の55SB6（一棟で構成される場合）であり、三五〇平方㍍を超える巨大なものである（図4―11）。次いで床面積上位の建物を順にあげると、すべて柳之御所遺跡内にある50SB4、52SB25、28SB4、30SB2などがある。このうち、55SB6と50SB4は梁行が六から七間もある総柱建物である。床面積はいずれも三〇〇平方㍍以上となり、これらは先に触れたように宮本がいう「総柱型住居」といえ、中世に新形式として登場してくるものと考えられる（宮本前掲）。宮本がその構造や特徴を明らかにして以降、注目されてきている（たとえば川本二〇一〇、八重樫二〇一五など）建物である。総柱構造をとるため、柱が空間に林立し、古代（律令）的な開放空間とは対照的な建物となる。内部空間をいくつかに区切った構造（複室化）ともいえる。平泉の建物

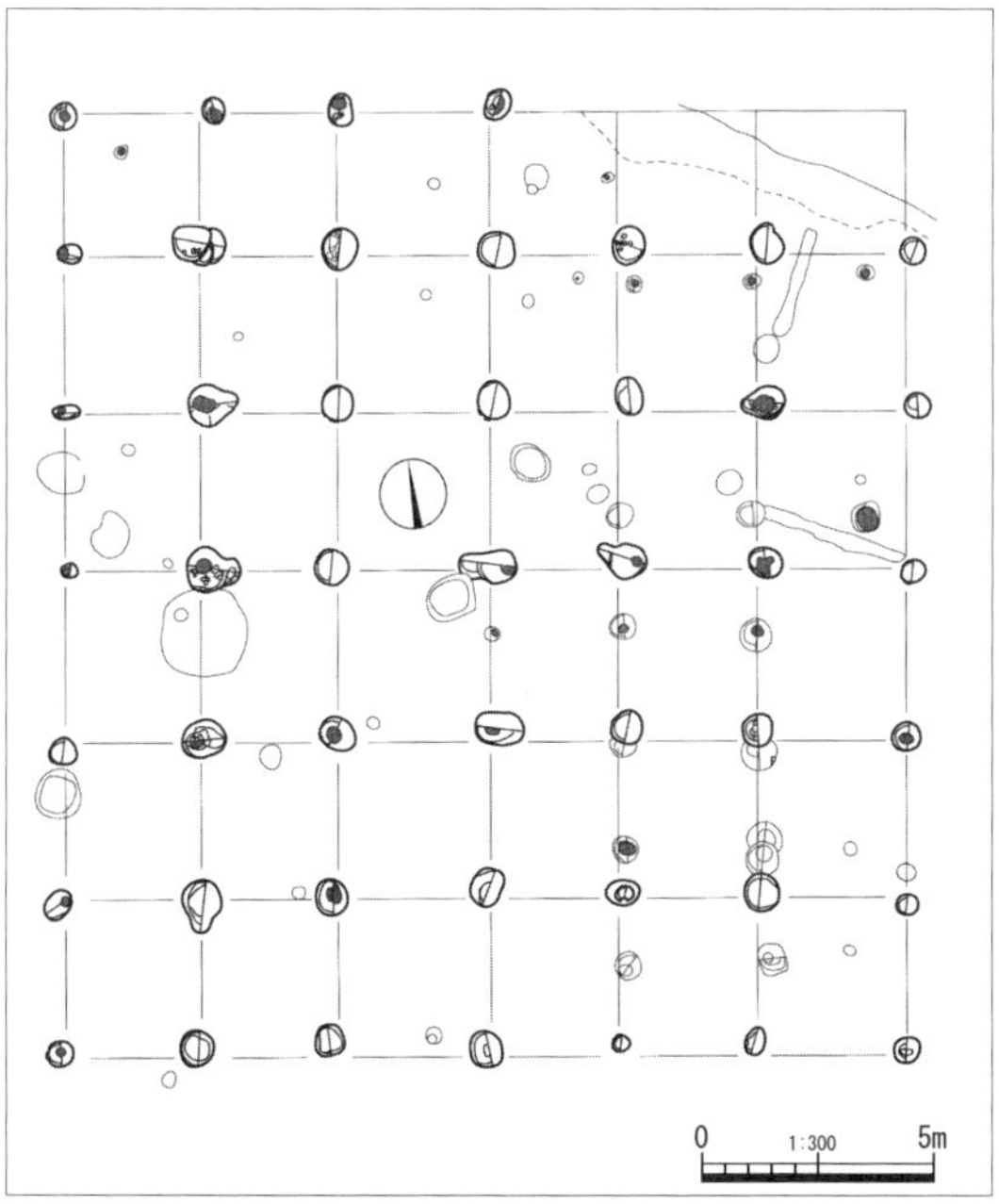

図4―11　床面積が最大の建物

には、先述の中門廊といい、総柱型住居といい、先進的な技術を積極的に取り入れている様子が看取できるのではないであろうか。地域・時期は異なるが、平泉よりも北方では（いわゆる後世の南部氏の領域）、大型建物には、総柱型を取り入れず、長い直屋形式の建物を、L字形やT字形に組み合わせることで、部屋を複室化していくという（中村二〇一七）。「総柱型住居」を採用することは無かったようである。中央（畿内）との距離や文化の取り入れ方には、地域によって差があることがわかり、非常に興味深い。

古代から中世への変化

これまで述べたように平泉の建物には、様々な特徴のある建物が存在していた。このなかの多くの特徴では、古代から中世への変化を表していると考えられる。平泉における建物形式は、そのほとんどが前段階に存在するものであるが、いくつか大きな違いがある（西澤前掲との比較）。それは、平泉には総じてどの種類にも大型の建物が多いこと（桁行間数、床面積とも）、四面庇建物の比率が高いこと、総柱建物に梁行三間以上の建物が存在することなどがある。とくに先に触れた梁行が三間以上の総柱建物は、前段階には存在しておらず、この大型総柱建物の出現は、平泉の「住宅」建物においては最大の変化であるといえる。平泉を代表する遺跡である柳之御所遺跡では、大型の総柱建物（あくまでも一棟と仮定した場合）である50SB4が、平泉最大面積の四面庇建物である28SB4を壊して新しく建てられている。このように、新式の建物が平泉最大の特徴である四面庇建物と入れ替わるように入ってきたことは象徴的であろう。梁行方向に拡大することの形式の建物の出現は、かなり大きな変化であったと考える所以である。全国的にみてもこの種の変化が、時間的にも空間的にもある程度限定された地域でみられるのは希なことである。その意味においては、こうした特徴も平泉における建物の特質といえよう。

4　柱穴以外の建物関連資料と竪穴建物

これまで、掘立柱建物の平面形式からみた平泉の建物の特徴をみてきた。ここでは平面形式以外の特徴や、掘立柱建物以外の建物について触れていきたい。

折敷板絵

柳之御所遺跡の二八次調査の井戸跡（28SE2）からは、建物が墨画された折敷が出土している（図4—12）。長さ三九・八㌢、幅二二㌢の折敷のほぼ中央に描かれた建物は、梁行二間、桁行は三間以上ある細長い建物である。妻側には広庇《ひろびさし》がつき、入母屋《いりもや》造となる。屋根は、甍棟《いらかむね》で、葺き材は檜皮葺《ひわだぶき》の可能性がある。平《ひら》側には一間分の突出部が表現され、屋根は切妻である。柱間には建具がなく、御簾《みす》が表現されている。この板絵に描かれた建物ついては、寝殿造の対（屋）とする考え方がある（川本一九九二）。現在の研究では、寝殿造がそのまま柳之御所遺跡内に展開しているとは直ちに考えにくく、また、梁行二間の建物では対とするには貧弱すぎる。平泉内における建物例から

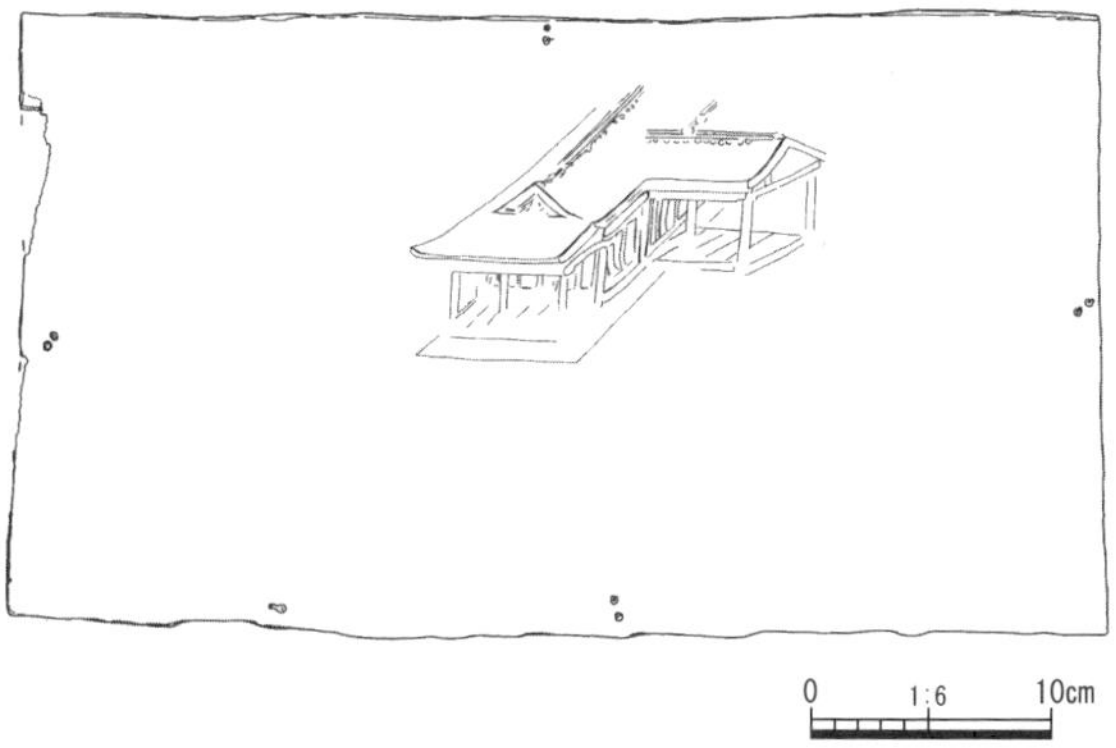

図4―12　寝殿造り建物が描かれた折敷板絵（岩手県文化振興事業団埋蔵文化財センター提供）

類推すると、四面庇建物に付属するような中門廊風の建物と推定できるかもしれない。いずれにせよ、この描かれた建物が実際に柳之御所遺跡内（平泉）に存在したという確証はないが、一二世紀当時の建物（イメージを含めて）を知る貴重な手がかりとなる。

建築部材

平泉町内からは、柳之御所遺跡を中心に建物に関わる遺物が出土することがある（図4―13）。破風《はふ》板、葺板《ふきいた》（屋根材）、小舞《こまい》、押縁《おしぶち》（板葺屋根）、柱痕、格子、土壁などがある。破風板や葺板、小舞については、板葺きの棟門を構成する材として復元されている（冨島二〇〇四）。格子は猿頬面をとったもので、天井や蔀の可能性がある。柱痕は、掘立柱建物の地面に埋め込まれた部分の柱が遺存したもので、丸形や角形、柱の直径、樹種などの情報を与えてくれる。そのほかホゾ穴があけられた木材や加工痕の残る部材など建築に関わると推定される木製品がいくつか出土している。大部分が用途不明であるが、平面形式だけではわからない建物構造の一端でも明らかにすることができる。今後の発掘調査によっては、新たな資料が出土する可能性があるなど将来に期待ができる数少ない資料である。

現存する「住宅」の建物は、平泉にも全国的にも現存していない。

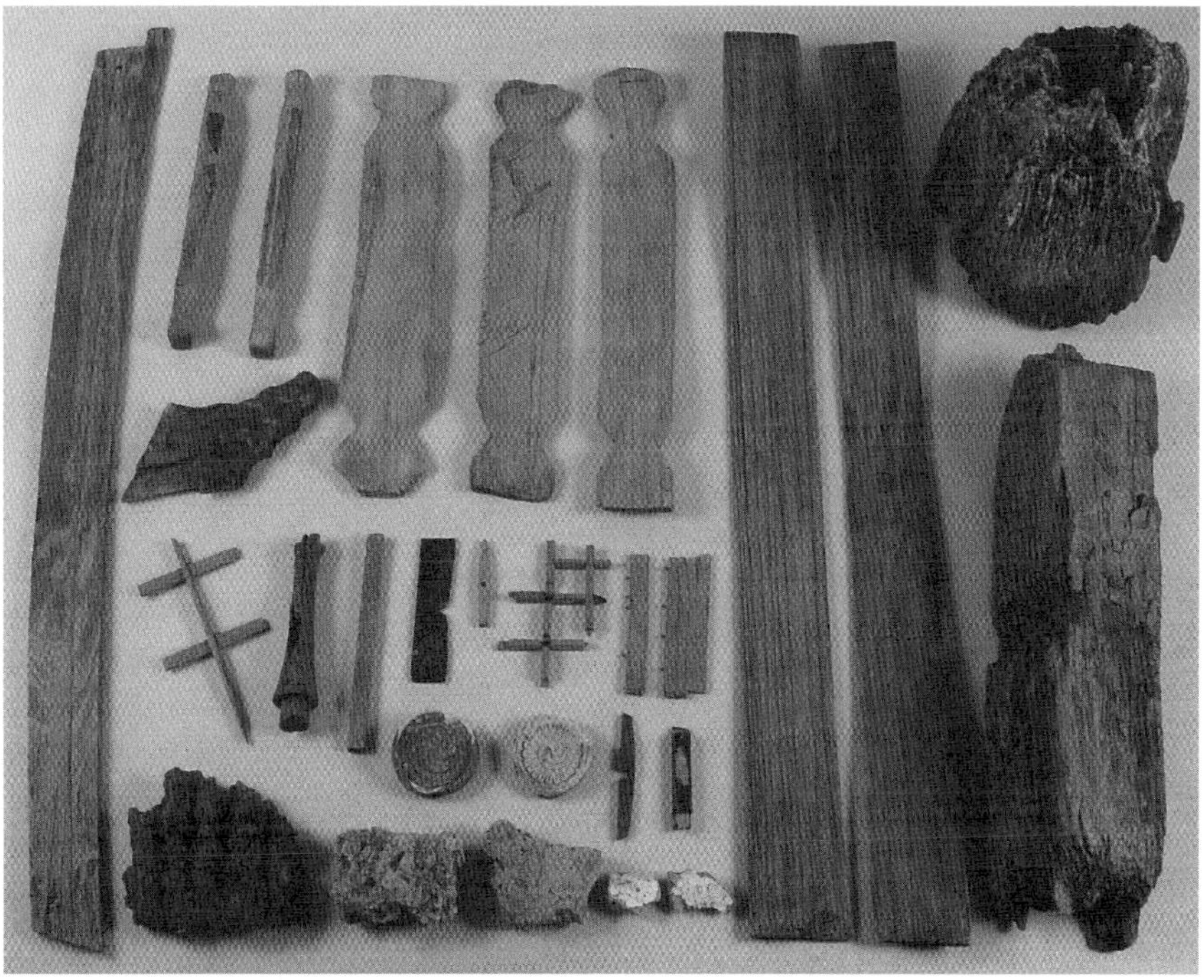

図4―13　建築部材（柳之御所遺跡出土、岩手県教育委員会提供）

図4―14　熊野神社長床（福島県喜多方市）

唯一、福島県喜多方市にある「長床《ながとこ》」と呼ばれる建物が近似するものとして注目できる。熊野神社の拝殿として現存しているが、当初は「住宅」の建物に類するとされる（図4―14）。直接的な関係は不明ながら、近接した時期の様相がわかる数少ない事例であろう。

竪穴建物

平泉では、竪穴建物は宗教的な施設と疑いのあるもの（無量光院跡にみられる）を除けば一例だけが確認されている。それは、柳之御所遺跡にある55SX2と呼ばれるもので、長さ九メートル、幅が八メートルの方形と長さ五メートル、幅五・五メートルの方形が組み合った平面形をもつ建物跡である（図4―15）。深さは、調査時では〇・八メートルと深めである。北側には出入り口と想定される凸型の張り出しがある。床面はほぼ平坦で主柱穴とみられる直径一メートルの四個の柱穴が中央にあり、その周りをやや小型の柱穴が総柱状にまわる。柱の太さは主柱穴で五〇センチもあり、かなり太い柱が使用されていたことが確認でき、柱穴の大きさや太さから、使用される柱はかなりの高さをもっていた可能性もある。床面からは重ねられたような状態のかわらけが多量に出土している。中心建物である28SB2や28SB4のすぐ北側に位置することから、重要な建物であることは疑いないが、その用途は明確ではない。平泉では、この遺構以外にはこの時期の竪穴建物は見つかっていないことから、居住用施設ではなく、他の用途で使用されたと考えられる。倉庫と考えたいが、この時期の類例がないため想像の域を出ないところである。

図4―15　竪穴建物（55SX1）（岩手県教育委員会提供）

おわりに

以上、平泉における建物について、掘立柱建物を中心に、これまでの成果をまとめつつ、データ分析を織り交ぜながら、その特徴について述べてきた。多様な建物の種類があり、それらが遺跡ごとに特徴をもってまとまっている様子が看取できた。平泉には「住宅」の現存する建物は存在していないが、地下には意外にも豊富な証拠が残されていることは明らかであろう。最後に課題や展望について触れつつまとめとしたい。

これまで「住宅」を中心に検討を行ってきたが、寺院建築と比べて、作り方の違い、精度の違いという問題が残る。そもそも寺院と「住宅」では、礎石と掘立柱とに造り分けていた可能性がある（冨島二〇〇七）。礎石の場合は、構造上精緻な設計が必要とされるが、掘立柱建物の場合、柱の位置は柱掘方の中においては比較的自由がきき、柱一つ一つが固定されているため、厳密な設計が必要とされない。そのため、柱筋の通りが悪くとも建物としては建築できるとされる（八重樫前掲など）。こうした設計思想の違いや建築方法の違いなどから、これらを建築した工人たちも両者においては異なっている可能性が高いと考えられている。つまり、中尊寺などを建立した京の影響の強い工人たち（あるいは京の工人が直接派遣）ではなく、在地的な工人たちが「住宅」を建築したと考えられるのである。

また、東国の「住宅」の主殿については東国的（在地的）な建物を採用しているとされ（小野前掲）、広い意味で、この流れが平泉についてもいえるのではないかと考えている。柳之御所遺跡をみると建物の配置が現在知られている京都の邸宅跡のように整然とせず、小野が示すような東国的な配置のほうがより近いと考えられる。ただし、総柱大型建物を採用した例や中門廊（と考えている）が付属した建物などから、柳之御所遺跡をはじめとする中心的な遺跡では、積極的に新形式や新技術を取り入れているようにみえる。在地の伝統に則った建物が多いなか、中央（京都）などから取り入れた形式の建物も、時期的な違いがあったにせよ、混在していると考えられる。

このような視点を念頭に置き、詳細な分類や検討を行えば、今後は建物の系譜を明らかにできるのではと考えている。そして検討が深まると、建物外観に関する評価も変わってこよう。いわゆる京都的外観なのか東国的なそれなのかは建物の評価だけでなく、平泉文化全体の評価に関わる大きな問題である。

今回はデータの提示を行なっておらず、検証することができないが、全体の傾向は述べられたと思う。残された課題は多く、建物の方位、時期、柱間寸法の問題など触れられなかった。これらはいずれ稿を改めつつ明らかにしていきたい。

〔参考文献〕

浅川滋男・箱崎和久編　二〇〇一『埋もれた中近世のすまい』同成社
荒木志伸「四面庇建物からみた平泉の都市景観」『平泉文化研究年報』第14号、岩手県教育委員会
飯村　均　二〇一一「中世東国の土器と建物」『家具道具室内史』第3号
及川真紀　二〇一七「考古資料にみる『平泉』とその周辺—平泉以北・縁辺部の様相」『岩手考古学』第28号
太田静六　一九八七『寝殿造の研究』吉川弘文館
小野正敏　二〇〇四「中世武士の館、その建物系譜と景観」『中世の系譜』高志書院
鹿野里絵　二〇〇四「平泉遺跡群における12世紀庇付き建物」『岩手考古学』16号
川本重雄　一九九二「寝殿造の絵画資料」『奥州藤原氏と柳之御所跡』吉川弘文館
川本重雄　二〇〇五『寝殿造の空間と儀式』中央公論美術出版
川本重雄　二〇一〇「寝殿造と六波羅泉殿—総柱大型建物の意味—」『京都女子大学宗教・文化研究所研究紀要23』
島原弘征　二〇一七「平泉の遺跡群における四面庇建物について」『岩手考古学』第28号

高橋與右衛門　二〇〇四「掘立柱建物と言う名の建物」『掘立柱建物から礎石建物へ』第17回北陸中世考古学研究会資料集
冨島義幸　二〇〇四「平泉柳之御所遺跡出土部材にもとづく板葺屋根の復元考察」『建築史学』第43号
冨島義幸　二〇〇七「平泉の建築を復元する―その考証と課題―」『「都市平泉」CG復元論集』
鳥山愛子　二〇〇七「12世紀柳之御所遺跡における掘立柱建物の研究」『平泉文化研究年報』7号
中村隼人　二〇一七「根城復元主殿再考」『八戸市博物館研究紀要　第31号』
西澤正晴　二〇一一「北上盆地における平安時代の集落について（上）」『紀要XXX』岩手県文化振興事業団埋蔵文化財センター
西澤正晴　二〇一二「北上盆地における平安時代の集落について（下）」『紀要XXXI』岩手県文化振興事業団埋蔵文化財センター
羽柴直人　二〇〇一a「柳之御所遺跡堀内部地区の中心建物群について」『紀要XX』岩手県文化振興事業団埋蔵文化財センター
羽柴直人　二〇〇一b「平泉を構成する地割―平泉の道と都市構造の変遷」『都市・平泉―成立とその構成―』日本考古学協会
松本建速　一九九七「12世紀平泉の四面廂掘立柱建物」『紀要XⅦ』岩手県文化振興事業団埋蔵文化財センター
宮本長二郎　一九九九「日本中世住居の形成と発展」『建築史の空間』中央公論美術出版
宮本長二郎　二〇〇二「古代末から中世の住居建築」『秋田県埋蔵文化財センター　研究紀要　第16号』
八重樫忠郎　二〇一一「東北地方の四面庇建物」『前九年・後三年合戦―11世紀の城と館―』高志書院
八重樫忠郎　二〇一五『北のつわものの都』新泉社
八木光則　二〇一六「北奥における12世紀の居館と居宅」『岩手大学平泉文化研究センター年報』第4集
山中敏史編　二〇〇三『古代の官衙遺跡1　遺構編』奈良文化財研究所

コラム

平安京の住まい

南　孝雄

平安京の住まいは、条坊道路に四周を囲まれた「町《ちょう》」と呼ばれる区画の内側にある。町は一辺が四〇丈（約一二〇メートル）の方形で、宅地規模は位階によって規制されていた。一町規模宅地は三位以上の高級貴族に限られ、最少規模は三二分の一町で四行八門制による一戸主で、京戸と呼ばれる庶民の宅地となる。社会的身分による宅地規模の大小は、平安時代約四〇〇年間を通じて続くが、その中で新たな住宅様式が成立する。貴族住宅では寝殿造《しんでんづくり》が、庶民住宅では町家《まちや》がそれぞれ一〇世紀後半から一一世紀初頭に現れる。ここでは発掘資料から寝殿造成立前夜の貴族住宅の様相と、庶民住宅である町家の発生についてみてみたい。

貴族住宅である一町規模邸宅を発掘資料からみると、主殿と副殿は、前後に並列して、あるいはコの字型やL字型に配置され、その周辺に付属屋が配置される。建物構造を見ると、稀に礎石《そせき》建物もあるが基本的には掘建柱《ほったてばしら》建物で、柱間は九～一〇尺（平安京の造営尺は二九・六センチ）である。これらは基本的には平城・長岡京の都城と大きな違いはない。

九世紀代の平安京の建物には、それ以前の都城の建物とは異なる特徴も現れる。庇《ひさし》付き建物の増加である。都城の宅地で、主屋になる建物の身舎《もや》規模は桁行《けたゆき》五間を基本としている。この桁行五間の建物で庇が付く建物の割合を見ると、平城京・長岡京では庇付き建物は、建物全体の三〇～四〇％にしか過ぎないが、平安京では約七〇％が庇付き建物である。これは宅地規模や建物規模の大小に関係なく、全体にみられる傾向である。このような庇付き建物の増加は、床面積が広くなるという事だけではなく、建物内部が身舎と庇の二つの空間に分化が進むといえる。寝殿造の邸宅内部で行われる種々の儀式では、身

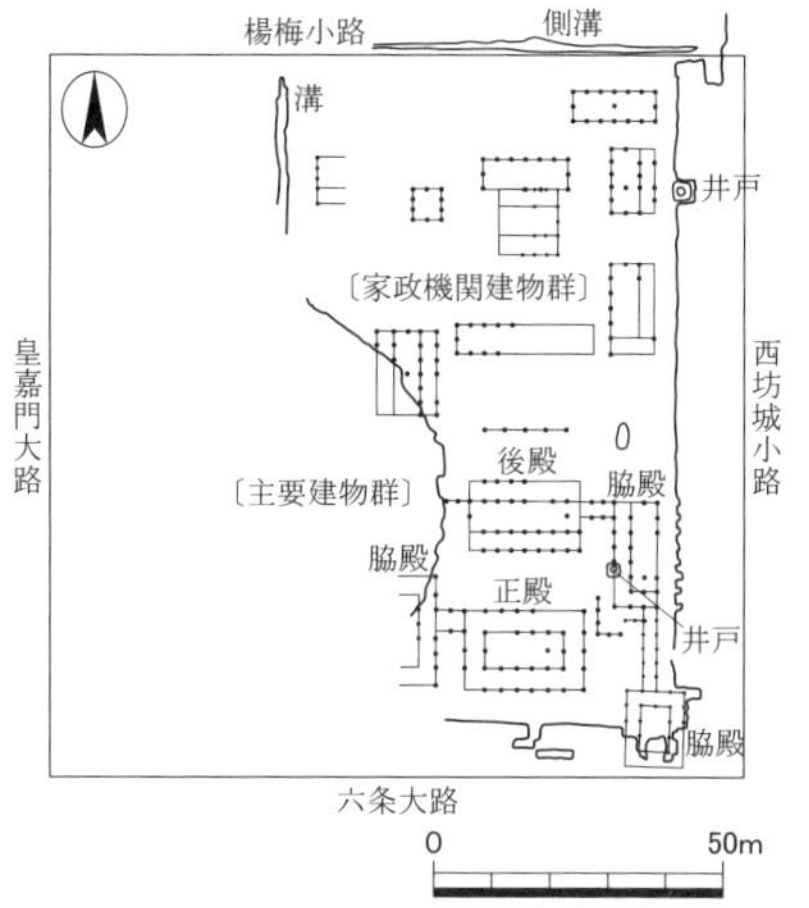

図1　右京六条一坊五町の邸宅（1：2,500）

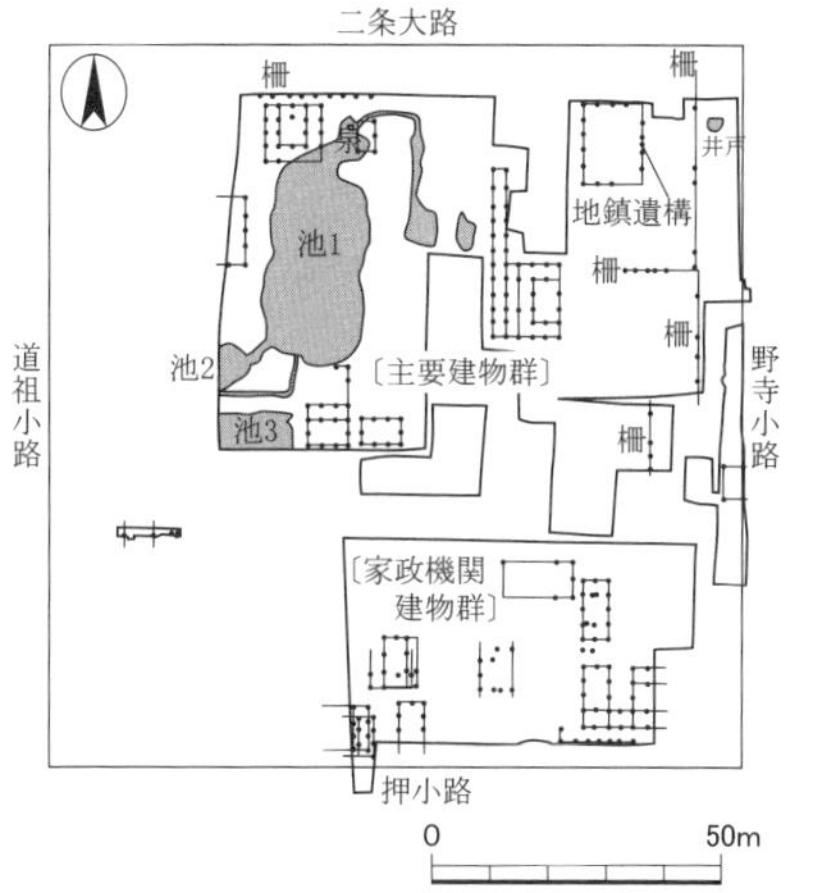

図2　右京三条二坊十六町の邸宅（1：2,500）

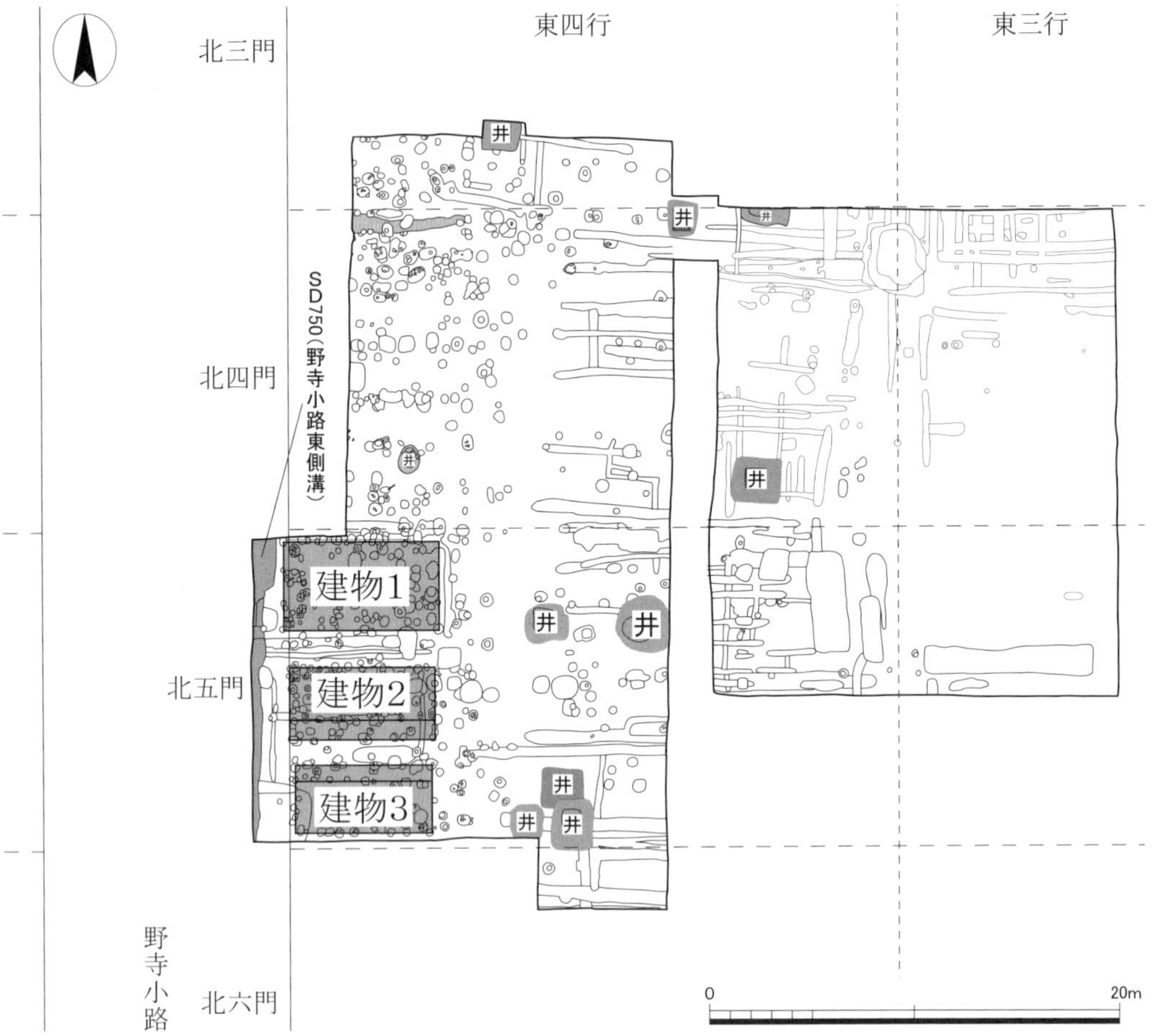

図3　平安京右京七条二坊十二町（1：400）

舎空間と庇空間は身舎を主、庇を従とし使用されている。建物内の空間認識が序列化されていく。

　また、九世紀後半の平安京の一定規模の宅地では、四面庇建物が増加する。平城京・長岡京を含めて四面庇建物の京内での検出例は極めて少なく、一町以上の大規模邸宅の東西棟の主殿に限定される。しかし、平安京右京六条一坊五町（図1）の一町規模の邸宅では、四面庇建物が東西棟の主殿と南北棟の東脇殿にも採用されている。主殿と脇殿は廊で繋がれる。寝殿造成立後、東三条殿で行われる儀式の多くが四面庇の東対屋で行われており、貴族邸宅の中で脇殿（対屋《たいのや》）が重視されていく過程が伺える。ただし五町の邸宅の主殿前面には、池を中心とした庭園は存在しない。大きな園地をともなう東三条殿を典型とするような寝殿造とはまだ距離感がある。

　九世紀後半の庭園を持つ貴族邸宅に、平安京右京三条二坊十五町の斎宮《さいくう》邸がある（図2）。邸宅の北側には大規模な池を中心とした庭園が備えられている。しかし建物は、池の周辺に散在的に配置されており、規模は若干の違いはあるが突出したものは無い。主殿が未発見の可能性を考慮しても、池の北側に寝殿、その両側または東西片側に対屋という一般的な寝殿造のイメージとは程遠い。このような池と建物群の配置が、寝殿造成立前夜の貴族邸宅の一つのあり方とみるか、伊勢に旅立つ前の斎王の邸宅という性格を表しているのか、結論は出し難い。ただ、この斎宮邸以外にも九世紀代の庭園の検出例は複数あり、それは平城京や長岡京に比べ多くなっている。

建築史の藤田勝也は、寝殿造りは一〇世紀後半から一一世紀初頭の摂関政治の最盛期に成立したとされ、その要因の一つが貴族邸で行われる儀式様式の確立と関連するとされる。一〇世紀中頃、右京は衰退し、人々の多くは左京に去り貴族住宅は存在しない。寝殿造成立期、その舞台となるのは左京である。しかし左京域は、現代まで絶え間なく続く土地利用の影響などにより、貴族邸宅の実態は不明で考古資料から考えることは難しい。しかし、九世紀代の貴族住宅をみると、四面庇建物の脇殿への採用・廊による建物相互の連結・庭園の普及など寝殿造りの諸要素が個々に揃っていくことが分かり、これらが総合されたものが寝殿造といえる。

一方、庶民住宅である町家の原型も一〇世紀後半に成立する。平安京の最小規模の宅地は、三二分の一町で四行八門制《しぎょうはちもんせい》による一戸主である。この規模の宅地は、二間×三間程度の建物の一〜二棟からなり、道路と宅地は塀によって区画されている。しかし、一〇世紀後半、これとはまったく異なる宅地が現れる。平安京右京七条二坊十二町では、二間×三間から二間×四間程度で三二分の一町の中に小規模建物三棟が野寺小路《のでらこうじ》に接して立ち並び、各々が一軒の家となり裏側に井戸が設けられる（図3）。この様な建物は、一二世紀とやや時期は下るが、左京域でも確認されている。大路・小路の道路と宅地内の建物は、元々は塀によって分離されていたのが一体化し、現代まで京都の街並みを形成する町家型の建物が京内に出現する。

平安京は古代最後の都城であり、都城とは支配層である天皇と官人の拠点である。平面形態として条坊道路を骨格としており、道路は交通路であるとともに官人や京戸と呼ばれた人々の宅地の区画でもあった。区画は厳然と守られることを前提としており、それは『延喜式』の「京程」に、大路・小路の規模が細かに規定されていることからもうかがえる。高橋康夫によれば、町屋は、小屋（住居）・店（商工業施設）・桟敷《さじき》（都市祭礼見物席）の三つの機能を併せ持ち、接道性を大きな特徴であると指摘する。この様な建物の出現は、条坊道路が、交通路や区画としての存在から、都市祭礼や商工業を行う場として変化したことを前提としたとも考えられる。

平安京は、右京の衰退や鴨東《おうとう》や、北郊の開発など一〇世紀以降に大きく変容していくが、寝殿造と町家型建物の新たな住宅様式もこの時期に誕生するのである。

第五章　石造物から観る平泉

狭川真一

はじめに

平泉に伝来する石造物は、中尊寺釈尊院《しやくそんいん》墓地五輪塔《ごりんとう》（以下、釈尊院五輪塔）と同寺願成就院《がんじようじゆいん》宝塔が早くから名品として知られ、各種の専門書や概説書に紹介されてきた。研究の進展しつつある現在でも、その地位は変わるところではない。これらに加えて、平泉の石造物は各種の報告が行われるたびに紹介されてきた。例えば、毛越寺と観自《かんじ》在王院《ざいおういん》の発掘調査報告書（藤島一九六一）には、観自在王院に伝来する石造露盤《ろばん》をはじめ、出土の板碑類、毛越寺周辺に点在する石造宝塔などが実測図を添えて報告されている。個別の歴史的な位置づけはないが、研究の早い段階で多くの資料を網羅的に報告している点で重要である。また、釈尊院五輪塔と願成就院宝塔の二例以外を紹介したものとして、石田茂作の『日本仏塔の研究』（石田一九六九）があるが、宝塔のリストが掲載された程度で、その後はあまり注目されることはなかった。

平成七年（一九九五）になって筆者は、宝塔の地域色の一つとして願成就院宝塔に代表される笠上部を宝珠《ほうじゆ》（形態は五輪塔の空風輪と一致）とする宝塔が平泉周辺に分布することから、「平泉型宝塔」と名付けて主要な石塔の実測図を提示した（狭川一九九五）。さらに、平成十四年（二〇〇二）から十五年にかけて平泉史蹟調査会が実施した町内史蹟踏査事業は、平泉地内における石造物を網羅的に把握する仕事を行い、それまであまり注目されていなかった北上川東岸地域にも多くの石造物が分布していることを報告した（金丸ほか二〇〇四）。この情報を得た筆者は、その中の写真から古いと判断された石仏や石塔を詳細に調査する機会を得、平泉の石造物に関する一文を提示した（狭川二〇一〇）。そこでは平泉型宝塔の分布や平安時代後期とみられる石仏・石像の紹介を行い、部分的ながら平泉の石造物の歴史的な位置づけを行う機会となった。

そして、平成二十五年（二〇一三）から始まった科学研究費（「平泉研究の資料学的再構築」研究代表者・柳原敏昭東北大学大学院教授）による平泉の総合調査では、文献班、考古班に加えて、石造物班が設けられた。その意義は大きく、複数の人が平泉およびその周辺の石造物調査や研究に関わることとなり、さまざまな角度から平泉の石造物を観察することとなった。平泉最盛期だけでなく、中世における平泉の姿もわずかながら浮かび上がりつつあり、平泉の歴史研究において石造物が果たす役割が見えつつある。

1　平泉を代表する二基の石塔

中尊寺石塔の歴史的位置

平泉には先述のとおり、日本でもっとも古い一群に属する釈尊院五輪塔と願成就院宝塔がある（図5―1）。最初に、平泉期に至るまでの日本における石造物の流れを概観し、両者の年代的な位置を確認することからはじめたい。なお、ここにいう石造物は主として仏教遺物に含まれるものを指す。

飛鳥・奈良時代にかかる初期の石造物は、飛鳥の亀石《かめいし》や猿石《さるいし》などを除くと、石灯籠と層塔（五重塔、十三重塔など）、石仏や磨崖仏《まがいぶつ》に限られる。灯籠は伽藍《がらん》の主要建造物の正面におかれ、その建物内の仏尊に献灯したものである。層塔は主に山林寺院の伽藍を構成する仏塔として建築されたようであるが、その実態はまだまだ不明な点が多い。磨崖仏や石仏もその事例は奈良県周辺に集中しており、山林寺院の本尊的な位置にあるものが多いが、その具体的な性格解明には時間を要しよう。

平安時代でも前半期は奈良時代と大差はないが、後期に入ると主に

図5―1　中尊寺釈尊院五輪塔（左）と願成就院宝塔（1/20）

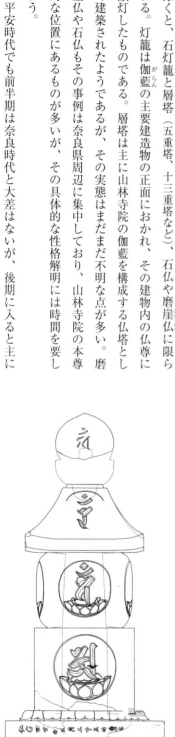

石造の仏塔に多様なものが登場してくる。その代表格が、五輪塔と宝塔である。

五輪塔は真言系の流派で考案された舎利《しゃり》容器だが、出現時期と形態を考案した主体者については諸説ある。現存事例では兵庫県極楽寺《ごくらくじ》経塚出土の瓦製塔がもっとも古く、天養元年（一一四四）の製作である。宝塔と形態が混乱しているが、京都法勝寺出土の軒瓦にみられる塔は、これに先立つ保安三年（一一二二）である。こうした形態的な混乱はしばらく続くが、釈尊院五輪塔が成立する仁安四年（一一六四）頃までには、五輪塔は宝塔との形態的混乱から脱皮し、五輪塔としての形が定まったとみられる。以後、各部位の形態のうえではまだ安定しないが、方形の地輪、球形の水輪、宝形造風の屋根型を呈する火輪、半球形の風輪、宝珠形の空輪という構成は固定化されることとなる。形の定まった五輪塔として釈尊院五輪塔はそのもっとも初期の作品の一つで、しかももっとも優美で洗練された形態を呈している。平泉全盛時代の中でも終盤期に成立したために、次の作品製作へとかかる以前に衰退を余儀なくされたことによるものであろうか、辛うじてそのプロポーションは大乗院墓地の五輪塔へと受け継がれたとみられるが、平泉内でそれ以上の広がりは見せなかったようである。

しかし、近年の調査で釈尊院五輪塔と同じ梵字《ぼんじ》の彫り方（文字の輪郭を彫り残して突帯状に浮き立たせている）をしている五輪塔を、福島県いわき市の長谷寺で確認することができた。時期は釈尊院五輪塔よりも下るが、鎌倉時代中期までにはおさまるものである。他にまったく事例がないので積極的に評価をするのは難しいが、何らかの形で釈尊院五輪塔を製作した石工の系譜を引く人物の作品ではないかと思われた。この塔の形態は、火輪を最大幅にする点が釈尊院五輪塔に通じており、その点でも系譜上にあるかと思われる。またもう一基、いわき市鎌田に所在する五輪塔も火輪に最大幅を置き、水輪をやや押し潰したような樽形にするなど、形態的に釈尊院五輪塔と似る五輪塔も確認できた（狭川二〇一八a）。

さらに、火輪に最大幅を置くという点を重視した場合、毛越公葬地で見出した比較的小型の五輪塔がある。釈尊院墓地にも同じようなタイプの五輪塔があり、龍玉寺墓地にもその可能性がある五輪塔が残っている。年代は鎌倉時代まで下るかも知れないが、こうした一群の存在することを確認できたのは大きな成果である。さらに、これらの系譜上にあるとみられる五輪塔が気仙沼市一帯で確認され、しかも複数基存在している。これらと、いわき市で確認できた五輪塔との系譜を確認するのはまだこれからであるが、釈尊院五輪塔が単独で成立し、どこにも影響を与えなかったのではなく、どうやら気仙沼方面へ動いたあと、福島県浜通りを南下した可能性が出てきた（狭川二〇一八a）。これらの石塔の年代が関東地方で拡大する前夜であるだけに、平泉からの系譜を辿る研究を進めなければならない。

宝塔はその用語自体が仏塔の美称であるが、考古学をはじめとした日本の石造物研究の世界では、単層の多宝塔がこれに該当している。事例は各地におよぶが、畿内では滋賀県に多く事例があり、大分県国東半島には宝塔が少し形を変化させて定着した国東塔、本章の主題となる平泉に集中して存在する平泉型宝塔（狭川一九九五）をはじめ、各地域で独特の形となって中世を中心に造営される。その初期の段階に位置づけられるのは、鞍馬寺《くらまでら》経塚宝塔と願成就院宝塔である。鞍馬寺塔は劣化が著しいものの屋根勾配が緩く、古い形態的要素を持っているが、願成就院宝塔はすでに安定した形態を示している。しかし後者は、塔身四方に金剛界四仏の雄大な梵字《ぼんじ》を刻んでいることは特徴的である。塔身にこうした梵字を配置する宝塔は後発的なものには少なく、宝篋印塔《ほうきょういんとう》や層塔の塔身に受け継がれているようであり、まだ仏塔の形と性格に多少の混同が残っている時期（平安時代後期でも古い段階）の作品であることを物語る。

石造文化の波及

さて、平泉型宝塔とした一群は大きさの差こそあれ、平泉を中心に一定の広がりを見せる点で石造文化の波及を知ることができるものとして重要である。この平泉型宝塔の形態は、上部が五輪塔の空風輪《くうふうりん》と同じ形態をしている点から、石田茂作は原始五輪塔の名前で紹介している（石田一九六九）。しかし、塔の中心部分である塔身の形態が、いわゆる宝塔のものと共通し円柱状を呈していながら上位でくびれ、肩部を形成した後に頸部《けいぶ》を立ち上げる形態を採用しているので、宝塔で区分すべきものと判断している。このことで笠部以上を失っている残欠はすべて宝塔で分類できることになる。

これらを踏まえて本章では、平泉における宝塔の分布と性格について、周辺の石造物や仏教遺物を参考にしつつ検討を加える。

2　宝塔の分布と性格

平泉における宝塔の分布傾向は、前稿（狭川二〇一〇）でその概要を記載しているので、本章ではまずその要点を整理しつつ、新たな所見を加えて記述をすすめる。

平泉およびその周辺に所在する宝塔は、全体が知られるものは皆無に等しい。そのため、もっとも残存している塔身を対象にすると、その規模から大きく二つに区分することができる。一つは塔身の高さ（くびれ部までの高さ）が三〇チセン前後の比較的小型の一群と、それよりも大きな一群である。大型のものはサイズにまとまりがなく、構造も小さな一群とは異なり、個体毎に独立して検討すべきものである。

小型宝塔の分布

宝塔のうち小型のものは、塔身内部に何らの工作も施さないか、塔身の底部もしくは上部からあまり深くない彫り込みを穿《うが》つかのいずれかである。したがって、内部を意識するより、その立地や位置に注目すべきである。しかし、小型の資料のため個体として移動している可能性も高く、当初の位置を動いていると思われるものも多い。そのためやや視野を広くして分布の傾向をみると、平泉中枢部では金鶏山の東麓と毛越寺南辺に集中していることが理解でき、これに中尊寺境内が加わるということになる。また、北上川東岸に分布するものも注意を要する（図5—2）。

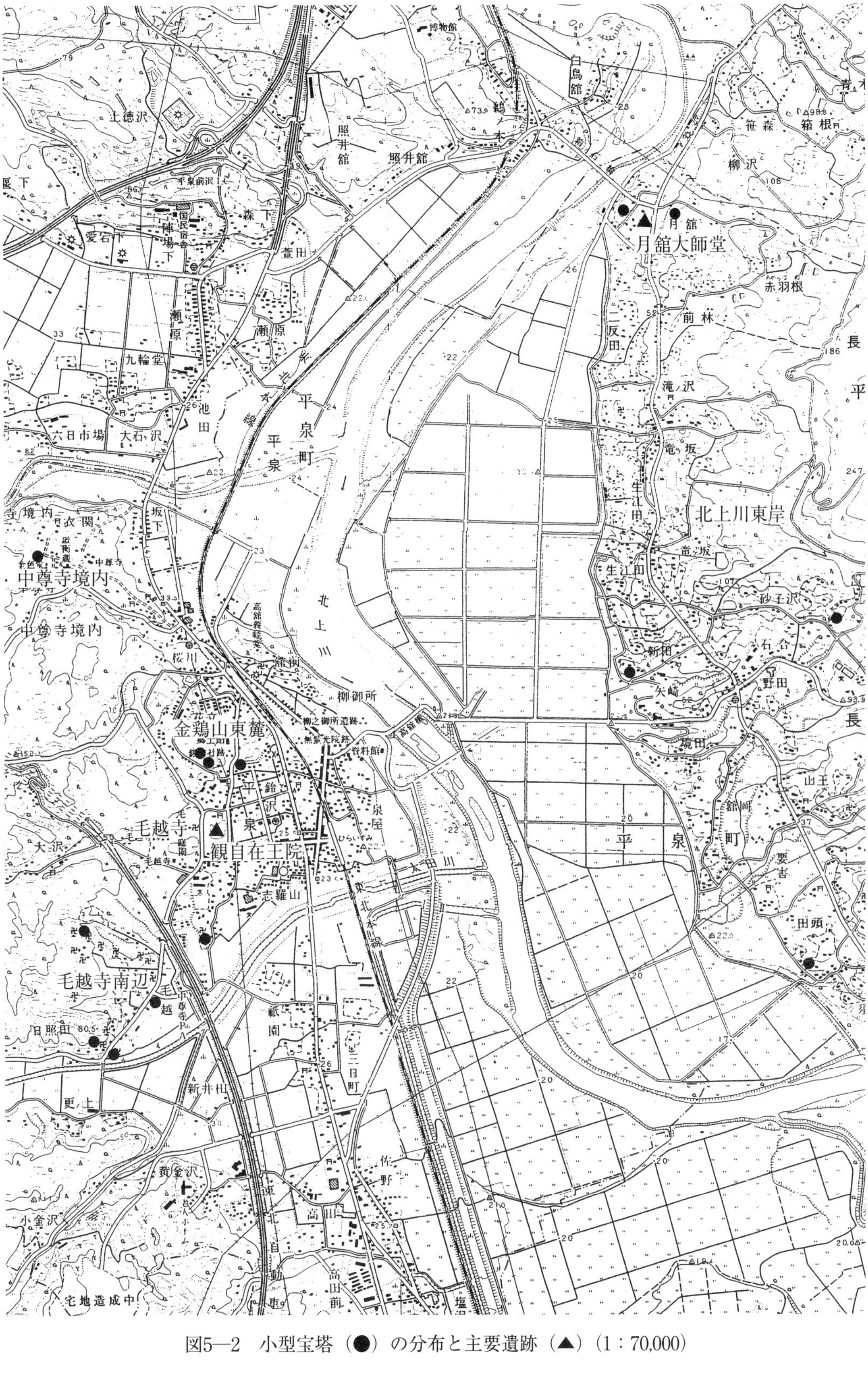

図5—2　小型宝塔（●）の分布と主要遺跡（▲）（1：70,000）

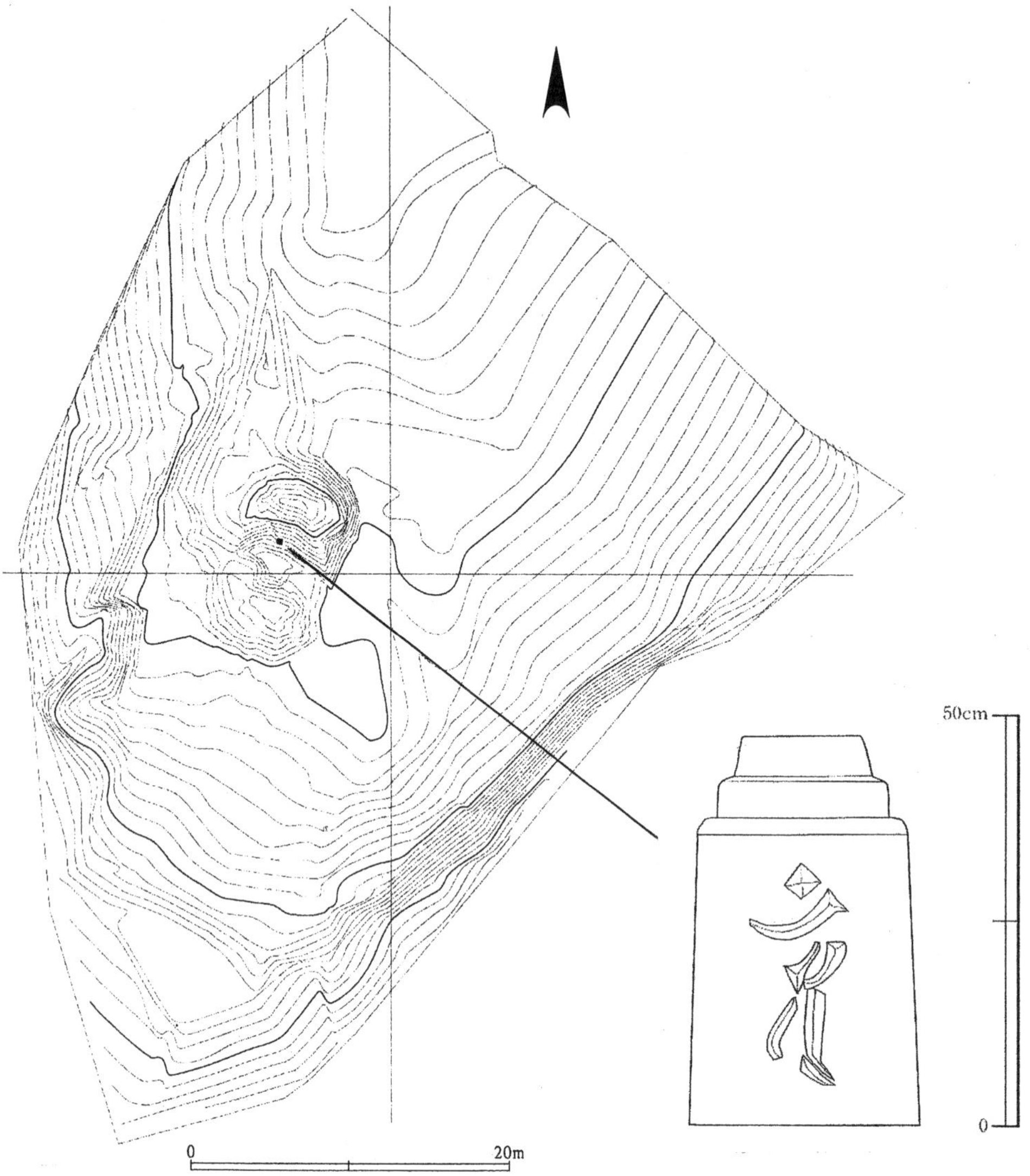

図5—3　月舘Ⅰ遺跡経塚と小型宝塔

まず、金鶏山東麓のものは同山から下ろされたといわれており、金鶏山内で今後も見いだされる可能性が高い。金鶏山には早くから経塚の存在が知られており、昭和五年（一九三〇）には調査も実施されている。出土遺物には銅製経筒や常滑焼甕《とこなめやきがめ》、常滑焼三筋文壺《さんきんもんこ》などが知られており、いずれも一二世紀代の資料である（三浦二〇〇〇）。毛越寺南辺のものは、奥大道《おくだいどう》と考えられている達谷窟《たつこくのいわや》磨崖仏前を通り、平泉に入る街道の周辺に分布しているようにも見え、経塚と街道の関係に注目する必要がありそうである。付近では経塚遺跡の確認は聞かないが、毛越寺背後の丘陵中には鈴懸《すずか》けの森経塚の存在が知られている（三浦二〇〇〇）。中尊寺境内で小型の宝塔は、金色堂背後の大長寿院墓地とされる地点に一基が確認されているにすぎないが、境内背後の山地に、伝峰薬師堂経塚が知られるほか、関山《かんざん》頂上、峰薬師堂西方山頂にも経塚と思しきものがある（金丸一九九四）。後述する願成就院宝塔はこの峰薬師堂付近にあったものとされており、関係する地点付近で今後、小型の宝塔が見つかる可能性は高いだろう。

次に、北上川東岸の分布状況をみる。以前の調査で街道に沿うかのように二キロ程度の距離をおいて造営されたのではないかと推定したが、その区間距離は一定ではなく、単純に道沿いをイメージするのは難しい。むしろ、街道から離れた地点にも分布していることを考えると、当時の拠点となる集落に隣接して、一つまたは複数が造営されていたのではないかと想定することも可能である。

さてその性格について、北上川東岸に分布する宝塔の一つが所在する月舘Ⅰ遺跡では、宝塔と塚が共存し、その塚が近年の調査で方八～一三メートル、高さ一メートルほどの規模になることが判明した。盗掘で破壊されながらも周辺に礫が多数みられることから、経塚類似遺構と推定されるに至っている（図5―3、羽柴二〇一六）。

さらに、平泉型宝塔の分布の南限に位置する宮城県栗原市熊口五輪沢経塚では、二基の宝塔が状態良く残存しており、いずれも礫を集積した塚上に安置されている。大きな塚の礫石には墨書でお経が記載されるものもあり、それらが経塚である可能性はきわめて高い。

これらを踏まえると、北上川東岸地区では当時の拠点となる集落（と推定される）近くに経塚を営み、その標識として石造宝塔（平泉型宝塔）を造営したことが考えられる。また毛越寺南辺では、街道との関係とそこが平泉へ入る玄関口という点を踏まえて、そこを守護するかのように経塚を造営したことが推定される。また、金鶏山は平泉にとって重要な山であることは言うまでもないことであり、そこに経塚が造営されたことは十分に考えられるところである。

なお、小型宝塔の分布は平泉内では上記の地点に絞られるが、平泉の南側では一関市川崎町の最明寺でも塔身の残欠が見つかり、その丘陵上には塚状遺構が確認されている（羽柴二〇一六）。また、先述の熊口五輪沢経塚は現状では平泉型宝塔の南限である（狭川一九九五）。今後も平泉周辺地域を中心に探索することでその分布域を把握することが重要になってくるであろう。

大型宝塔の性格

小型宝塔に対して、大型とした一群には三基の塔が知られる。先に提示した願成就院塔、常住院塔、月舘《つきだて》大師堂前塔である。三基とも規模に共通性はないが、塔身内部が空洞である点で共通している。しかし、その空洞の有り方にも違いが見い出されるため、それぞれの空洞に着目して各塔を観察してみる。

願成就院宝塔

本塔（図5―1）は、基礎上面に大きく突起する枘があり、塔身の空洞部の底を形成している。塔身の上部は頸部の上にさらに円柱状に突出する部分があり、それが笠部の円形繰込み部に嵌《は》まる形となって、笠が蓋の役割を果たしている。その結果、塔身の空洞部分は下方に広がるフラスコ状となり、笠・基礎と組み合わせたときの内高はおよそ五一・五センチ、上部の内径が一七センチ、下部の内径が三二センチを測るものとなり、かなり大きな空洞である（涌田編一九七八）。蓋が被せられることで内部の空洞は密封された状況となり、解体しない限り追納はできない。この塔は当初、峰の薬師堂付近にあったと伝承されているが、その具体的な位置は明らかでない。しかし、塔身内部に重要なものを納めることこそが本塔の本来の役割であることは間違いない。小型宝塔の例を参考にすると経塚にともなうものかと思われるが、塔身内部に経典を納めていた可能性は十分に考えられるところであり、またその容量を十分に確保していると言える。つまり、これ自体が納経塔という性格となり、塚上に限らず、宗教的な重要地点に安置されたのであろう。

常住院宝塔

次に中尊寺の一角に位置する常住院に所在する宝塔をみる（狭川一九九五）。必要部分のみ記述すると、相輪と基礎は失われているが、塔身と笠のみで高さ一三〇㌢を測るので、平泉では最大の石塔である。笠の軒下部に垂木型を作り出しており、平泉型宝塔とは異なる形式である。笠、塔身ともに内部は空洞になっており、笠では相輪の枘穴《ほぞあな》まで貫通し、塔身では基礎部分まで貫通している。相輪部分を取り外すと追納が可能であると記述したことがあるが、一定の高さの基礎を考えると笠上部までで一六〇㌢程度の高さとなり、重量のある相輪を簡単に抜き差しすることは困難なため、常時追納を目的にするような塔とは言えないであろう。願成就院塔と同様に内部に大きな空洞を有する構造は、重要品を奉安するためのものと考えておくのが妥当である。

また、笠軒裏面に外四供養《がいしくよう》菩薩や四摂《ししょう》菩薩などの梵字を配置していることから、本塔は単独で金剛界曼荼羅を意味するものである。本塔の持つ機能は他に事例のないものかも知れない。

月舘大師堂前宝塔

本塔は、塔身側面から随時何かを追納することを可能にしたもので、先の二塔とは一線を画する構造を呈している。以前にも紹介したが、ここでも少し詳しく記載しておく（図5—4）。

塔は基礎を失っているが、塔身と笠は一致するものである。宝珠は別石になっているが、サイズの点でやや違和感があるものの、おそらく当初の部材であろう。しかし、その接合部は二次的に加工された形跡が見えるので、当初は他の平泉型宝塔と同様に一石で構成されていたものが、何らかの事情で破損したために後世に手を加えて笠上部に

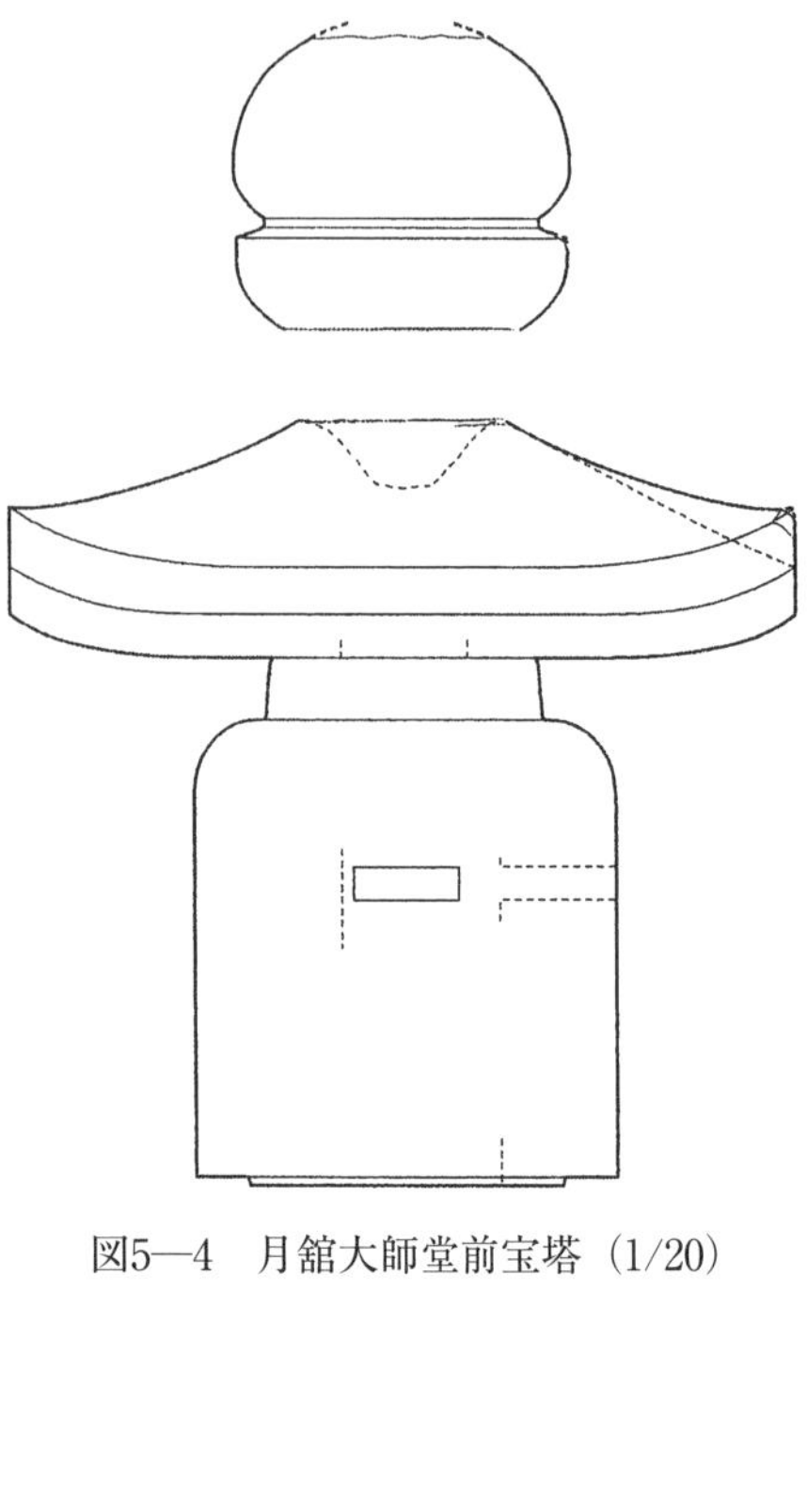

図5—4　月舘大師堂前宝塔（1/20）

安置できるようにしたものである。

塔身は直径四六・二㌢、頸部を含む高さ五四・八㌢で、体部の一カ所に幅一一・九㌢、高さ三・五㌢で長方形の穿孔がある。塔身内には直径一七・五㌢ほどの穴が、少なくとも納入孔から底部までは貫通する形で穿たれている。塔身底部には低い作り出しがあり、基礎に噛み合っていたようであるから、当初は基礎の部材も存在していたことを物語る。笠は軒幅が八五・五㌢と大きいが、高さは現状で二〇・五㌢と低く、勾配《こうばい》が緩やかな点は古式の様相である。

塔の構造からおそらく基礎にも貫通する穴があり、地下へとつながっていたことが予想される。塔身側面に開けられたポストのような形状の長方形孔から随時、経典などを奉納する構造となっており、納経塔としての役割を担ったものと思われる。この塔は当初の位置を動いているものの、平安時代まで遡る伝教《でんきょう》大師（最澄）石像の前面でもあり、両者の関係を辿ることは歴史的に大きな意味があると考える。次項ではこの塔と石像を含む遺跡について検討を加えてみたい。

3　石仏・石像と納経遺構・遺物

月舘Ⅲ遺跡

月舘Ⅲ遺跡は、先述の伝教大師石像（図5—5）を中心とし周辺部を含み込んだ遺跡を指す。二〇一六年度に実施された大師石像周辺の調査では、一二世紀代のかわらけの他に、同時期の常滑焼大甕《おおがめ》片が発見されている（島原二〇一七）。大甕の本来の用途や位置は小片のため明確ではないものの、想像を逞しくすると、大師石像付近に埋甕として埋納されていたことも十分推定できるところである。そうすると、地下に埋納された大甕の上部に先述の塔身に穿孔を持つ平泉型宝塔が安置され、納入孔から随時遺骨か経典を納入する信仰が存在したであろうことが想定される。

石塔の時期、大甕や周辺出土のかわらけの時期、そしてその中心に安置される大師石像の時期がともに一二世紀で共通している点は見逃せない。しかも大甕の時期から一二世紀の後半に近い時期まで縛られてくる可能性がある。

このように石像と随時追納の可能な宝塔（大甕含む）が同時期であり、両者に深い関連があるとするならば、実際にはどのような位置関

図5—5　月舘大師堂

係にあったのであろうか。発掘調査は大師石像の北側から南東方向にかけてトレンチを設定しているが、ここでは検出されていない。大師石像の背後には磐座が存在し、石像の直下には中世に遡る石組も見つかっているので、石像はおそらく当初の位置を動いていないとみられる。そうなると、大師像の前面で一段下がった付近が候補地になるであろう。今は木造の拝殿が建っているが、その建物の床下付近が有力な候補地となろう。

　このように大師石像と宝塔はきわめて有機的な関係にあると推定でき、宝塔へ奉安されたものは、納入孔の形状から経典とみるのが妥当であろう。さらに書写した経典は巻子本《かんすぼん》（軸物）ではなく、折り本にして奉納した可能性が高い。大部な経典ではない場合、個々人が写経した紙片を折り畳んで奉納したと考えることもできる。経典ではないが折り畳んで埋納する事例は、高野山奥之院《おくのいん》出土尼法薬の経塚から出土した両部の曼荼羅（絹本《けんぽん》墨書《ぼくしょ》金剛界《こんごうかい》種子《しゅし》曼荼羅《まんだら》、絹本墨書胎蔵界《たいぞうかい》種子曼荼羅）と絹本墨書法華種子曼荼羅がある（蔵田一九七五）。同経塚は天永四年（一一一三）・永久二年（一一一四）の銘があり、この時期に折り畳んで奉納するということがあったことは確かである。大がかりな折り本より、一枚一枚に書写した経典を折り畳んでそれぞれが奉納する姿が浮かび上がる。

　宝塔の機能はこうしたものであろうが、この地点で注意しなければならないのは、板碑の存在である。石像の西側と拝殿の西脇に三基の板碑が伝来しており、うち一基に永仁二年（一二九四）の銘が残る（図５—６）。他は無銘ながら同形式の板碑であり、ほぼ同時期の所産とみて問題なかろう。さらに二〇一五年度の調査では、大師石像背後にあたる北西部に、近世に下る一字一石経塚が確認され、経石が一三八二点出土した。周辺にも経石が散乱しており、出土総数は二六三八点にのぼるという（島原二〇一七）。また、周辺からは寛永通宝も出土しており、新寛永の存在から一八世紀に入るものであることを教えてくれる。

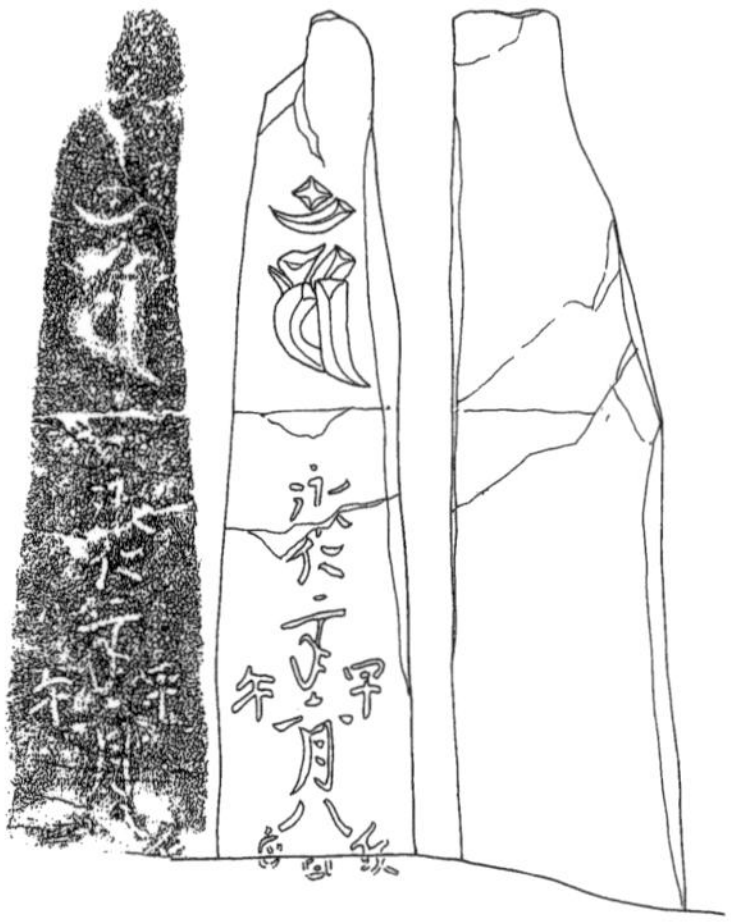

図5—6　月舘大師堂板碑（1/20）

　ここで重要なことは、一二世紀に完成した大師像への信仰は中世にも確実に痕跡を残すだけでなく、近世に入っても大師石像周辺で継続した祭祀行為が行われていたことである。平泉における納経信仰が根強く続いてきた証拠と言え、それは大師像が、石像ゆえに露座（野天にすわること）となっても信仰の中心的位置としての機能を失わなかったことによるのであろう。

観自在王院の中島

月舘大師堂とその前面にあった宝塔への納経は、平泉の最盛期に成立し、近世まで形を変えながらも継続した納経遺構として評価できたが、平泉の中枢部分に類する遺構は存在しないのか、検討する必要がある。そこで注意されるのが、観自在王院の中島である。ここが納経の霊場であることは山口博之の指摘するところであり（山口二〇一五）、氏の意見と重複する部分もあるが重要な遺構であるので、ここであらためて検討しておきたい。

昭和二十九年（一九五四）から三十一年度に実施された観自在王院跡の発掘調査は大きな成果をあげ、伽藍の中央に大きな池（舞鶴池《まいづるがいけ》）を配置し、北側に大小二つの阿弥陀堂を建てるものであることが明らかとなった。この池の中央に、南北一二メートル、東西三三メートルの規模を有する中島が確認された。現在毛越寺で保管されている鉄製宝塔が、この島に安置されていたことはその銘文からうかがえるところであるが、ここで注意したいのは、この宝塔の性格と中島の周囲から出土している小型の板碑についてである。まず、鉄製宝塔をみておこう（藤島編一九六一）。

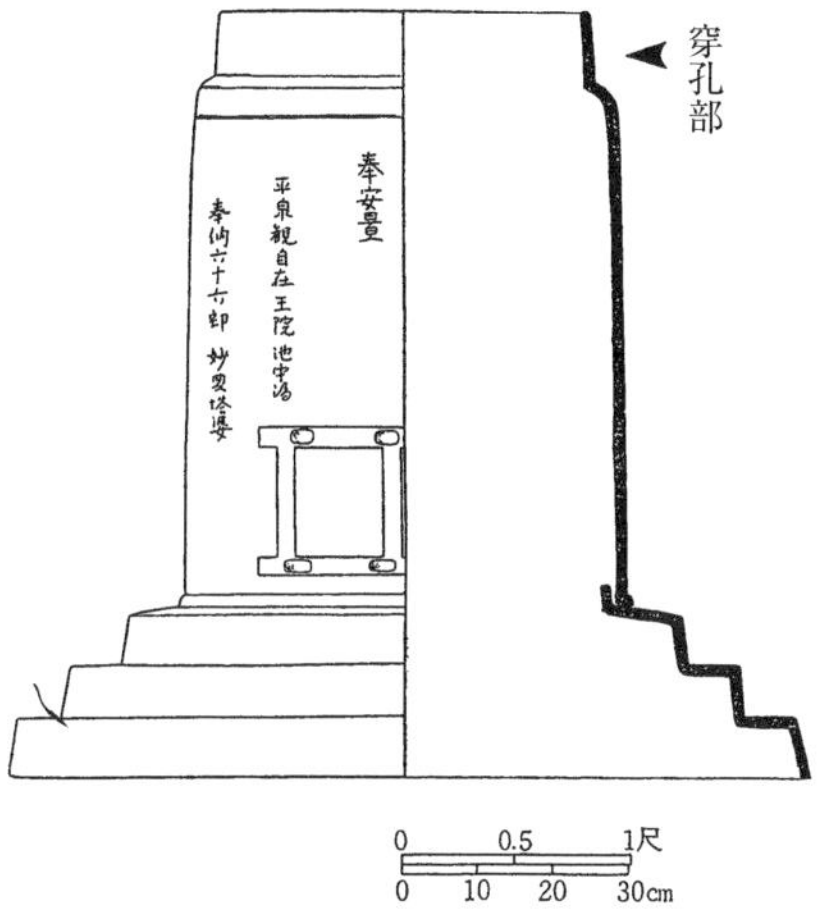

図5—7　観自在王院中島旧在鉄製宝塔

鉄製宝塔（図5—7）は階段状を呈する基礎と円筒状の塔身が残るが、屋根以上は失われている。基礎もさらに下位に部材がある可能性があるが、現状では不明である。塔身の胴部に陽鋳の銘があり、「文和《ぶんな》第四玄月《げんげつ》上旬」とあり、一三五五年の成立であることを知るとともに、「奉安置／平泉観自在王院池中嶋」（／は改行）と見えることから本来の所在地が知られ、「奉納六十六部妙典塔婆」とあることから、いわゆる六十六部廻国納経を納める塔婆として造営されたものである。納経の塔婆とした場合、下方に扉を取り付けたような小窓があり、一見そこから奉納したのかと思いがちであるが、実は開閉する扉があったものの内部とはつながっておらず、疑似扉である。しかし、頸部に一ヵ所、円形の穿孔部分があり、現在は上部を欠損しているものの、笠を乗せても円形の穴は常時存在する（開口している）とみられるので、ここから随時、納経を行っていたと考えられる。したがって本塔は、埋経《まいきょう》にともなうものや堂塔に奉懸するものではなく、六十六部廻国を行った複数の人の納経を受け入れる施設として成立しており、ここがその拠点の一つとして理解されていたことも重なって、長く納経する環境が維持されていたものと考えられる。

さて、この中島の調査で注意すべきは、小型の板碑が多数確認されていることである。報告書では総数三四点が確認されているが、破片化しているものが多いように見受ける。その中には、「観応二年（一三五一）」「貞和六年（一三五〇）」などの年号を記載するもののほか、梵字《ぼんじ》のみで無銘のものが多数存在している。司東真雄の報告（司東一九八五）では、一二一点中一一点が梵字のみで、しかもその大きさは一〇～三〇センチ程度とかなり小型のものである。注目すべきは、中島の調査において火葬骨片が多数確認されていることである。報告書からその部分を拾うと「葺石のある部分の数個所で火葬人骨らしいものの小破片が表土下で検出された」「火葬人骨らしいものの小片や粉末が土にまじって殊に濃厚に出る小範囲があった」とあり、島の各所に特別な容器も持たない納骨が行われたことを示唆している。おそらく梵字のみの小型の板碑は、こうした納骨に伴うものと考えたい。それは、高野山へ一石五輪塔を伴って納骨に行く姿や、木製小五輪塔に骨片を奉安し、元興寺極楽堂に納骨する姿と重なるものである。残念ながら小型板碑の時期を特定することは難しいが、少なくとも有銘板碑の年代を踏まえると、中島への納骨は一四世紀中頃にはじまり、永楽通宝も出土しているようであるから、一五世紀中頃にも行われていたことが分かるのである。おそらく終焉はさらに下るものと思われる。

なお、中世墓が展開する地点の前段階に経塚が存在する事例は多く、そのことを踏まえると初期の段階では納経を中心とし、納骨は後発的な行為かも知れない。

どうあれ一四世紀中頃に至り、観自在王院（跡）では中島を再活用して納経、納骨による信仰の盛り上がりを見せたことは確実である。それを主導した人々の具体像は今後の課題とせざるを得ないが、この地が霊場として認識される要因として、中島の北側に位置した大小の阿弥陀堂《あみだどう》（跡）の存在があり、そのいずれかの本尊が石仏であったことが、この地を阿弥陀浄土と結びつける一因になったのではないかと思う。この本尊こそ今に伝わる「オンドウ仏」と呼ばれる阿弥陀坐像石仏である（図5―8、狭川二〇一〇）。このオンドウ仏は、露座となって久しいらしく風化が著しく、頭部も転落していたようで補修痕も痛々しいが、その持つ様式はまさに平泉時代に相応しい安定感がある。一四世紀当時、おそらく堂舎は荒廃し、礎石のみの姿になっていたと想像されるが、石仏のみは旧地に厳然と存在し続けたのである。あるいはまだ、金箔の一部や彩色が残存していたかも知れない。そこには、北上川対岸で納経信仰が継続する、月舘大師堂での石像と納経の関係が意識されていたのではないかと思う。つまり、月舘大師堂と同様に石仏が存在したことが、観自在王院の中島が霊場となり得た重要な要素ではなかったと考えるのである。

図5―8　オンドウ仏

4　平泉の納経遺物

毛越寺の中島

石造物以外の資料で納経を思わせるものに、毛越寺大泉ヶ池南西部の土塁北裾付近や同池中島の北東部付近から出土した木製宝塔があげられる。出土状況はいずれも池中に沈んだ状況であり、それが当初の姿でないことは確かである。さらに、池中へ埋納することもまた当初の作法ではないと考えたい。木製品ゆえに埋蔵環境の制約を受けることから、池底のような条件が整わない限り、遺物として保存されないことが原因であると思う。

さて、出土した木製宝塔は基礎、塔身《とうしん》、笠《かさ》と宝珠《ほうじゅ》からなるものだが、現在確認されているのは四部材。しかし、形状から本来は五部材で構成されていたと考えられ、塔身の上下に作り出された枘部分が、笠の底部と基礎の上面に繰り込まれた大きな枘穴に差し込まれる構造を呈していたとみられる（図5—9）。このことで塔身を貫通する穴は上下の部材で挟まれて一定の空洞を形成することとなる。

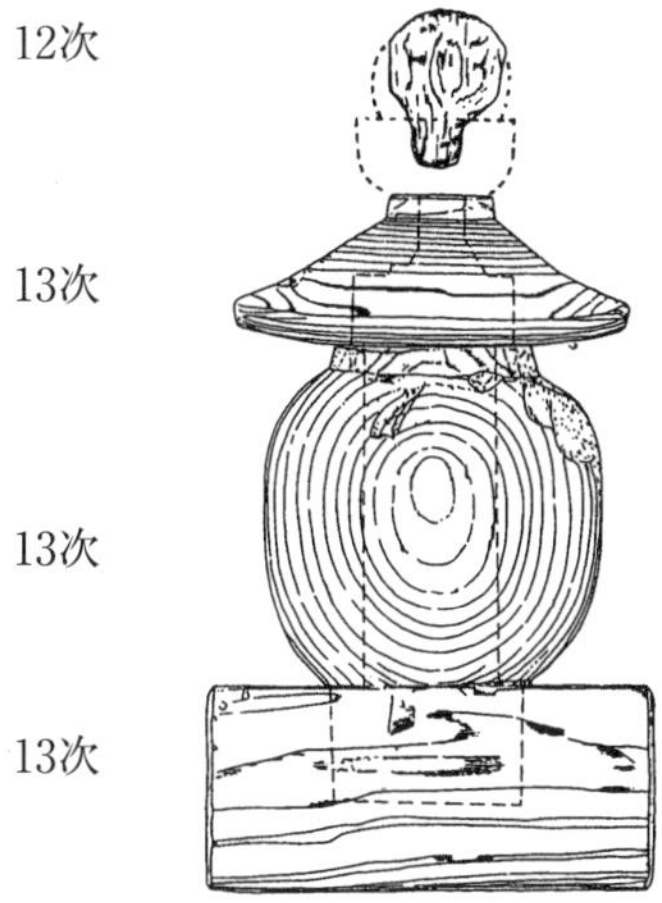

図5—9　毛越寺大泉ヶ池出土木製宝塔（1/3）

つまり内容物を安置できる奉籠孔になる。

塔身部材は、中島の調査を行った第一三次と大泉ヶ池南西部の調査を行った第一二次の両調査で多数が確認されており、その折に出土した塔身の穿孔部の数値をみると、直径は二・五〜三・五チセン、高さは完存するもので九・〇〜九・一チセンを測る。この数値が空洞の実数値でもある。奉納物が経典とすると、縦九チセン程度で横長の用紙に書写し、巻き物状にして挿入したと推測される。直径が三チセン前後とそれほど太い訳ではないので、あまり長大な用紙を想定することはできず、例えば法隆寺百万塔内に納められた陀羅尼経《だらにきょう》などをイメージするのが妥当であろう。以下、若干の事例を引いて参考としよう。

法隆寺百万塔《ひゃくまんとう》は奈良時代の事例だが、塔の最上層から円孔を穿ち、内部に百万塔陀羅尼の版本を納めて、相輪を栓とすることはあまりにも著名である。大泉ヶ池出土木製宝塔は、構造的にはまさにこれに類するものである。平安時代以降で塔内に経や真言を書写し、巻き物風にして納めた事例は、上醍醐円光院《かみだいごえんこういん》出土の三角五輪塔の内部に納められた事例を挙げることができよう（黒田一九六七）。『醍醐寺新要録』に「水輪ノ内ニ経アリ。銅ヲ薄ク伸テ、紙ノ如クシテ、高サ四寸一分（約一二・四チセン）、中ハ滅金、其上ニ真言共ヲ墨ニテ書付之、巻了」とある。五輪塔が納められた石櫃《いしびつ》には応徳二年（一〇八五）の銘があるが、五輪塔が三角五輪塔である点で鎌倉時代初期に至って再埋納した可能性も考えられる。また、製作の時期はくだるが伝来する事例では奈良県室生寺《むろうじ》の籾塔《もみとう》（宝篋印塔形）がこの構造に近い。底部から貫通もしくは塔の中程まで穴を穿ち、内部に経等を納めたものである。その経は、縦四・三〜六・五チセン、長さ一六・五〜三二チセンほどの紙に宝篋印陀羅尼などを摺《す》ったもので、巻いて塔内に納めていた。なかには底部に木製の栓《せん》を持つものもあるが、多くは経の末端部が見えた状態であった（坂田ほか一九七六）。また同様の事例で木製小五輪塔内に宝篋印陀羅尼を書写して奉納するものが、大阪府河内長野市金剛寺に存在する（狭川二〇一八b）。

さて、毛越寺出土木製宝塔は、高さ一七チセン前後に復元されるもので、大泉ヶ池の南西部と中島北側からの出土が多い。このうち池の南西部の調査（第一二次／八重樫編一九八九）では、土塁北裾にある排水施設付近に溜まっていることから、池内の他ヵ所から流れ着いてここに溜まったものと推測できよう。その点で水の流れを考慮すると、中島北側付近で多数出土した地点（第一三次／本澤編一九九一）があるので、その近くが当初の安置位置だった可能性がある。中島の北寄り、つまり金堂（円隆寺）側に向かって小塔供養を行い、しばらくはその地点に安置してあったのではなかろうか。多数の人が結縁し、書写した小さな経典を木製塔内に納めて供養する姿が浮かび上がる。木製宝塔は出土状況と塔の形態から一二世紀のものと推定され、平泉最盛期に毛越寺でも納経供養のあったことが知られる。

こうした過去の宗教的環境が何らかの要素をもって伝えられ、観自在王院の中島を納経の霊場へと押し上げる下地となっていた可能性がある。毛越寺の諸建物の廃絶や中島の埋没の時期などまだまだ探らなければならない問題を残しているが、一二世紀末期の廃絶から一四世紀中頃の再利用までの約一五〇年の間に、毛越寺や観自在王院は供養の主体者が不在になるという点では急激な廃絶を余儀なくされたと思われる。しかし、建物自体やその他の構造物は一気に廃墟と化したのではなく、徐々に衰退しながら遺跡となったはずであり、そこには何らかの供養の痕跡をとどめていたのではないかと思われる。その意味では観自在王院中島での納経供養は、ある種の再興を願う行為だったのかも知れない。

柳之御所遺跡

第三八次調査のSD五から宝塔の塔身部が出土しており、その形態は毛越寺のものと同じである（八重樫一九九三）。一点のみの出土であり、詳細は不明であるが、毛越寺に類する供養がこの遺跡でも行われていたのかも知れない。また、岩手県文化振興財団埋蔵文化財センターが調査した地点の二八SE三から出土した宝塔は、平泉型宝塔ではなく上部を相輪にする通常のタイプであった。しかも一木製品で内部に大きな空洞は無く、底部から穿たれた円錐状の穴があり、口縁部の径が一・〇〜一・三チセン、深さ三・九チセンという浅いものである（三浦ほか一九九五）。内部にモノを納入するような構造とは思えず、供養の形態が異なるものとみられる。これについては、出土事例の増加を待ちたい。

おわりに

平泉に所在する石造物の中から、納経を行った宝塔を見出し、近在する大師石像との関係を踏まえて、平安時代から近世に至るまで継続した信仰が存在したことを指摘した。また、奥州藤原氏滅亡後の一四世紀中期に至って、観自在王院の中島が再利用され、そこが納経や納骨の中心地として、つまり霊場として発展していたことを見出した。ここが中世に至って注目されることになった要因として、観自在王院の旧本尊だった可能性のある石仏（オンドゥ仏）の存在を指摘した。隆盛を失った平泉で当時の面影を伝える二体の石仏周辺で、継続的な供養祭祀が行われていたことに注目したい。

　平泉には五輪塔や宝塔、板碑など平安時代後期を中心にしつつも、中世まで下る資料も見つかってきている。平泉の長い歴史を解き明かすうえで、石造物の果たす役割は大きい。

〔参考文献〕

石田茂作　一九六九『日本仏塔の研究』講談社
金丸義一　一九九四『中尊寺総合調査―第一次遺構確認調査報告書―』中尊寺
金丸義一ほか　二〇〇四『平泉町内史蹟踏査概報　路傍の碑』平泉文化会議所
蔵田蔵ほか　一九七五『高野山奥之院の地寶』和歌山県教育委員会・高野山文化財保存会
黒田昇義　一九六七「五輪塔の成形期に関する一知見」『五輪塔の研究』（藪田嘉一郎編）綜芸舎
坂田知己ほか　一九七六『室生寺籾塔の研究』（元興寺仏教民俗資料研究所編）中央公論美術出版
司東真雄　一九八五『岩手の石塔婆』モノブラム社
島原弘征　二〇一七「月舘Ⅲ遺跡第一次発掘調査」『平泉遺跡群発掘調査報告書』（岩手県平泉町文化財調査報告書第一二八集）平泉町教育委員会
羽柴直人　二〇一六『前平泉文化関連遺跡調査報告書』岩手県立博物館
藤島亥治郎編　一九六一『平泉　毛越寺と観自在王院の研究』東京大学出版会
本澤慎輔編　一九九一『特別史跡 特別名勝 毛越寺庭園発掘調査報告書―第一三次調査―』（岩手県平泉町文化財調査報告書第二六集）平泉町教育委員会
三浦謙一　一九九五『柳之御所跡』（岩手県文化振興事業団埋蔵文化財調査報告書第二二八集）岩手県文化振興財団埋蔵文化財センター
三浦謙一　二〇〇〇『岩手の経塚』岩手県立博物館
八重樫忠郎編　一九八九『特別史跡 特別名勝 毛越寺庭園発掘調査報告書―第一二次調査―』（岩手県平泉町文化財調査報告書第一四集）平泉町教育委員会
八重樫忠郎　一九九三『平泉遺跡群範囲確認調査報告書』（岩手県平泉町文化財調査報告書第三三集）平泉町教育委員会
山口博之　二〇一五「中世奥羽の霊場」『鎌倉幕府と東北』（七海雅人編、東北の中世史二）吉川弘文館
涌田森徳編　一九七八『重要文化財 大長寿院経蔵 眼成就院宝塔 釈尊院五輪塔保存修理工事報告書』宗教法人中尊寺
狭川真一　一九九五「平泉型宝塔について」『岩手考古学』七号、岩手考古学会
狭川真一　二〇一〇「平泉の石造文化」『兵たちの時代Ⅱ　兵たちの生活文化』、高志書院
狭川真一　二〇一八a『平泉周辺石造物集成』科学研究費基盤（B）「平泉研究の資料学的再構築」石造物班（科学研究費ＪＳＰＳ２５２８４１

２０関連報告書）
狭川真一　二〇一八ｂ『天野山金剛寺木製小五輪塔調査報告書』（科学研究費ＪＳＰＳ２６２８４１２６にかかる成果報告書（２）公益財団法人元興寺文化財研究所　研究代表者狭川真一

コラム

豊田館出土の塼仏について

井上雅孝

塼仏《せんぶつ》といえば、飛鳥時代の古代寺院から多く出土するタイル上に三尊仏《さんぞんぶつ》や、千体仏《せんたいぶつ》を型押した土製の仏像を一般的に思い浮かべる方が多いのではないだろうか。塼仏は、七世紀後半にさかんに製作され、奈良県山田寺《やまだでら》などの古代寺院の壁面装飾に数多く使われていたが、奈良時代以降、その系譜は途絶えていき、平安時代の出土事例はあまり知られていなかった。

図　たつの市白山神社塼仏（左）と豊田館出土塼仏（右）

ところが、一九九二年の江刺市教育委員会（当時）による豊田館《とよたのたち》の発掘調査で、溝跡から塼仏に類似した土製の仏像が出土した。遺跡は岩手県奥州市江刺岩谷堂《いわやどう》字下苗代沢《しもなわしろさわ》に所在し、平泉初代清衡が平泉に都を構える前に居住していた「豊田館」の擬定地とされており、過去には一一世紀後半から一二世紀初頭の白磁《はくじ》四耳壺《しじこ》が出土した場所として知られていた（江刺市教育委員会、一九九三）。調査当時の報告書では、塼仏について詳細には触れていなかったが、筆者らが二〇〇七年に、改めて豊田館出土の塼仏の観察を行い資料紹介したのである（井上他、二〇〇七）。

それにより、豊田館出土の塼仏は、粘土を型にはめて、仏の像を浮き出させ、焼成したもので、古代の塼仏と製作方法が同じである。仏の頭部が欠けているが、胸元で印を結ぶ智拳《ちけん》印と衣装は左肩だけをおおう偏袒右肩《へんだんうけん》、足元は右足を左足の上にのせた形の結跏趺坐《けっかふざ》を浮彫で表現しており、この像は金剛界大日如来《こんごうかいだいにちにょらい》の坐像である。裳《も》の表現が中尊寺に現存する木造の大日如来坐像（中尊寺金剛院・瑠璃光院所蔵）にもあることなどから、一二世紀代に制作された可能性が高い。などの点まで分かったのだが、このような中世の塼仏について平泉をはじめ他の類例が探せず、それ以降、研究の進展が無いままになっていた。

二〇一四年に偶然、岩手県を訪れた兵庫県たつの市教育委員会の義則敏彦から、同様の塼仏は、たつの市周辺に一三点もあり、完形は三尊（地蔵・大日如来・如来）、しかも石川県珠洲《すず》産の製品だと教えていただいた（義則、一九九〇、二〇一九）。

その後、たつの市に所在する白山神社の三尊仏塼仏と豊田館出土の塼仏を比較した結果、両者は同じ型からおこされた同笵《どうはん》であることもわかった。また、たつの市周辺に所在する塼仏は出土品では無く、現在もお堂などに納められ、信仰の対象になっていることも新たにわかったのである（岩手県立博物館、二〇一六）。

製作地の珠洲《すず》から、それがなぜ西播磨《にしはりま》と江刺《えさし》にもたらされたのか。一二世紀代の珠洲（石川県珠洲市）、西播磨（兵庫県たつの市）、江刺（岩手県奥州市）を結ぶ点と線は何か。豊田館出土の塼仏はまだまだ検討すべき課題の多い遺物と言える。

〔参考文献〕

井上雅孝・野坂晃平・田中美穂　二〇〇七「江刺区豊田館跡出土の塼仏」『岩手考古学第十九号』
岩手県立博物館　二〇一六『前平泉文化関連遺跡調査報告書』
江刺市教育委員会　一九九三『江刺遺跡群発掘調査報告書（岩谷堂地区）』
義則敏彦　一九九〇「中世の塼仏―西播磨を中心として―」『播磨考古学論叢』
義則敏彦　二〇一九「西播磨・能登・陸奥で発見された中世の塼仏」『中世のみほとけといのり』たつの市立埋蔵文化財センター図録一六

第六章　平泉と東北地方の遺跡

八重樫忠郎

はじめに

『吾妻鏡』によれば平泉の勢力は、一七万騎にもおよぶという。この記述は、源頼朝が東北地方に侵攻した「奥州合戦」に関するものなので、鎌倉方が討ち破った平泉方を「手ごわい相手」とするための誇張表現であった可能性もあり、一概には信じることはできない。しかしながら、記録に見える平泉や、実在する平泉町の寺院群や寺宝、遺跡群から推察するに、それなりの勢力があったことは確かである。

現在の平泉町の遺跡群は、平泉藤原氏の居館を中心とした寺院群等によって構成されており、一二世紀後半には都市平泉ともいうべき様相を呈していた。その平泉を支えていた地域が、「陸奥出羽《むつでわ》両国」であったと『吾妻鏡』はいう。

東北地方では、多くの開発行為により発掘調査が実施され、膨大なデータの蓄積がなされている。本章では、現在の研究の到達点としての平泉の実像を示し、その上で東北地方の遺跡と比較することで、両者の共通点や相違点を明確にし、それぞれの関係について考えてみたい。

1　平泉の考古学的特徴

『吾妻鏡』は、文治五年（一一八九）、平泉藤原氏が鎌倉軍によって滅ぼされたこと、また藤原氏が平泉に移り住んだのは一二世紀前後であると伝える。すなわち記録から平泉は、一二世紀の一世紀に満たない期間の繁栄ということになるわけだが、一二世紀の遺物と一三世紀の遺物を比較すると、かわらけは二〇〇〇分の一以下、国産陶器は一〇〇〇分の一以下、輸入陶磁器は一〇〇分の一以下と、皆一様に激減しており、記録と一致していることが考古学からも確認されている（八重樫一九九六）。この平泉の特徴について、遺物と遺構という二方向から検討を加える。

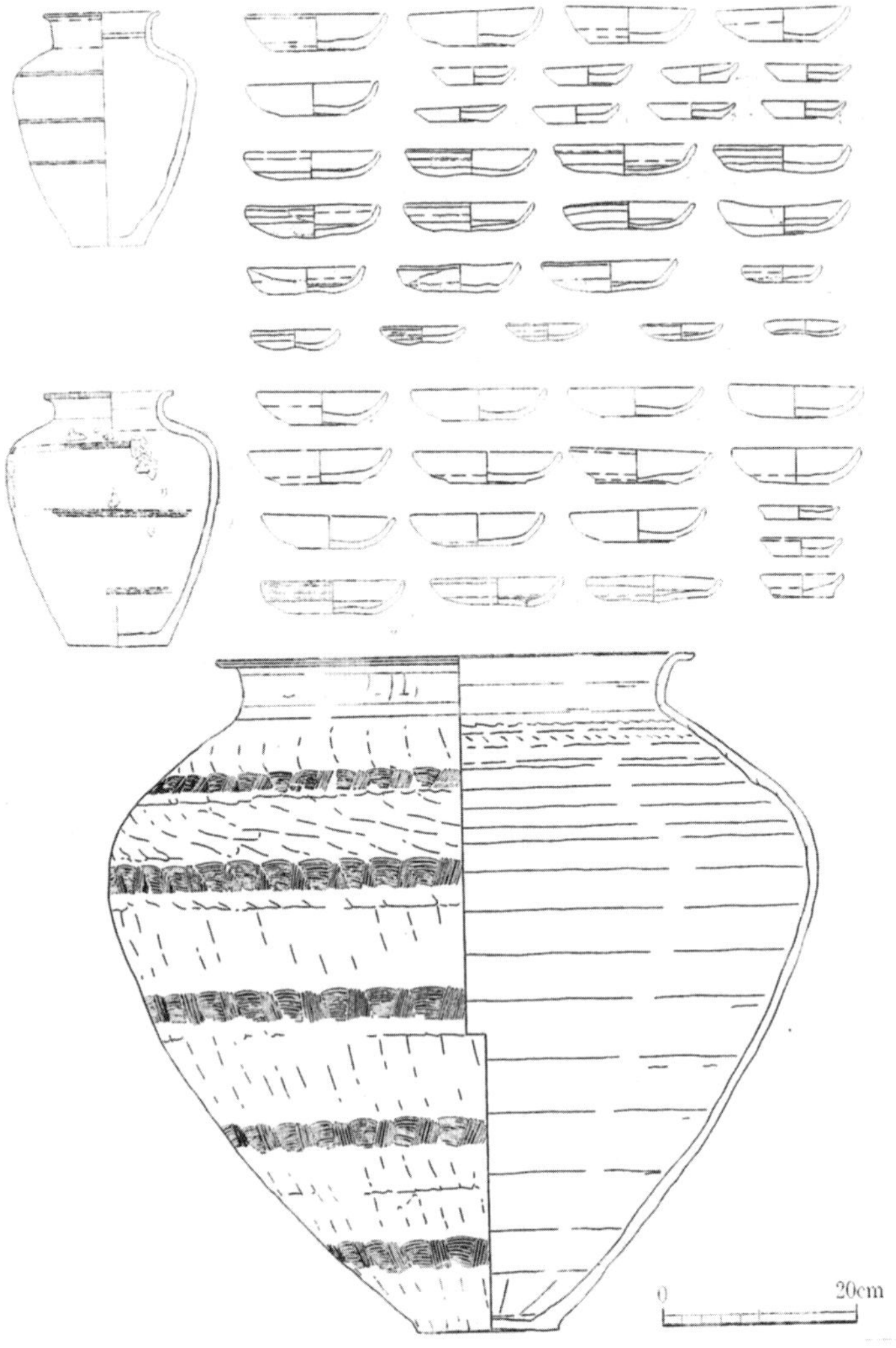

図6—1　平泉出土の常滑大甕、三筋文壺、かわらけ

出土遺物

平泉の特徴的な遺物としては、かわらけと国産陶器、輸入陶磁器が挙げられる。かわらけは、古代官衙《かんが》からの流れを引くロクロ成形のものと、平安京から直接ではなく仲介をへて伝わった手づくね成形のものに分かれる。一二世紀前半、ロクロ成形単独期、中葉になると手づくね成形が登場し、両者が混在する。後半になると手づくね成形が席巻するという変化をたどっていく。ロクロかわらけは、坏型から皿形に変化するが、対して手づくねかわらけは皿形のみであり、口径の縮小が著しい。

かわらけは、完形で発見されることがしばしばあること、また一括廃棄されていることから、呪術用、宴会儀礼の器と考えられている。宴会儀礼は、武士たちの序列を決める重要な行為であった（入間田宣夫二〇一一）。つまりかわらけが出土する遺跡は、宗教的または武士が関係した遺跡といえる。

国産陶器は、産地としては常滑《とこなめ》と渥美《あつみ》が圧倒的に多く、少数派として珠洲《すず》や産地不明須恵器《すえき》系陶器、中世猿投《さなげ》、水沼などが続く。器種は、大甕《おおがめ》、中甕、壺、片口《かたくち》鉢、山茶椀、小皿などがある。中世前期において大型貯蔵具は、大型曲物《まげもの》しかないため、大甕は画期的なものであった。しかしながら大甕を破損せずに運搬するには、なかりの困難がともなったことは想像に難くなく、これらが出土する遺跡は、その地区の交通と経済を掌握していた遺跡といっても過言ではないと考えている。小型貯蔵具である壺は、内容物が入るならば移動が不可能になる大甕の中身を小分けにするものである。

輸入陶磁器は、陶器と磁器に分かれ、前者では甕と壺や盤など、後者には壺や椀皿合子などがある。陶器は、懸る釉によって緑釉《りょくゆう》や黄釉《おうゆう》などに分けられ、磁器は白磁と青磁、青白磁に分類される。平泉の特徴としては、白磁四耳壺《はくじしじこ》が多いこと、白地鉄絵壺や掻《か》き取《と》り壺など希少品が見られること、陶器の大甕があることが挙げられる。これらのうち陶器の大甕は、製品としての価値よりも、中国から運ばれてきた薬などの内容物に意味があったと考えている。

一二世紀になって登場する国産陶器大甕は、中世という時代が欲して生まれたものといえる。その用途としては、穀物を入れたとも考えられるが通気性が悪いため不向きである。水や油も想定されるが、水を大量に保存する意味合いが少ないし、油もそれだけの量を確保できない。内容物を運ぶためのコンテナとも考えられるが、繰り返しになるが移動するのが難しい。内容物を入れた痕跡がなく、大甕の中に二個の壺を納めた甕や、片口鉢を入れていた海上がりの珠洲甕類の梱包状況を見るならば（埼玉県立博物館一九九三）、やはり遠隔地に流通する中世前期の国産陶器は、そのものに大きな価値があったと考えるべきであろう。

以上から大甕の用途は、中世前期に限っていえば、漆容器や紺屋的なわずかな使用も確認できるものの、消去法によってその多くは酒造用としか考えられない。そして壺は、『鳥獣人物戯画』において酒が入った白磁四耳壺をカエルとウサギが運搬しているように、国内外産を問わず酒器である。そしてかわらけは、それらを注ぐ器であり、これらすべては酒を介在してつながるものといえる。

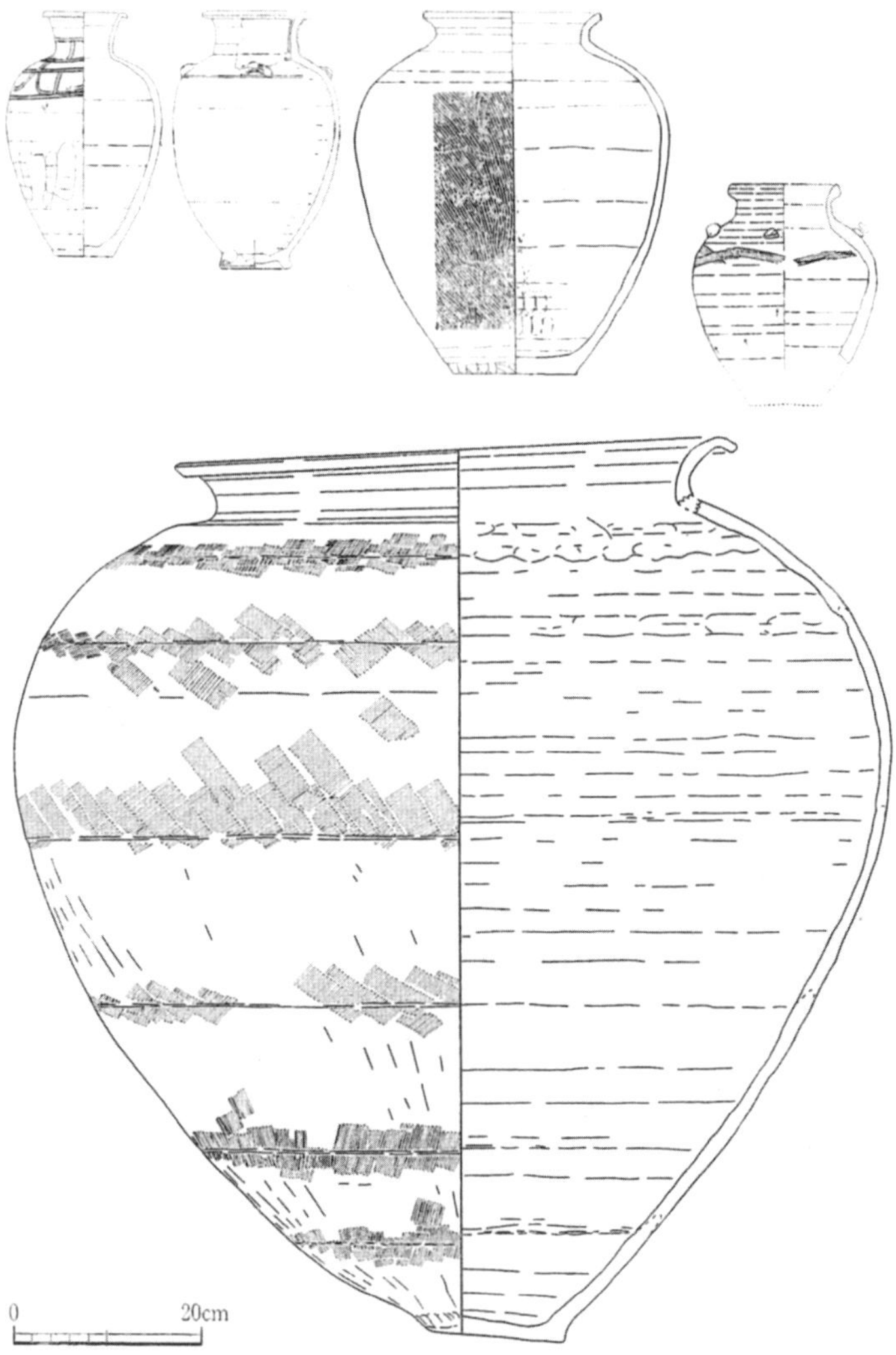

図6—2　平泉出土渥美大甕、袈裟襷文壺、須恵器系陶器甕壺、白磁四耳壺

検出遺構

平泉の特徴的な遺構としては、四面庇《しめんびさし》

建物と堀が挙げられる。四面庇建物は、官衙《かんが》からの流れを汲むもので、一一世紀から一二世紀に盛行するものの、鎌倉から一棟も検出されていないところをみると、一三世紀には消滅するようである。平泉では、政庁である平泉館と考えられる柳之御所遺跡において多数検出されていることから、もっとも格が上で政治と関わった建物と推定されている。また同遺跡内では、四面庇建物にかわらけ一括廃棄土坑がともなうことが多いこともあり、宴会儀礼の場としての用途が想定できる（八重樫二〇一五）。

　東北地方において不整形に囲郭する堀は、九世紀ごろの高地性集落を除いて、一一世紀の安倍氏・清原氏関連遺跡において出現し、一二世紀に平泉とその周辺で盛行する。高地性集落からの連続性は認められないこと、また構築に技術や費用をそれほどに要しないことから、これらの堀は官衙の権力を収奪した安倍氏などが、官衙を視角的に捉える築地塀や角材列等の囲郭施設に見立て設けたものと考えている（八重樫二〇一二）。

　平泉において堀は、遺跡全体を囲郭する柳之御所遺跡のほか、一部調査された国衡館《くにひらだて》跡、白山社跡と無量光院《むりようこういん》跡で認められる。繰り返すが柳之御所遺跡は、清原氏の大鳥《おおとり》井山《いやま》遺跡の系譜を引いて造られた平泉館である（八重樫二〇一五）。国衡館跡は、二代基衡と政権を争った惟常《これつね》の館跡とも考えられるものの、詳細は不明。白山社遺跡と無量光院跡は、ともに方形を基調とした宗教施設であり、堀というよりも周辺から遮蔽するための土塁を設けることに意味があった可能性が高い。

　平泉周辺では、北隣の奥州市の接待館遺跡がある。堀で囲まれた中をさらに区画溝で囲郭しているものの、その内部や周辺から同時期の明確な建物跡が発見されていないことから、宗教施設ではないかといわれている。しかしながら堀の敷設形状と堀から出土した大量のかわらけ、衣川によって流出した南側に多くのスペースを想定できること、平泉内において宗教施設からは方形を基調とした堀の敷設が確認できることから、全体を宗教施設とするには、難があるように感じている。やはり区画溝内部のみが、館内に設けられた宗教施設なのではないだろうか。

　このように平泉とその周辺おいて不整形に囲郭する堀は、館にともなうものと考えることがもっとも妥当といえる（八重樫二〇一五）。そして館とは、周辺の交通と経済を掌握する政庁機能を有したものである（斉藤二〇一一）。

2　東北地方と鎌倉の一二世紀の主要遺跡

　東北地方において一二世紀の遺跡は、点的に散在しているものの、主要な遺跡となるならば、その数は非常に少ない。

比爪館跡

　比爪館跡（岩手県紫波町）は、『吾妻鏡』にも登場する平泉藤原氏関連の館であり、位置も比定され、一部では発掘調査を行われている。その内容は驚くべきものであり、不整形な堀に囲郭された内部に四面

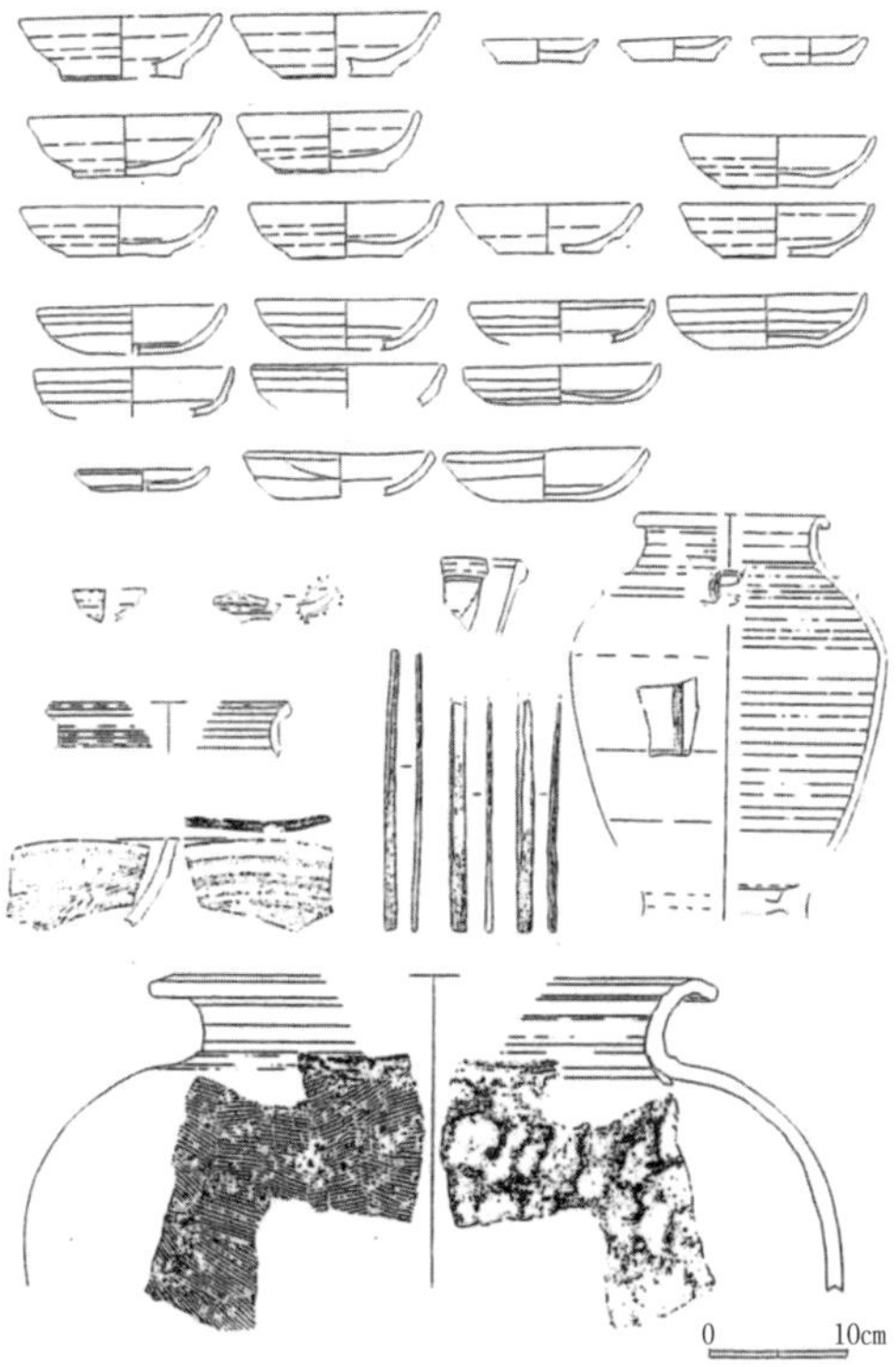

図6—3　矢立廃寺跡出土須恵器系陶器大甕、白磁四耳壺、かわらけなど

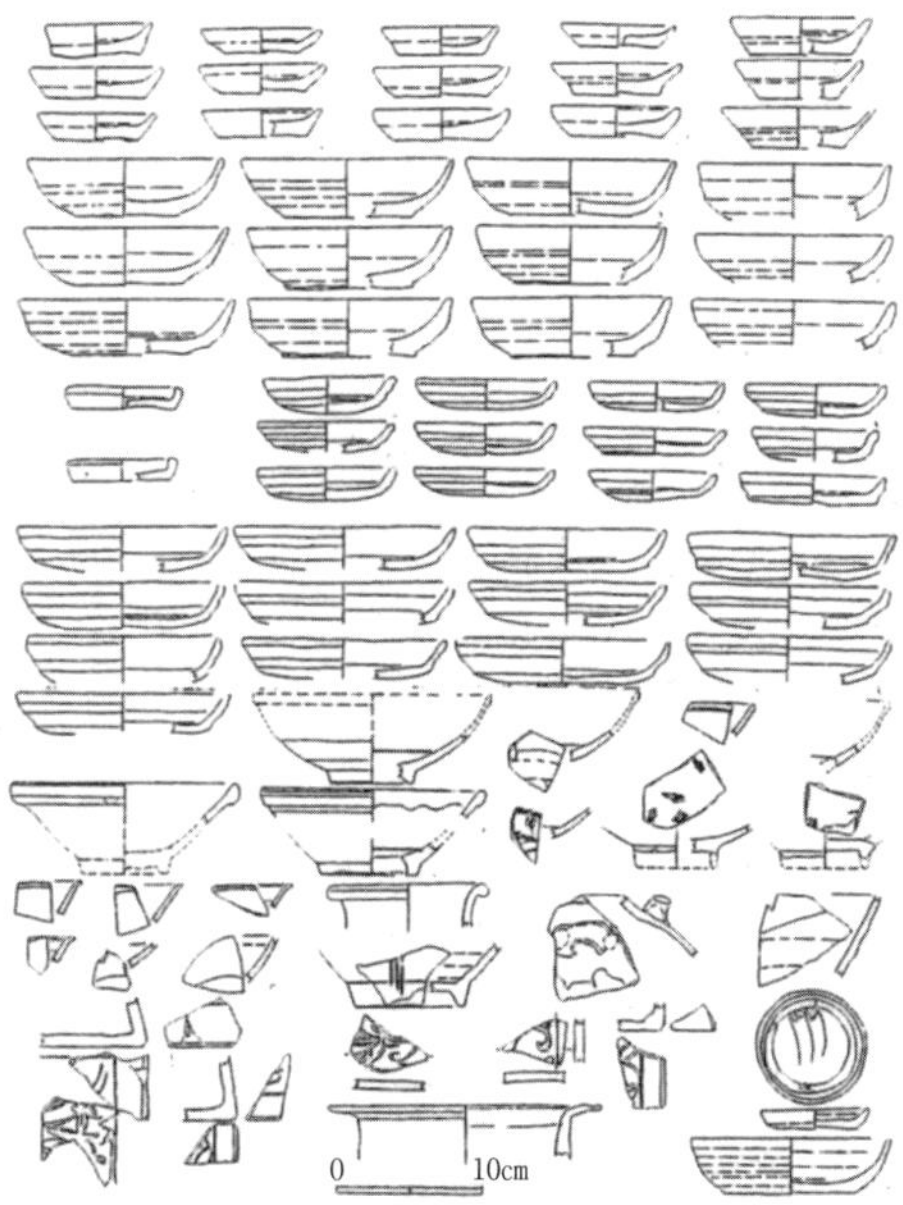

図6—4　浪岡城跡出土常滑甕、白磁四耳壺、かわらけなど

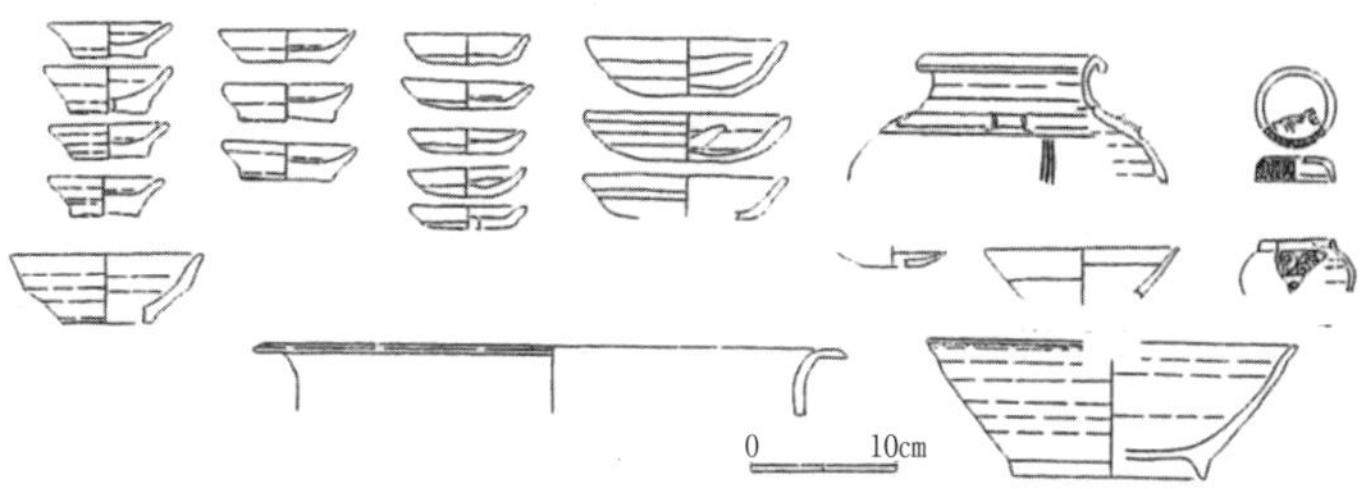

図6—5　大古町遺跡出土常滑甕、白磁四耳壺、かわらけなど

庇建物やかわらけ一括廃棄土坑などがある。出土遺物も平泉とまったく遜色なく、常滑や渥美の大甕、白磁《はくじ》四耳壺《しじこ》などが多数あることから、東海以北の一二世紀の遺跡としては、平泉に次ぐものといえる。さらにその周辺からも道路跡やかわらけ焼成窯などが確認されたことから、平泉のように面的に広がっていた可能性さえも近年には指摘されるようになっている（羽柴二〇一〇）。

遺跡の年代としては、白磁やロクロかわらけを見る限り、一二世紀前半に胎動を開始していることは動かない。その後一二世紀後半に最盛期があるが、一四世紀前後まで遺跡は続いている。

平泉と比肩するその内容、また平泉には少ない三段ナデ調整の手づくねかわらけが多数存在し、それらがこの後で紹介する浪岡《なみおか》城跡や矢《や》立廃寺《たてはいじ》跡にも存在することから、北東北を掌握することが目的の館とも考えられている（羽柴二〇一〇）。

矢立廃寺跡

矢立廃寺跡（秋田県大館市）は、礎石が地表に露出していたことから、江戸時代から寺院跡であると伝えられてきた。発掘調査は、昭和から平成にかけて断続的に行われ、礎石建物、掘立柱建物、便所跡などが検出され、須恵器系の片口鉢や甕、白磁四耳壺や白磁椀皿、中国産陶器壺、多数のロクロ手づくね両かわらけ、籌木《ちゅうぎ》（用便に用いた木片）などが発見された。これらの中、ロクロかわらけと白磁四耳壺と皿は、一二世紀前半のものである。そして遺跡は、一二世紀中に廃絶している。

遺跡の性格については、灯明皿の比率が高いことから、寺院跡であるとされてきたが（宇田川二〇〇三）、近年の研究によって、前期は段丘上に設けられた居館であり、それが寺院に変化したと再整理されている（羽柴二〇一〇）。

浪岡城跡

浪岡城跡（青森県青森市）の内館からまとまった一二世紀の遺物が出土している（工藤二〇〇三）。常滑甕、須恵器系大甕、四耳壺と白磁椀皿、青磁椀皿、多数のロクロ手づくね両かわらけなどが出土しているが、浪岡城時代の遺跡の下に多くが埋没しているため、遺構の実態は不明である。しかしながら出土状況からは、内館付近に一二世紀の堀が廻っている可能性が高い。

遺跡の年代としては、白磁四耳壺と椀皿から一二世紀前半に胎動を開始し、一二世紀後半にピークがあり、そして一三世紀前半ごろまで細々と続き、その後に城館の時代を迎えている。

観音寺廃寺跡

秋田県横手市の低地に広がる本遺跡からは、多数の掘立柱建物、多数の木組井戸などが検出され、「御佛殿前申《ごぶつでん》」と記された木簡、二〇個体弱の手づくねかわらけ、四〇個体ほどのロクロかわらけ、多数の須恵器系陶器甕壺、多数の白磁椀皿などが出土している。一二世紀後半から胎動を開始し、一三世紀前半まで機能していたと考えられる遺跡である（秋田県教育委員会二〇〇一）。

川原遺跡

川原《かわら》遺跡（岩手県釜石市）は、三陸海岸の大槌湾《おおつち》に面しており、多数の手づくねかわらけ、少数のロクロかわらけ、甕は常滑と渥美、壺は常滑と白磁、その他白磁や青磁椀皿、多数の鉄器が出土している。国産陶器や白磁青磁から、一二世紀前半から一三世紀後半の遺跡である（釜石市教育委員会二〇〇七）。

大古町遺跡

大古町《おおふるまち》遺跡は、宮城県丸森町に位置し、阿武隈川《あぶくま》の河岸段丘上に立地する。木組井戸や区画溝が検出されており、居館の一部とも推定される。白磁四耳壺と白磁椀皿、青磁椀皿、常滑甕、渥美片口鉢、少数の柱状高台とロクロかわらけ、少数の手づくねかわらけなどが出土している。遺跡の年代観は、白磁四耳壺《しじこ》と椀皿、柱状高台から一二世紀

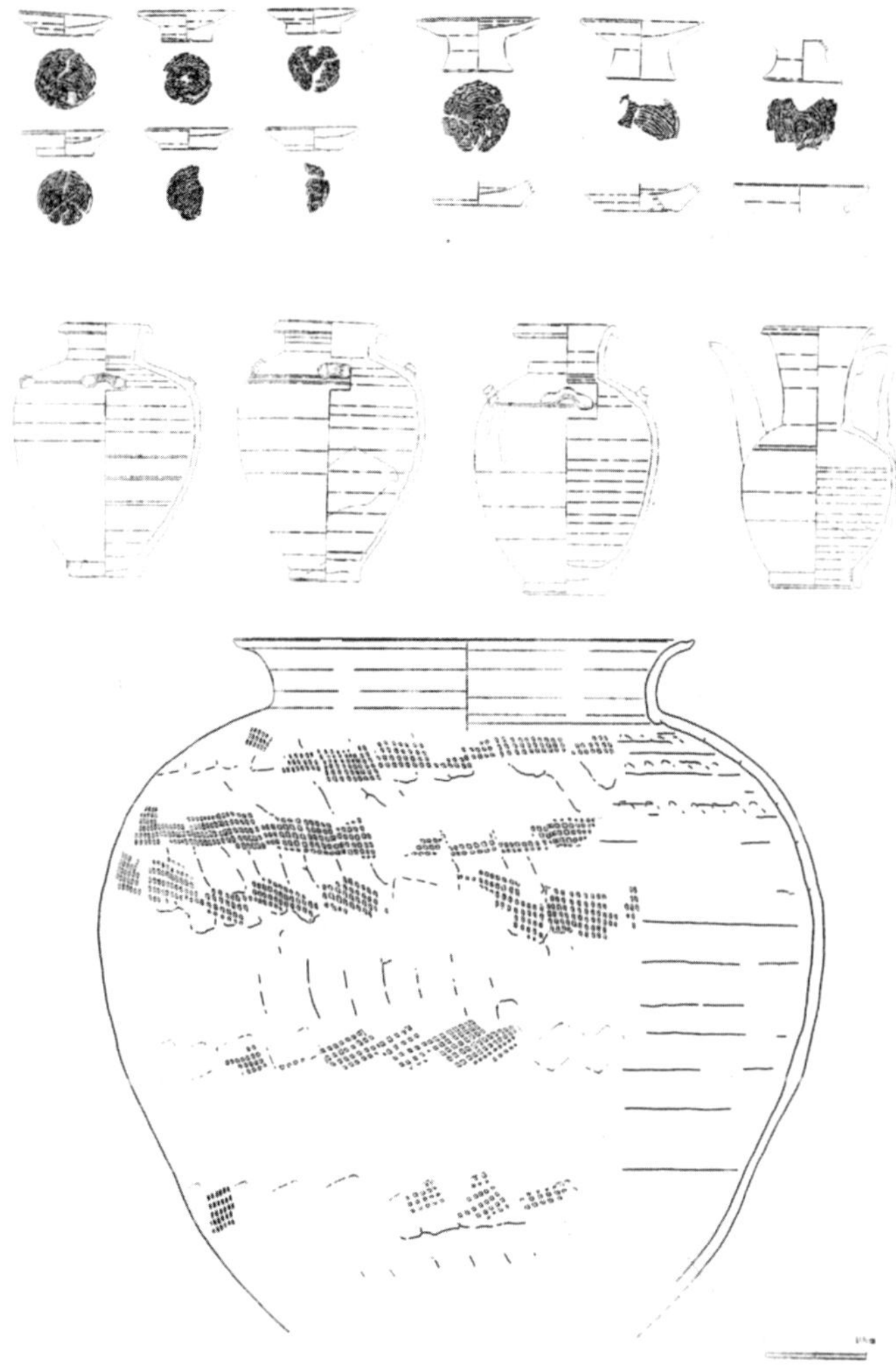

図6—6　陣が峯城跡出土常滑大甕、白磁四耳壷類、かわらけ

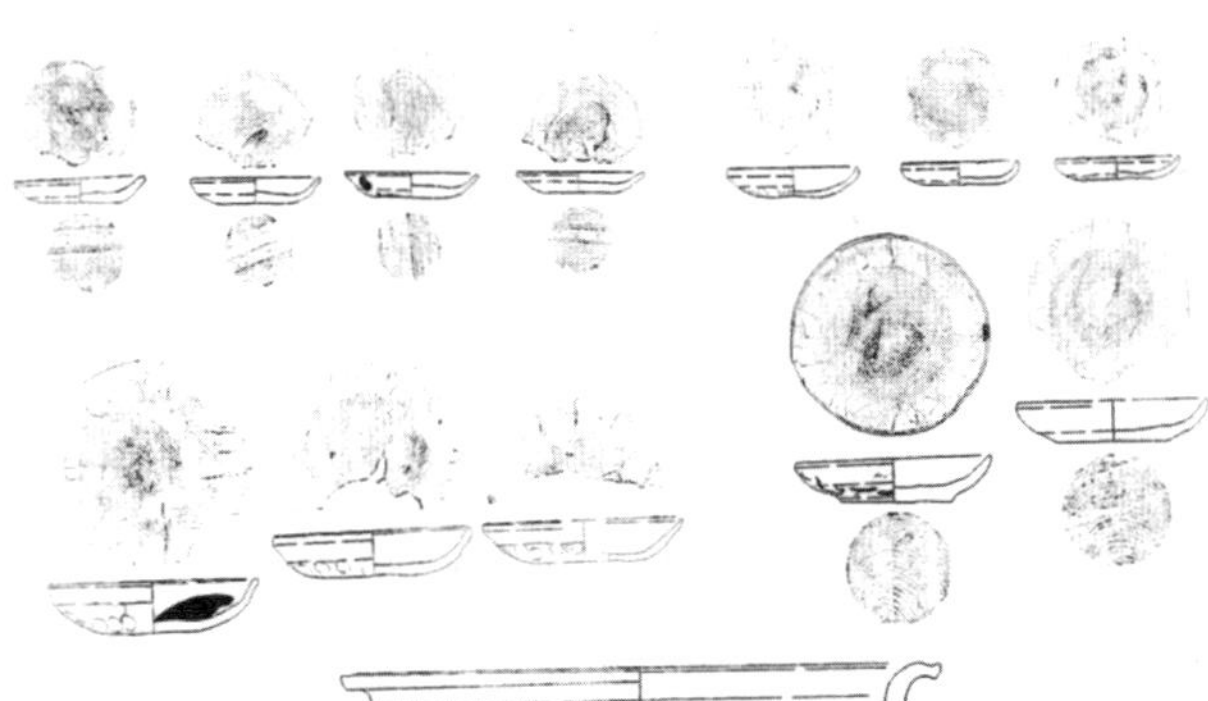

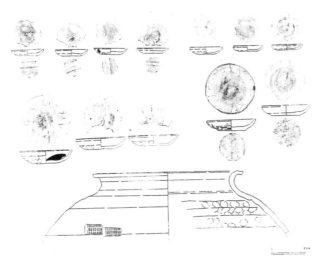

図6—7　大倉幕府周辺遺跡出土常滑大甕、かわらけ

前半からスタートし、一三世紀前半程度まで機能しているようである（丸森町教育委員会一九九九）。

陣が峯城跡

福島県会津坂下町に所在。不整形な二重堀に囲まれた内部に四面庇建物などが配置されている。出土遺物としては、須恵器系大甕、常滑大甕、多数のロクロかわらけ、多数の白磁などがある。白磁は椀皿が主体だが、四耳壺と水注四点が完形に接合されている。青磁と手づくねかわらけがないことから、一二世紀前葉から中葉にかけての館といえる（会津坂下町教育委員会二〇〇五）。

大倉幕府周辺遺跡

神奈川県鎌倉市二階堂字荏柄三八番二に所在。鎌倉では珍しい井戸に一括廃棄されたかわらけが検出されている。特に一〇〇個体が出土した遺構七六九は、ロクロかわらけに比べて若干手づくねかわらけの方が多く、共伴した常滑と渥美の大甕から、一二世紀第四四半期の年代が与えられている。さらに興味深いのは、この遺構の周辺から鎌倉ではあまり見ることがない、完形品に近い一二世紀後半の白磁四耳壺が出土していることである（鎌倉かわらけ研究会二〇一六）。

表6—1　各遺跡の比較

No	遺跡名	堀	四面庇	手づくね	ロクロ	甕	壺
1	比爪館跡	有	有	多有	多有	常滑、渥美、須恵器系、中国陶器	常滑、渥美、須恵器系、白磁
2	矢立廃寺跡	無	礎石有	多有	多有	須恵器系	須恵器系、白磁、中国陶器
3	浪岡城跡	有？	？	多有	多有	常滑、須恵器系	須恵器系、白磁
4	観音寺廃寺跡	無	無	多有	多有	須恵器系	須恵器系、白磁
5	川原遺跡	無	無	多有	少有	常滑、渥美	常滑、白磁
6	大古町遺跡	無？	無	少有	少有	常滑	白磁
7	陣が峯城跡	有	有	無	多有	常滑、須恵器系	渥美、須恵器系、白磁
8	大倉幕府	無	無	多有	多有	常滑、渥美	常滑、渥美、白磁

3　考　察

一二世紀の主要遺跡の比較

各遺跡の検出遺構と出土遺物を表6―1にまとめてみた。このように考古学が一二世紀の主要な遺跡であると認識するには、以下の遺構やある程度の数量の遺物が必要となる。かわらけの数量は、二〇点を境として多少に分けている。

堀を有する遺跡には、四面庇建物がともない、かわらけと甕壷がセットになっており、柳之御所遺跡と比較しても遜色がないことから、館と考えて問題はない。矢立廃寺跡は、館よりも格下の居館から宗教施設に変化しているとの説どおりであろうが、一二世紀において宗教施設単体での検出例がほとんどないこと、かわらけが異常に多いことから、一部が宗教施設に変化し、居館としての機能は未調査区に残っていたのではないだろうか。浪岡城跡内館は、地形から堀が廻っていた可能性が高いことから、居館というよりは館であったと考えている。観音寺廃寺跡は宗教施設をともなう居館、川原遺跡は居館、大古町遺跡は居館、大倉《おおくら》幕府周辺遺跡は源頼朝の大倉幕府の一郭なのであろう。

これらの遺跡の共通点として、一二世紀前半の白磁四耳壷を持っていることが挙げられる。観音寺廃寺跡と川原遺跡、大倉幕府周辺遺跡を除いたすべての遺跡が有しているが、当然のこと平泉も持っているこの四耳壷は、京都では寺院以外ではまず出ることがないものである。東海以北を見渡しても本章で挙げた遺跡以外では、比爪《ひづめ》館跡周辺遺跡と岩手県奥州市の伝豊田館《とよだのたち》出土の白磁四耳壷、ほか小破片で数例しかない。

手づくねロクロ両かわらけは、平泉と同じ胎土のものがないことから、すべてがその出土遺跡で焼成されたと考えられる。中でも比爪館跡、矢立廃寺跡、浪岡城跡の手づくねかわらけは、平泉のものに非常に類似しているが、羽柴直人が指摘しているとおりに、平泉にはあまりない三段ナデ調整のものが、それぞれの遺跡に一定量含まれている（羽柴二〇一〇）。しかしながらこれらのかわらけは、色合いがすべて異なる。観音寺廃寺跡と大古町遺跡の手づくねかわらけは、平泉との

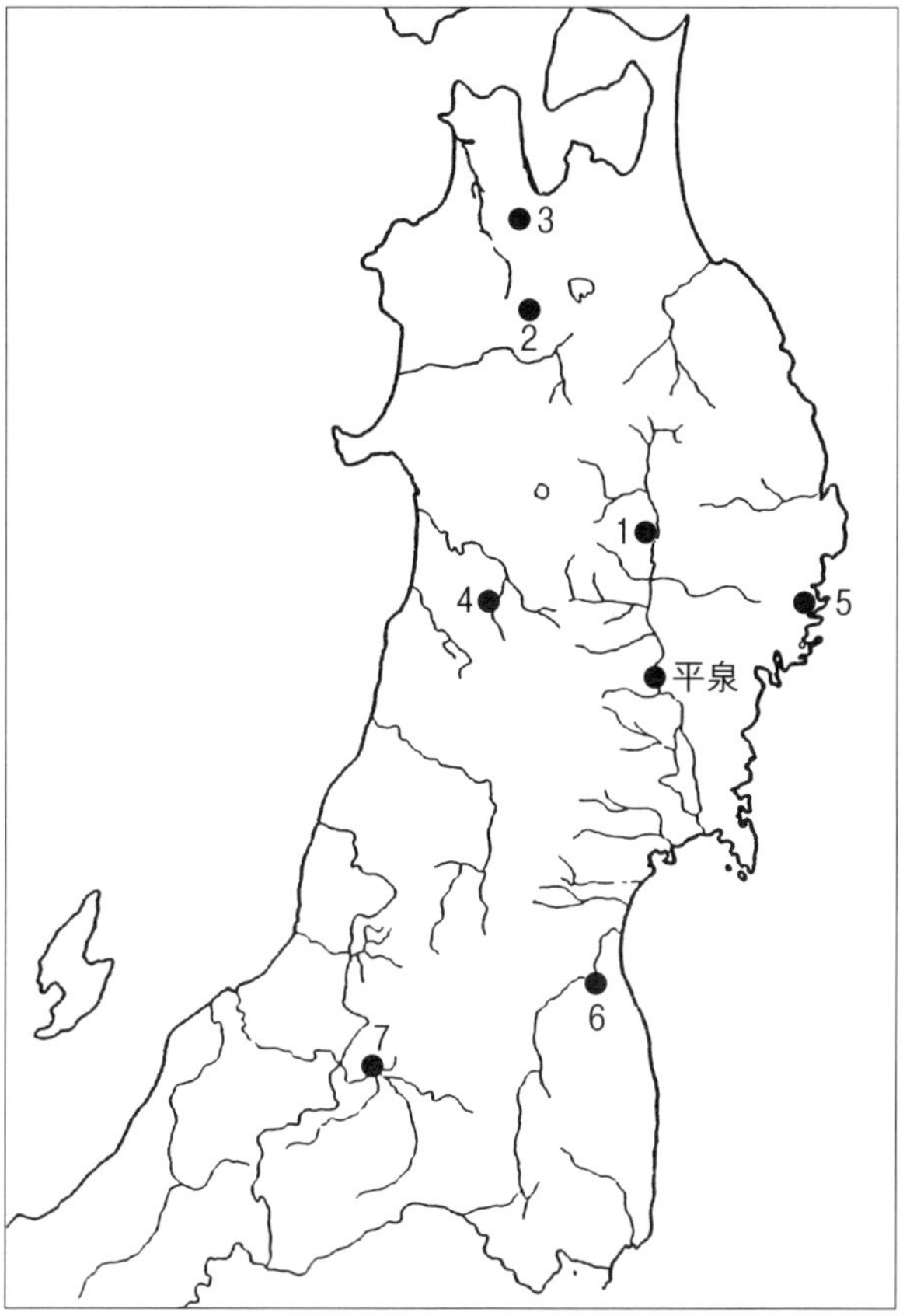

図6―8　遺跡分布図（番号は表に対応）

技術的共通性を見出すことはできない。大倉幕府周辺遺跡の手づくねかわらけは、一二世紀第四四半期のものであるが、同時代の平泉の手づくねかわらけよりも非常に大きく作られていることから、平泉からの技術の伝播は認められない（八重樫二〇一四）。

一二世紀前半のロクロかわらけは、観音寺廃寺跡と川原遺跡、大倉幕府周辺遺跡を除いた他の遺跡はすべて有しており、それらは非常に類似している。すなわち古代から連続性を有するロクロかわらけは、一二世紀前半においては広い地域であまり変化がないものといえる。

甕と壺について比較してみると、かつてから言われていることだが、流通圏の特色がよく表れている。日本海側の矢立廃寺跡と観音寺廃寺跡には、須恵器系陶器と白磁類しかない。また太平洋側の川原遺跡や大古町遺跡、大倉幕府周辺遺跡には、須恵器系陶器は入らない。

しかしながら浪岡城跡には常滑の甕が入っているし、太平洋側の比爪館跡には平泉同様にすべてが揃っている。また陣《じん》が峯《みね》城跡からは、須恵器系の大甕のほかに、完形に接合された一二世紀前半の常滑大甕も出土している。

これら流通圏に規制されない遺跡は、一様に館もしくは館の可能性を指摘した遺跡である。この出土遺物の状況も東北地方の館の様相を表していると考えている。

平泉との関係性

考古学においては、関連のある土地柄やルート上などから、かわらけ単体ではなく、かわらけと白磁四耳壷などのセット関係が認められる同様の遺物が出土した場合、第一に両者の関係性を考えるのが基本であり、その後に細部を検討していくことになる。以降の考察についても、同様に考古学的な手法によって進めていく。

比爪館跡については、奥六郡内に位置し、堀や四面庇建物を有し、流通圏を超えた須恵器系陶器甕、東北地方では平泉でしか見られない大型白磁四耳壷や黄釉褐彩四耳壷もあることから、平泉と関係が深い遺跡であることは疑いない。

近年、手づくねロクロかわらけの色が全体的に平泉と比べて赤いこと、繰り返すが平泉には少ない三段ナデ調整の手づくねかわらけがあること、そしてそれらが矢立廃寺跡や浪岡城跡から発見されていることから、北東北から北海道交易を掌握していたのは比爪館跡であったという論が展開されている（羽柴二〇一〇）。この三遺跡における三段ナデかわらけの発見は、非常に重要であり、たしかに相互の関係性を明示するものといえ、間違いなくそれぞれは深いつながりがあったといえる。

ただし三遺跡の三段ナデかわらけを細かく見れば、比爪館跡のものは赤色、矢立廃寺跡は灰色、浪岡城跡のものは黄色っぽいなど、それぞれに色が異なっている。特に後者の二遺跡のかわらけには焼ムラがあるものがあり、半分赤いものが若干見受けられた。つまりかわらけの色は、胎土が異なっていることに起因しているのではなく、窯構造や焼成方法が異なっているために生じたものなのである。

また手づくねかわらけは、その成形技法の発祥は京都に求められるが、京都からダイレクトに技法が拡散したものではないことは、すでに論じられている（中井二〇〇三、八重樫二〇一四）。その拡散状況については、職人が移動したものではないことは確実なので、かわらけそのものが動いたとしか考えられない（八重樫二〇一四）。つまり三遺跡の三段ナデかわらけは、そのモデルが同一ということになる。

さらに三遺跡で同じモデルから模倣して三段ナデかわらけを作り上げた人物は、それぞれの在地のロクロ工人であったことから、各々の窯構造や焼成方法が異なったために、焼き上がりの色に差異が生じたのである。そしてその時期は、三遺跡に共通している一二世紀前半の白磁四耳壺と同時期の一二世紀中葉といえる。

この時期の比爪館跡は、一二世紀後半ほどの勢力は持っておらず、むしろ矢立廃寺跡や浪岡城跡と同様に手づくねかわらけが初めて伝播したという状況であった。そして手づくねかわらけ導入後は、三遺跡ともにかわらけは独自に変化をしていくために、考古学的な共通性は薄れていく。

この状況は、このたび表に掲載した遺跡すべてにいえることであり、かわらけを細部まで見ていくならば、その導入期は類似するものの時間が経つにつれて独自の変化をたどっていくことや、かわらけのモデルが異なっていることから最初から共通性がないことが分かる。それぞれの在地のロクロ工人が制作していくとなれば、その変化が多種多様になることは、容易に想像がつく。

このように整理するならば、一二世紀後半のかわらけが異なるからといって、両遺跡がまったく別路線を歩み始めたとまではいえないのである。そしてこのようなかわらけの変化の流れは、各所で個性的なかわらけが出土していることから、全国的なものと考えている。すなわち、かわらけ編年はある程度のブロックごとに行うべきものであり、手づくねかわらけだからといって無理に京都の編年に当てはめても、全く意味はないのである。

たとえば鎌倉の一三世紀の手づくねかわらけは、京都では確認できない形態に変化してしまっている（八重樫二〇一四）。つまり全国各地でさまざまな手づくねかわらけが作られる一二世紀後半以降には、本家本元である京都の手づくねかわらけも畿内の一地方といえる様相を呈しているのである。

観音寺廃寺と大古町遺跡は、かわらけを見る限りにおいて、平泉との共通性は見いだせない。しかしながら平泉同様に、甕・壺・かわらけというセットは持ち合わせているのである。このような遺物をセットで持っているのは全国的な豪族の流れだ、という意見もあるが（入間田二〇一八）、たとえば東北地方で本論で挙げた遺跡以外に、どれだけの遺跡があるだろうか。おそらくは、浪岡城跡から近いためにこのたびは議論から外した中崎館跡《なかさきだて》（青森県弘前市）と新田《にった》（一）遺跡（青森県青森市）ぐらいではないだろうか。平泉との関係性の強弱については不明だが、何らかの関係は、考古学からみる限りにおいてあったといわざるを得ないのである。平泉中心主観と批判されるのは承知の上、あえて提示したい。

また陣が峯城跡については、平泉と同様のセットを持っているものの、輸入陶磁器から見ると平泉より早くに勢力をもっていたことは明らかであり、さらに一二世紀後葉までは存続しないことから、平泉とは別の豪族が関わった遺跡といえる。同様に大倉幕府周辺遺跡についても、手づくねかわらけ導入期なため精緻に作られているものの、同時代の平泉とはまったく異なることから、無関係といえる。

物流について

近年、入間田宣夫により、中世イコール民衆の時代的な、多くの物流がエネルギッシュで自由な商人によって全国的に行われている、という論が説かれている（入間田二〇一八）。その根拠となるものが、『新猿楽記』と『地蔵菩薩霊験記』、そしてこれらを基本として読み込んだ考古学の成果ということになるわけだが、考古学の成果の解釈には別の面もあることをここでは示したい。

たとえば『新猿楽記』の八郎真人《はちろうまひと》なる全国津々浦々を回る商人が、一二世紀に多数いたとするならば、なぜ須恵器系陶器は主に日本海側流通、などということが起りうるのかが説明できない。ある程度の流通圏を持っているのは、その流通圏しか回らない商人がいたことを示している。常滑や渥美にしても同様であり、日本海側にはほとんど行かない。こうした考古学的な事象を、入間田説では解釈できないのではないだろうか。

対して、一二世紀の白磁は全国から出土しているとの意見があるかもしれない。これは、少数見つかっている遺跡まですべてをプロットすれば、全国に点在するという現状を指しているわけだが、これらは商人が振り売りのごとく商売を行い、動き回った痕跡といえるのだろうか。北東北では、ごく稀に山茶椀などがわずかに出土する遺跡が見つかることがある。これらの遺物が、どのような経緯やルートで持ち込まれたかについては、慎重に考える必要があるが、文献史学も考古学も明確な答えを持ち合わせてはいない。商人が売り歩いたという可能性すべてを否定するものではないものの、白磁が少数しか出土しない遺跡の大半は、山茶椀のように何らかの偶然で持ち込まれたり、拠点遺跡との交流によってもたらされたものと考えている。

またこのたび挙げた遺跡にあえて出さなかった青森県の二遺跡と平泉を加えても、一一遺跡しかない割には、鎌倉から青森まで非常に広範囲に分布している。このように広く点在する遺跡に、売れる当てもなく商人たちが自由に商品を持ち込んで商売したと考えるのは、いささか無理があるのではないだろうか。やはり一二世紀は、ある程度の流通圏をもつ商人がいたことは疑いないものの、政治権力が関わった注文生産的もしくは注文を行う物流が主だったと考えている。

かわらけは、基本的に多数流通したと推定できる事例がないことから モデルとなる少数のかわらけが移動し、手づくね技術が伝播したとしか考えられない。つまりかわらけは、その地域や場所でそれぞれに作られたのである。この酒を注ぐかわらけができた段階で、酒造に必要な甕とそれを小分けにする壷については、いつ来るかもしれない商人を待つということはあるまい。いずれ甕と壷が、必要な時に確実にもたらされる環境を整えていたのである。

比爪館跡、矢立廃寺跡、浪岡城跡については、時をおかずに甕・壷・かわらけがもたらされている。この考古学が確認した事象は、一二世紀においては、すべてとはいわないものの、注文物流が主だったことを示しているとしか考えられない。

　『吾妻鏡』は、平泉藤原氏が自らの領地である陸奥出羽の一万の村々に、伽藍を建てたことを伝えている。では居館や経塚と推定される主要遺跡は、東北地方にどれだけあるだろうか。経塚で一二〇ヵ所程度（及川二〇〇四）、居館や館に至っては一〇数ヵ所である。すなわち『吾妻鏡』の信憑性はともかく、遺跡として把握されるものはこの程度であり、ある意味、非常に特殊なものといえ、そこで使われた陶磁器類も偶然に届けられたものではないことは、明白ではないだろうか。

　中世後半になると瀬戸は、全国各地から出土するようになる。この段階にならないと考古学としては、全国展開する商人の存在を認めることはできない。

まとめ

　かわらけと甕壷をセットとして有している遺跡の内容を精査すれば、かわらけは手づくねとロクロの二系統、甕は常滑、渥美、須恵器系など、壷は常滑、渥美、須恵器系、白磁などに分かれている。これらは平泉と比爪館跡からはすべて出土するものの、壷に関しては平泉内の出土様相の分析によって、最も価値が高いものから白磁⇒渥美⇒常滑⇒須恵器系という価値観があった可能性が高いことを指摘している（八重樫一九九五）。平泉内ではこの傾向には今でも変化はないことから、甕に関しても渥美⇒常滑⇒須恵器系という価値観があった可能性がある。この価値観は、平泉に搬入された順番とも一致し、さらには一二世紀においては、常滑よりも渥美の方が大きな甕を作っており、須恵器系甕はそれらよりは小さい甕しか生産できていないことから、内容量の大きいものから小さいものへという形態差とも同一といえる。

　現在よりも一六年ほど前、非常に粗い論理を組み立て、平泉の支配領域を考えてみたことがあった（八重樫二〇〇二）。いま読み返すと赤面する部分も少なくないが、中でも平泉セットに関しては、一部に訂正を加え明確にする責務があるために、本章において再整理したい。

　今まで見てきたように甕・壷・かわらけは、本章で取り上げた遺跡はすべて有しているが、特にも重要な示唆を与えてくれたのは、大倉幕府周辺遺跡といえる。鎌倉では鎌倉時代の遺跡に隠れてほとんど見えなかった一二世紀の様相が、明らかになったからである。そしてその中身は、常滑と渥美の大甕と壷を有し、加えて白磁四耳壷と大量のかわらけ持っているというものであった。

　これは平泉や比爪館跡と何ら遜色がないものといえる。しかしながらこのような様相の遺跡は、西日本ではほとんど確認できない。すなわち平泉セットと呼んでいたものは、全国的なかわらけの分布やその傾向からかわらけそのものの意味が論じられ（高橋・八重樫二〇一六）、さらに甕の価値観や用途が明確になった現在の研究レベルから（中野二〇一三）、有力な東国武士の必須アイテムともいうべきものであったのである。さらに正確にいうならば、多数の小グループを形成していた武士たちが、宴会を通して結合し巨大化していくために必要なものこそが、甕・壷・かわらけのセットということができる。

　鎌倉では、鎌倉時代を通して大量のかわらけが消費されているが、一歩外に出るとかわらけは皆無であり、その様相は平泉も同様である。平泉は、一二世紀中、甕・壺・かわらけを使い続けるが、本章で取り上げた各遺跡は、比爪館跡を除いて、それらをセットとして使っている期間は短い。比爪館跡にしても、現在のところ一二世紀第四四半期のかわらけは非常に少ない。

繰り返すが甕・壺・かわらけは、武士たちが組織を大きくするために必要なものであり、鎌倉や平泉でそれらが使い続けられるのは、その行為が継続して行われていたからである。その証左として、平泉藤原氏が攻め滅ぼされると、冒頭で述べたとおり甕・壺・かわらけは激減する。

すなわち本章で取り上げた遺跡のうち、陣が峯城跡と大倉幕府周辺遺跡以外は、平泉と同時期に同様の宴会を行った遺跡といえるが、それらが平泉のように継続しないのは、その必要がなくなったからと考えている。つまりそれ以降、平泉との何らかの関係、言いかえれば、不可侵的な上下関係が確立されたからなのであろう。

関東で一二世紀のかわらけがほとんどといっていいほど発見されないのは、朝廷からの官位によって武士たちの結合がある程度まで進んでおり、序列を決める必要がなかったからだと推定している。しかしこの状態は源頼朝の挙兵により変化し始める。舞台を鎌倉に移し、彼を中心に武士たちが新たに結合を始めるからである。

まとめると、甕・壺・かわらけを使って行われていた行為は、序列を決める宴会であり、それは武士たちの主従関係を形成するために必要不可欠なものであった。このように宴会に重要な意味を持たせることは、『奥州後三年記』に後三年合戦に際し源義家が活躍に応じて家人たちの座席を変えたと記されていることから、一一世紀後半にはすでに行われていたことが分かるが、その場には、副将格として平泉藤原氏の開祖である清衡がいたのである。

後三年合戦終結後、清衡が陸奥と出羽を奔走し、戦後処理と在地豪族との融和を図ったことはすでに論じられているが（樋口二〇一一）、この時期のかわらけは若干あるものの、甕・壺とのセットは見出すことはできない。これらがセットとして確立するのは、矢立廃寺跡や浪岡城跡を見る限り、一二世紀中葉、二代基衡の頃である。そして平泉内でも同時期から、甕・壺・かわらけを使った宴会が確立し、頻繁に行われるようになっていくことが論じられている（飯村二〇〇九）。

重要な意味を持った宴会を開催でき、政治権力が介在した注文品である甕壺を使用している遺跡には、関係の強弱は当然のことあるだろうが、平泉藤原氏が何らかの形で関与したとしか考えられない。現在の研究は、かわらけの細部に至る整形技法、詳細な陶磁器の組成比などを提示し、平泉のそれらと異なるから平泉とは無関係という様なミクロの視点で行われているものが多いが、そもそも宴会の意味や作法を誰が伝えたのか、白磁四耳壺や一二世紀になって登場する大甕に重要な役割を与え、それを定着させたのは誰かを考える時、少なくとも北東北においては、平泉藤原氏の関与を推定するしかない。すなわち甕・壺・かわらけは、東国の有力武士の必需品であるが、北東北に限っていうならば、平泉との関係性を示すもの、つまり平泉セットということができるのである。現在の研究成果を踏まえ、ここに訂正し明示したい。

　では南東北に平泉セットが少ないのはなぜか。それについては多賀城の管轄領域であること、南奥の武士の成立過程が北東北に比べて早かったことが文献史学から指摘されているので（入間田二〇〇七）、関東同様にある程度の序列が出来上がっていたことによると考えている。

　最後に考えなければならないのが、比爪館跡についてである。たしかに羽柴の指摘どおり、矢立廃寺跡と浪岡城跡と深いつながりがあること、一二世紀後半になると宴会も多数行われるようになっているので、北東北や北海道との交易を掌握していた可能性はある。しかしながら北方交易は、産金とともに平泉藤原氏の経済の屋台骨の一つといえる。それらを同族とはいえ比爪氏に委ねるだろうか。

　また一二世紀第四四半期は、平泉でもっとも宴会が行われている時期だが、当該期のかわらけが現在のところ比爪館跡では、それほど多くは確認できていない。これらを踏まえると、北方交易をある時期までは比爪館跡が担っていたが、三代秀衡の後半には平泉が直接行うようになったとも考えることはできる。いずれ今後の発掘調査結果によって再考してみたい。

　ここまでの発掘成果の整理と論理構成により、浪岡城跡や矢立廃寺跡などが、平泉と同時発生的に偶然に勃興した遺跡と考えることは、難しいであろう。かわらけをそれぞれの在地にて焼成すること、甕壷を購入すること、宴会の作法を知ることなど、強弱はあろうが平泉との関係を想定するしかない。また物流に関しても、甕と壷を同時に揃える必要があることから、政治権力が関わった注文生産的もしくは注文を行う物流が主流であったと考えている。

　対して、経塚造営に関する勧進僧のような商人が存在し、彼らがすべてを差配したとも考えられなくはない。しかしながらそのような商人の存在を文献上確認できないし、繰り返すが何よりも売れる当てもなく北東北まで来るだろうか。経塚も同様だと考えているが、もし進僧的な商人がいて北東北まで来たとすれば、そこには明らかに政治権力が関わっていたとしか考えられないのである。

おわりに

　対等な同盟関係にせよ従属的な関係にせよ、平泉藤原氏が北東北の豪族を掌握し始めたのは、一二世紀中葉のことである。そしてそれらがある程度の成果を挙げるのは、柳之御所遺跡でのかわらけ一括廃棄土坑の数、すなわち宴会の回数とその規模からは、一二世紀後半の秀衡の後半といえる（八重樫二〇一五）。東北一円を直轄支配したなどというつもりはまったくないが、この頃にはその地域や場所によって強弱や濃淡があるものの、秀衡によって陸奥出羽の豪族の掌握が進んだと考えている。

〔参考文献〕
会津坂下町教育委員会　二〇〇五『陣が峯城跡』
秋田県教育委員会　二〇〇一『観音寺廃寺跡』
飯村　均　二〇〇九『中世奥羽のマチとムラ』東京大学出版会
入間田宣夫　二〇〇七『奥州藤原氏と南奥武士団の成立』歴史春秋出版株

式会社
入間田宣夫　二〇一一「武家儀礼（宴会）の座列にみる主従制原理の貫徹について（ノート）」『家具道具室内史』第3号家具道具室内史学会
入間田宣夫　二〇一八「「尾駮牧」「糠部駿馬」をめぐる人・物・情報の交流について」『尾駮の駒牧の背景を探る』六一書房
宇田川浩一　二〇〇三「矢立廃寺の特異性―一二世紀後半の中世草創期寺院―」『中世出羽の諸様相』東北中世考古学会第九回研究大会資料集
及川真紀　二〇〇四「東北地方の経塚」『中世の系譜』高志書院
釜石市教育委員会　二〇〇七『川原遺跡出土鉄製品保存処理報告書』
鎌倉かわらけ研究会　二〇一六『鎌倉かわらけの再検討―大倉幕府周辺遺跡の一括資料の分析から―』科学研究費補助金「平泉研究の資料学的再構築」
工藤清泰　二〇〇三「中世北方世界の開幕」『新編弘前市史通史編1』
斉藤利男　二〇一一『奥州藤原三代』山川出版社
埼玉県立博物館　一九九三『つぼ　かめ　すりばち』
高橋一樹・八重樫忠郎　二〇一六『中世武士と土器』高志書院
中井淳史　二〇〇三「平泉・韮山・鎌倉―中世初期の土師器生産に関する二、三の素描―」『中世諸職』シンポジウム中世諸職実行委員会
中野晴久　二〇一三『中世常滑窯の研究』愛知学院大学大学院
羽柴直人　二〇一〇『東日本初期武家政権の考古学的研究』総合研究大学大学院
　　二〇一〇「矢立廃寺の研究―一二世紀の比内郡の様相―」『北方世界の考古学』すいれん舎
樋口知志　二〇一一『前九年・後三年合戦と奥州藤原氏』高志書院
丸森町教育委員会一九九九年『大古町遺跡』
八重樫忠郎　一九九五「平泉町出土の刻画文陶器集成」『平泉と鎌倉』平泉町
八重樫忠郎　一九九六「藤原氏以後の平泉」『考古学ジャーナル』№407ニュー・サイエンス社
八重樫忠郎　二〇〇二「平泉藤原氏の支配領域」『平泉の世界』高志書院
八重樫忠郎　二〇一二「考古学からみた北の中世の黎明」『北から生まれた中世日本』高志書院
八重樫忠郎　二〇一四「平泉と鎌倉の手づくねかわらけ」『中世人の軌跡を歩く』高志書院
八重樫忠郎　二〇一五「掘り出された平泉」『平泉の光芒』吉川弘文館
八重樫忠郎　二〇一五『北のつわものの都　平泉』新泉社

コラム

永福寺の造営

—平泉から鎌倉へ—

福田　誠

鎌倉と平泉の関わり合い

永承六年（一〇五一）、陸奥守《むつのかみ》に任じられた源頼朝の父祖源頼義は、安倍貞任《あべのさだとう》攻め（前九年合戦）の戦勝祈願を石清水八幡宮《いわしみずはちまんぐう》で行った。康平六年（一〇六三）秋八月、征討を果たしたことから鎌倉由比《ゆい》郷に石清水八幡宮を勧請し、末社の意味で若宮《わかのみや》と名付けた。後に頼義の嫡男義家は永保元年（一〇八一）二月、社の修理を行っている。

源頼朝が治承四年（一一八〇）十月七日、鎌倉に入りし最初に行ったのが、由比若宮を小林郷北山に移し鎌倉鎮護とすることであった。源氏一番の戦功である前九年合戦の征討で勧請した社を祀ることは、正に棟梁頼朝の血筋と威厳を示すことに他ならなかった。

造　営

文治五年（一一八九）七月十九日、頼朝は義経をかくまったことを口実に鎌倉を出発し、八月二十二日に奥州藤原氏の本拠地、平泉に入る。このときに中尊寺・毛越寺等の諸堂を見てその壮麗さに打たれ、永福寺《ようふくじ》建立を思い立った。建立の主旨は「源義経・藤原泰衡を始め、戦いで死んだ数万の人々の鎮魂と三有の苦果を救うため」であると『吾妻鏡』は伝えている。

さらに源頼義・義家が行った前九年合戦の征討を再現するため、戦勝の地「厨川柵《くりやがわのさく》」まで赴き、義家が同地で康平五年（一〇六二）九月十七日に行った鉄釘の故事（安倍貞任の首を釘で打ち付け晒した）に倣い、九月六日、藤原泰衡の首を釘で打ち付け晒している。

頼朝が頼義の征討軍の故事を倣うことは、自らの地位の確立を目指した一大セレモニーで、滅ぼした藤原一族の怨霊を鎮めるためにも永福寺の建立は必要だった。後の永福寺修理の記事に、このことを表すような記述がある。

「……（前略）、関東長久の遠慮を廻らしたまふ餘《あま》りに、怨霊を宥めんと欲す。義経といひ泰衡といひ、させる朝敵にあらず。ただ私の宿意をもって誅し亡ぼすが故なり。（後略）……」（『吾妻鏡』宝治二年（一二四七）二月五日条）

永福寺の建立は必要であり、それは自らの往生や親族の供養といった目的でなく、敵方将兵の供養を目的とした寺院が造られた。

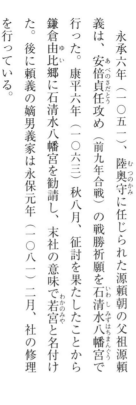

発見された建物と庭園

発掘調査によって永福寺は、全国有数の規模と景観を持つことが明らかになった。永福寺は奥州藤原一族の怨霊鎮護を目的に大《おお》倉《くら》御所《ごしょ》の北東の地（鬼門）に建てられたが、創建時から仏堂に翼

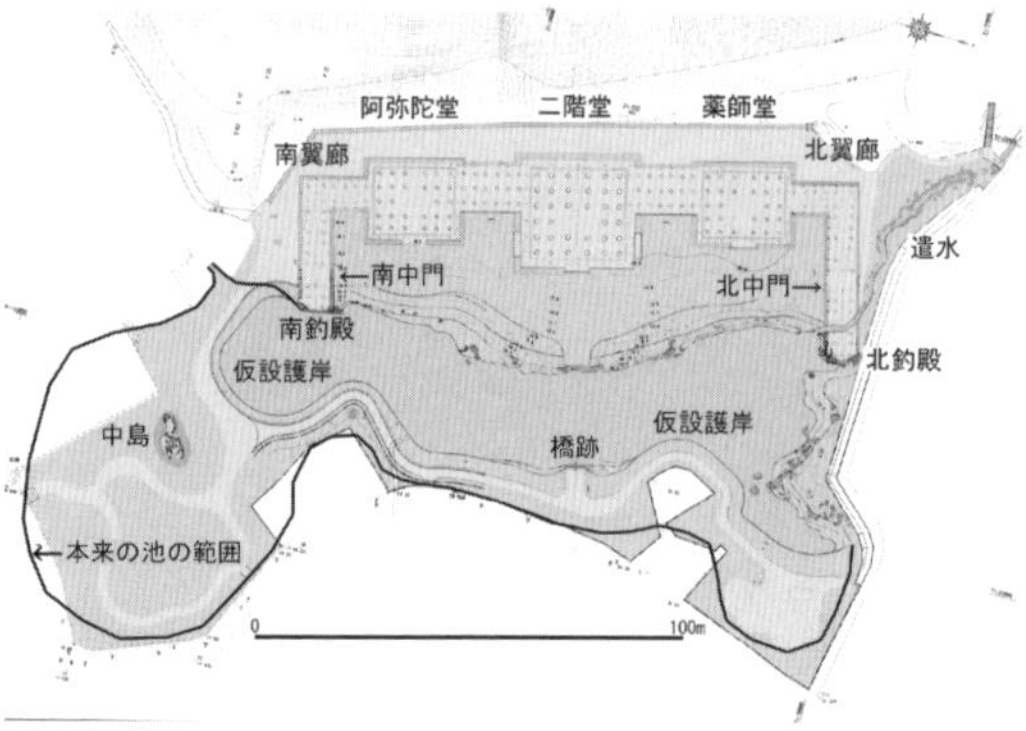

永福時の整備図

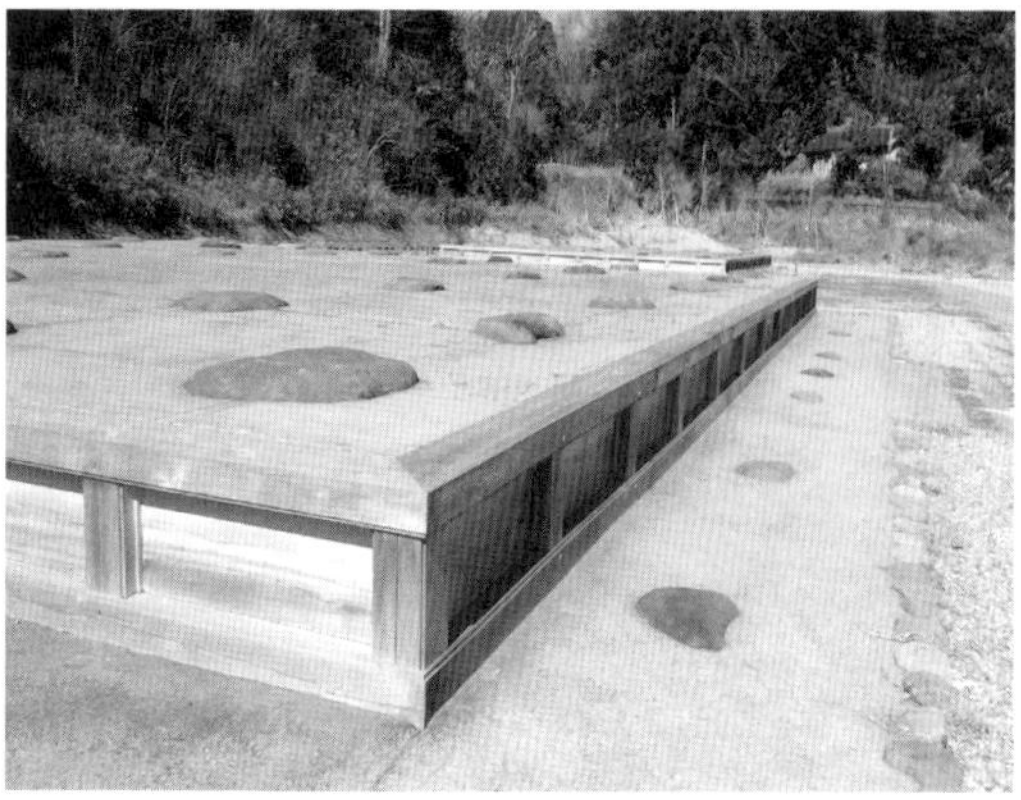
復原された二階堂の木製基壇

復原・公開された庭園

廊・中門・釣殿・庭園が造られ、平泉の堂舎や庭園を彷彿とさせる華やかな要素が組み入れられていた。

境内の西側中央に二階堂を据え、北側に薬師堂、南側に阿弥陀堂が東面して配された。各堂は複廊で結ばれ、薬師堂と阿弥陀堂から池に向かい翼廊が延び、先端には釣殿《つりどの》が附く。

大きな特徴である三堂の木製基壇は、毛越寺講堂基壇外装や金堂円隆寺《こんどうえんりゅうじ》廊下基壇外装、南大門基壇外装に類例が見られる。

堂前池は南北に長く、二階堂正面に長橋が架けられていた。池中の出土品には螺鈿《らでん》宝相華《ほうそうげ》文燈台《もんとうだい》残欠など黒漆に螺《ら》鈿《でん》を用いた堂内具が見られ、技法から中尊寺堂内具の平塵《へいじん》螺鈿製品の影響が見られる。

浜砂利を用いた洲浜に海浜の岩を配した景石、谷奥の水流を引き込んだ遣水《やりみず》が釣殿脇から池に注ぎ込む有り様は、『作庭記』の手法に倣い、近在の風景を写し取り自然と一体化させた毛越寺庭園を彷彿とさせるものである。

『吾妻鏡』にその姿形は中尊寺大長寿院二階大堂を模したと記されるが、発掘調査の結果、庭園を含む全体形の意匠は毛越寺の影響が大きい。

頼朝が怨霊鎮護を目的に地上に造った極楽世界が、頼家・実朝を初めとする歴代将軍の花見・蹴鞠《けまり》・和歌など華やかな行事が行われる要因になり、結果的に寺院と将軍家の迎賓館《げいひんかん》という二面性を持った京都や平泉とも異なる鎌倉の独自性が開花することになる。

史跡の公開

現在、史跡永福寺跡の保存・活用を目指して環境整備事業が進められている。発掘調査が昭和五十六年から継続的に行われ、平成十九年度までに約一五八〇〇平方メートルの調査を終えている。

二階堂、阿弥陀堂、薬師堂の木製基壇と複廊、翼廊、釣殿の礎石と雨落ち溝の復原。遣水と池の庭園整備を行い、平成二十九年に史跡公園としてオープンした。現在復原した池には水が張られ、頼朝や政子が踏みしめた当時の姿を水面に映し出している。

第七章　第二の平泉「比爪」

羽柴直人

はじめに

　奥州藤原氏は、平安時代末期（一二世紀）に東北地方の大半の地域に勢力を有していた在地権力である。奥州藤原氏の権力拠点はいうまでもなく「平泉」であるが、第二の拠点「比爪《ひづめ》」が存在する。比爪の地は、岩手県紫波《しわ》郡紫波町南日詰付近に相当する。平泉からはおよそ六〇キロ北方、北上川西岸の国道四号沿いの平坦地である。比爪の最後の当主「藤原俊衡《としひら》」は平泉の藤原秀衡の従兄弟であり、平泉初代藤原清衡の直系の孫ということになる。また、比爪館およびその周辺遺跡の考古学的調査からも、比爪の規模は居館と都市域から構成される大規模なもので、出土遺物も質的に平泉と何ら遜色のないことが明らかになっている。血統的にも、遺跡・遺物からも比爪は「第二の平泉」と称することが相応しい格式と内容を有することがすでに証明されている。

　比爪初代の「藤原清綱《きよつな》」は「藤原経清《つねきよ》」「藤原清衡」の直系であり、比爪系統も「奥州藤原氏」と位置付けることに問題はない。比爪の「清綱」「俊衡」らの系譜を「平泉」と区別するために「比爪氏」と称することがあるが、「名字」の成立年代からするとこれはそぐわない。平泉の奥州藤原氏と区別する場合、「比爪系奥州藤原氏」とするのが妥当である。これは単なる呼称の問題ではなく、「比爪」の位置付けにとして重要なポイントである。

図7—1　比爪全景（紫波町教育委員会提供）

　そもそも、考古学の成果を待たずとも、『吾妻鏡』の記事だけで、「比爪」が奥州藤原氏の重要な拠点であることは自明である。文治五年（一一八九）九月四日条に「比爪館」が登場する。この時代、「館」の意味は非常に限定された用例であり、国司に匹敵する有力者の拠点施設を指す語である。『吾妻鏡』

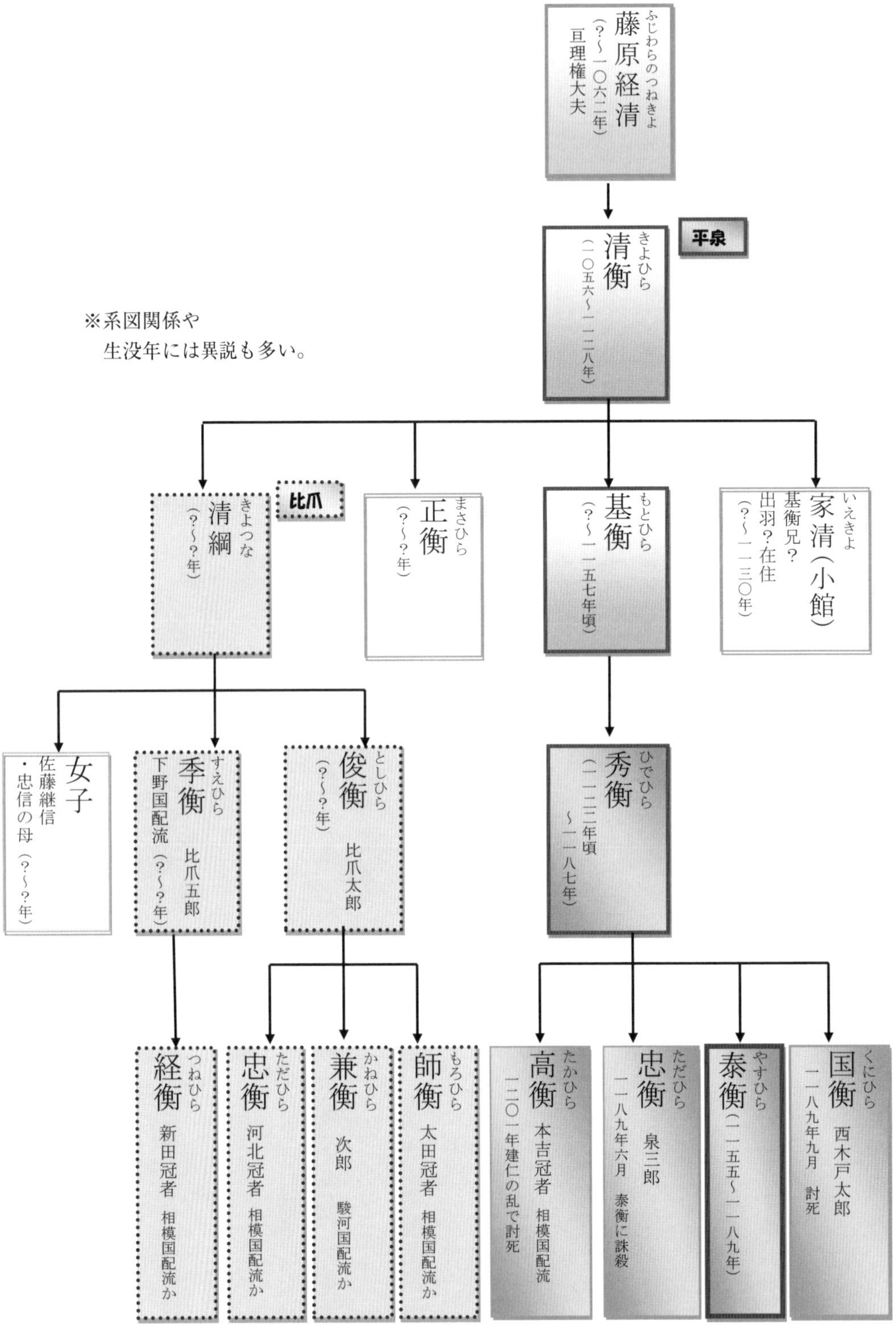

図7—2　奥州藤原氏は秀郷流藤原氏《ひでさとりゅうふじわらし》
経清《つねきよ》は藤原秀郷《ふじわらのひでさと》（10世紀前～中頃活躍）から６代目とされる。

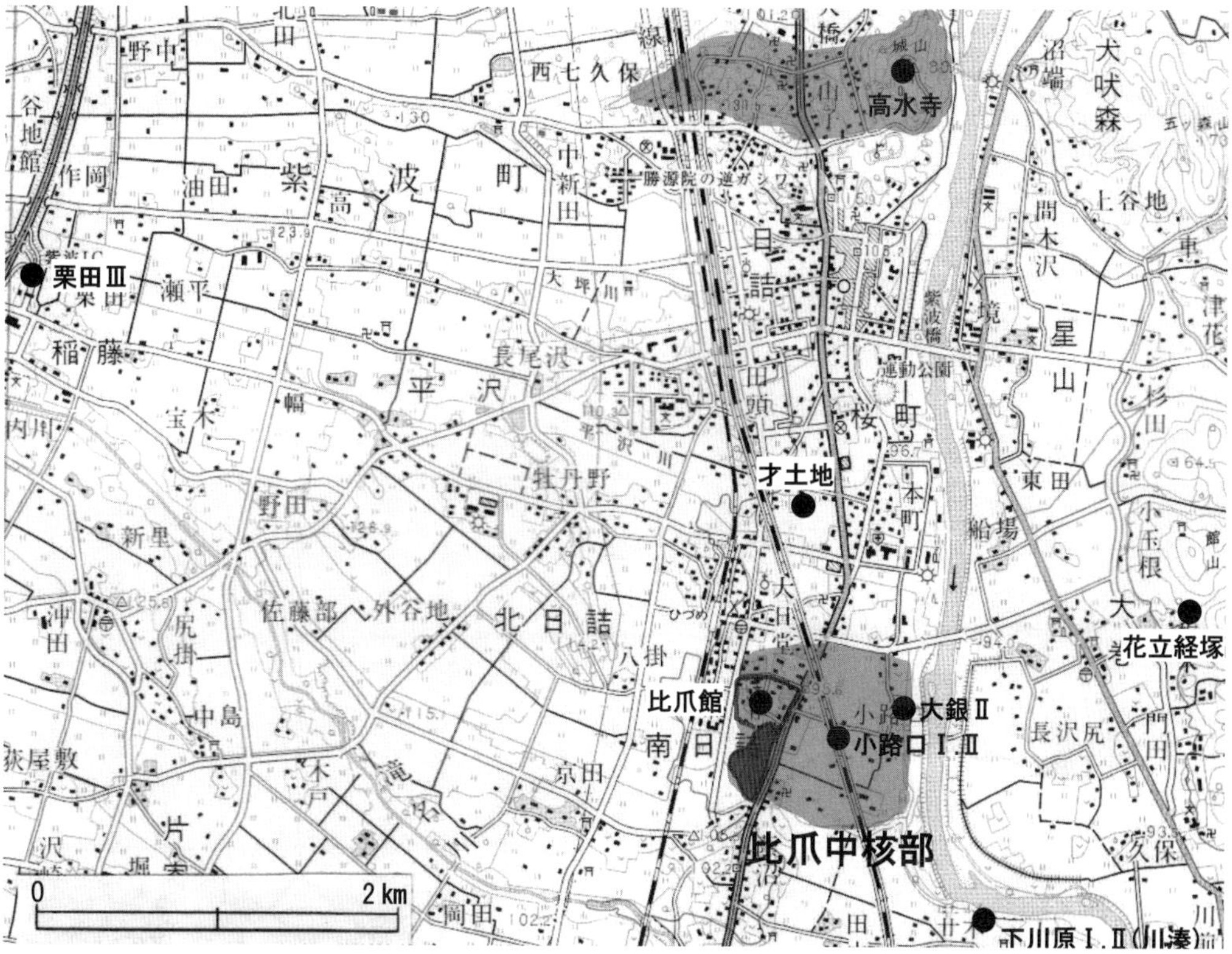

図7—3　比爪周辺図　国土地理院1：50,000地形図 日詰

の奥州藤原氏に関する「館」は、「平泉館」「衣河館」「比爪館」の三ヵ所のみである。平泉館は平泉当主藤原泰衡の拠点施設、衣河館は、秀衡の岳父で元陸奥国司の藤原基成の拠点施設である。これに並ぶ権威を「比爪館」の藤原俊衡は有していたのである。また、論を進める前提として、「比爪」の表記についてふれる。現在「ひづめ」の表記は「比爪」「樋爪」が混用されている。これは基本文献史料である『吾妻鏡』に両表記があることに起因する。近代以前の文書類では、固有名詞に異なった表記があてられるのは珍しくない。とりあえず本章では、行政上の遺跡登録名「比爪館」にならい、「比爪」の表記を用いる。現行の地名「日詰」の表記は、近世の「南日詰村」「北日詰村」に由来しているようである。

1　比爪を構成する遺跡

「比爪」は、比爪系奥州藤原氏の権力拠点の居館「比爪館」と、その周囲の都市域からなる「中核遺跡」、その周囲に配される「周縁遺跡」、さらにその外周の山地に立地する「外縁遺跡」で構成される。この同心円状の配置は平泉にもみられる構造である。

中核遺跡①比爪館と都市比爪

比爪館・御所、政庁、寺院からなる拠点施設　比爪の中心施設「比爪館」は、紫波町南日詰字箱清水の「比爪館跡」に擬定されている。現国道四号に接する西側に位置し、その規模は東西幅約三〇〇メートル、南

図7—4　比爪館30次調査の池岸（SX016）
（紫波町教育委員会提供）

北幅約二〇〇メートルで、南面は「五郎沼」に面し、北・東・西辺は大溝で区画されている。大溝は幅約二五メートルと推測され、深さは一〜二メートルの規模であり、幅に比較して浅い。これまで、主に紫波町教育委員会が主体となり三二次にわたる発掘調査が行われ、当該期の遺構、遺物が検出されている。

しかしながら、これまでの発掘調査は、現赤石《あかいし》小学校敷地である区画内部の北西部に偏って集中しており、全体の様相は不明な点が多い。これを打開するため、近年、大溝の区画内部の微細地形測量が実施された（岩手県立博物館、二〇一六）。その結果、大溝区画内部の南西部に約一〇〇メートル四方の広がりを持つ池に相当する形状と、その西端に楕円形の島状の地形の高まりが浮かびあがった。この規模と形状は、平泉の無量光院《むりようこういん》と同規模の阿弥陀堂浄土庭園が想定できる地形である。またこれとは別に、北東部には、径約一二メートルの中島を有する四〇メートル×三〇メートル程の規模の池と想定される地形が存在する。一二世紀に遡る地割、地形の現在までの残存は平泉においても認められることであり、比爪館内における残存地形が一二世紀に遡るものであることは驚くに足らない。

これらの微細地形測量による残存地形の検出と、発掘調査の成果を合わせると比爪館の大溝内部の構造は「政庁」、「御所」、「寺院」からなる複合施設と想定される。「政庁」は政務や公的儀礼を行う公式な場所、「御所」は当主の日常生活が営まれる私的な場所、「寺院」は当主の持仏《じぶつ》堂とすることができる。この複合施設の組み合わせの構造は平泉においても見いだされ、秀衡時代の後半においては政庁＝平泉館（柳之御所遺跡）、御所＝加羅《から》御所、寺院＝無量光院の組み合わせが秀衡の拠点施設となる。この三施設の組み合わせが「比爪館」にも当てはまると考えられるのである。

比爪館の「政庁」は、大溝区画内部の北東部と推測する。この地点で見出される池の規模は、柳之御所遺跡で検出された池と規模が近似している。このエリアは、現在の国道四号に踏襲される当時の幹線道路「奥大道《おくだいどう》」にも面しており、政庁の立地としては適している。「御所」に相当する地点は、大溝区画内部北西部と推測する。この近辺は、発掘調査が進展している赤石小学校敷地を包括する。発掘調査では、規模の比較的大きい四面庇《しめんびさし》建物、井戸跡等や、かわらけなど豊富な遺物が見つかっており、日常生活が営まれた「御所」に相応しい区域である。「寺院」に相当するのは大溝区画内部の南西部、測量で見出された阿弥陀堂《あみだどう》浄土庭園が想定できる地形の周囲と想定される。近世初頭まで比爪館の地内には「大荘厳寺」という寺院が存在していた。大荘厳寺は近世初頭に城下建設にともない盛岡に移転するが、この南西部の苑池地形こそが大荘厳寺の中心仏堂に相当すると推測される。現在、この苑池と想定される範囲内に、盛岡へ移転した大荘厳寺の知行地を管理する「大荘厳寺肝入」の役を務めていた箱崎《はこざき》家（屋号・後松原家）が所在する。箱崎家に伝わる大荘厳寺から渡された天保二年（一八三一）の「遺證文《いしょうもん》」から、箱崎家の屋敷地が「阿弥陀堂古地面」と称されていたことが読み取れる。また、実際に発掘調査でも平成二十四年度の比爪館三〇次調査で、池の岸と判別できる遺構（SX〇一六）が紫波町教育委員会により検出されている。これによって苑池を有する阿弥陀堂の存在はすでに実証されているとも言える。このように、大溝で囲まれた区画内は、「御所」「政庁」「寺院」の施設が所在し、これらの複合施設が広義の比爪館ということになる。

五郎沼・比爪館に付随する人造の池　比爪館南側に接する「五郎《ごろう》沼《ぬま》」は、南東側に堤を築いて人為的に造成された沼（池）である。現況の平面形は明治以降の干拓によるもので、旧状は現在よりもおよそ二倍西側に広がった、中島を有する南北四五〇《メートル》、東西二五〇《メートル》の広大なものであった。この形状は明治前半期の地籍図から読み取れる。大正十四年の冬に浚渫《しゅんせつ》が行われた際に、完形に近いかわらけが大量に沼底から出土したことなどから、造成年代は一二世紀であり、比爪館の造営にともない莫大な工事量を投入して造成された「池」と位置付けられる。現況では明らかではないが、

図7—5　比爪館と五郎沼（紫波町教育委員会提供）

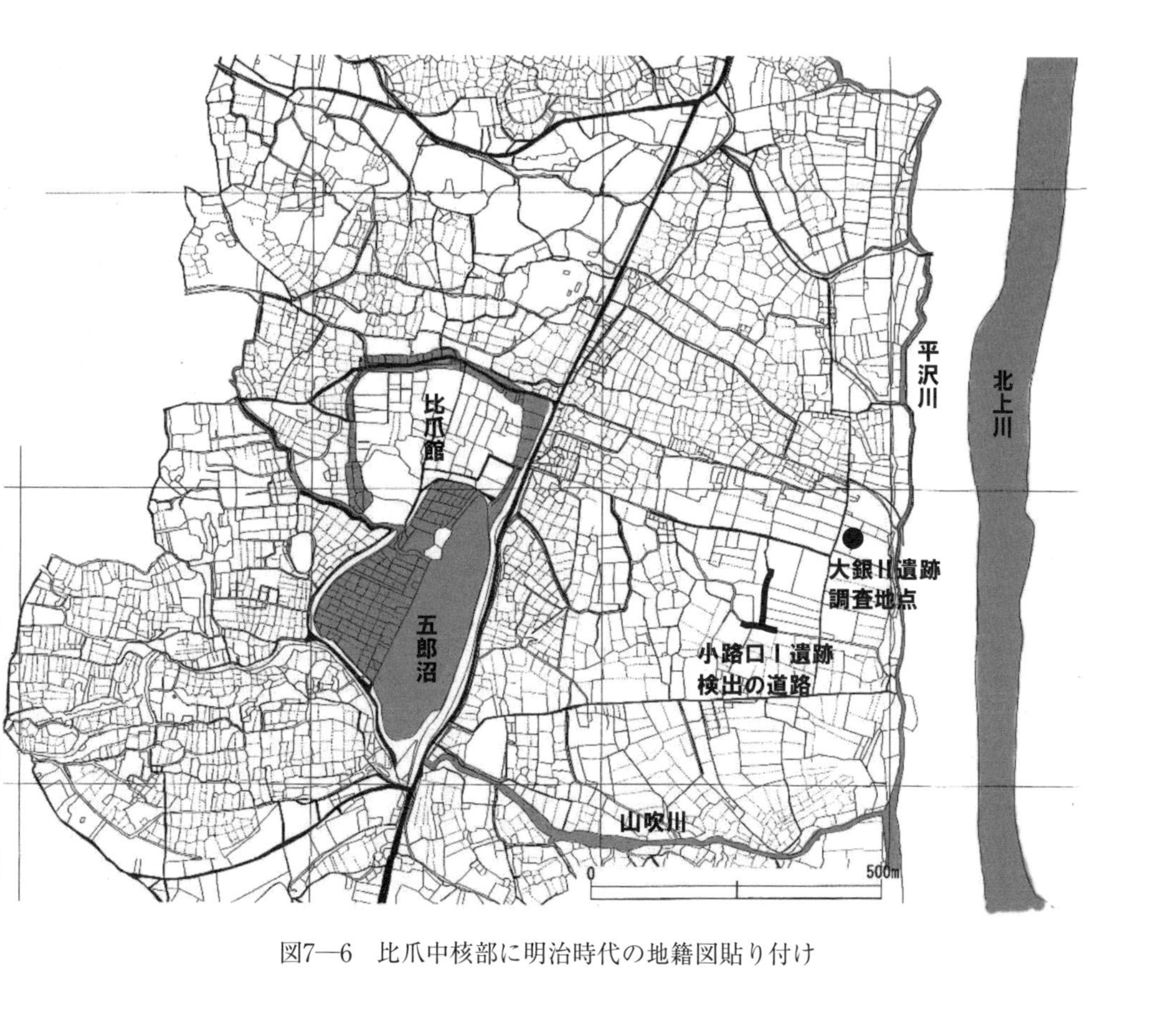

図7—6　比爪中核部に明治時代の地籍図貼り付け

図7—7　小路口Ⅰ遺跡の道路遺構（岩手県文化振興事業団埋蔵文化財センター提供）

図7—8　大銀Ⅱ遺跡の棟門跡（紫波町教育委員会提供）

中島にも何らかの施設が設置されていたと推測される。また堤の南端部に接続する自然地形の小丘陵には、五郎沼経塚が築かれている。

中核遺跡②都市を構成する遺跡群

小路口Ⅰ・Ⅱ遺跡・確認された都市域　比爪館は単独で所在していたのではなく、その周囲に連続して「都市」が広がることが確認されている。

小路口《しょうじぐち》Ⅰ・Ⅱ遺跡の発掘調査（岩手文振、二〇一二）によって、比爪館の東側に一二世紀の遺跡が面的に広がることが明らかになったのである。この調査範囲の北東部分で、幅約八㍍、深さ一㍍の大溝が一〇〇㍍以上にわたって検出され、大溝で区画される方形区画の存在が見いだせ、またその大溝に平行して道路跡も検出されている。このように「比爪館」の外部にも直線的な道路や大溝で区画される都市的な場の存在を明らかにできた。遺構、遺物の分布状況から推測すると、この都市的な場の範囲は、比爪館の西辺から北上川の間、およそ東西一㌔幅に広がり、平泉と同程度の面積の都市域の想定が可能である。出土遺物はかわらけ、陶磁器、木製品など豊富で、質的にも比爪館跡、平泉とも遜色の無い内容である。

大銀Ⅱ遺跡・比爪の柳之御所？　大銀《だいぎん》Ⅱ遺跡は、平成二十七年度から発掘調査が紫波町教育委員会によって継続しておこなわれた（紫波町教委、二〇一九）。調査地点は上記の小路口Ⅰ・Ⅱ遺跡の調査区よりも北東側であり、さらに北上川縁まで都市比爪が広がることが確認された。この大銀Ⅱ遺跡では注目すべき遺構が検出されている。上幅六〇㌢で側面がほぼ垂直に立ち上がる溝状の掘方で、底面に径一五㌢程の材を連続して隙間なく並べた痕跡を有する「塀跡」である。材は、やや丸みを帯びた角材のようである。このタイプの塀跡は柳之御所遺跡堀内部地区でみられた遺構であり、筆者の知る限りでは柳之御所遺跡以外の、平泉の遺跡ではその類例はない。つまり、平泉の中でも奥州藤原氏当主の施設にのみ存在する格式の高い造作の塀ということになる。さらにこの塀跡は途中でいったん途切れ、ふたたび同じライン上で続くが、塀の端部にそれぞれ柱穴が取りついている。柱穴の規模は二つとも掘方の径約一二〇㌢、柱痕の径約四〇㌢のしっかりしたものである。柱穴と柱穴の間は約二九〇㌢の間隔となる。これは「棟門」の遺構と判断される。棟門は二本の柱で梁行《はりゆき》、切妻《きりづま》屋根を支える構造で、塀にともなう控え柱を設けず塀に支えられて立つ場合が多いという。

そして、この大銀Ⅱ遺跡の棟門遺構も、柳之御所遺跡との類似を指摘できるのである。柳之御所遺跡堀内部地区の井戸状遺構三一SE二から建築部材がまとまって出土している。この部材について冨島義幸が建築史的視点から検討を行い、部材は「板葺棟門《いたぶきむねもん》」の板葺屋根材であることを明らかにした（冨島、二〇〇四）。柳之御所遺跡の発掘調査では棟門の地下遺構は検出されていないが、実際の部材の出土から柳之御所遺跡には棟門を有する施設が存在したことは確実であろう。

そして、この柳之御所遺跡と同様の棟門の遺構が、大銀Ⅱ遺跡で検出されたことは驚かざるを得ない。繰り返しになるが、柳之御所遺跡は平泉の中でももっとも高位の奥州藤原氏当主の施設である。柳之御所遺跡に存在したものと同様の棟門が存在するということは、大銀Ⅱ遺跡にも柳之御所遺跡と同等の施設の存在を示唆するのである。また、大銀Ⅱ遺跡の調査では、面積単位のかわらけの出土量も非常に多いと感じられ、平泉でも出土の稀な中国産陶器「黄釉《おうゆう》（鉄絵）盤」も出土しており、出土遺物からも、場の格式の高さが感じられる。また、大銀Ⅱ遺跡は北上川縁に面した立地であり、この点も柳之御所遺跡との類似を連想させる。このような大銀Ⅱ遺跡の状況から、比爪館跡にも匹敵する拠点施設が、比爪にもう一つ存在する可能性が出てきたのである。大銀Ⅱ遺跡が俊衡以外の一族（例えば五郎季衡）の居館である可能性もあり、また、『吾妻鏡』に登場する「比爪館」の所在地の再検討すら必要かもしれない。

図7—9　柳之御所遺跡出土部材に基づく棟門模型（冨島義幸氏製作、岩手県教育委員会蔵）

才土地遺跡・北に広がる都市比爪　比爪館の北に隣接する東ノ坊Ⅰ・Ⅲ遺跡でも一二世紀の井戸跡、かわらけ等がみつかっており、都市比爪が北側にも広がることを示唆している。しかし実際に北側のどこまで広がるかは確認されていない。才土地《さいどち》遺跡（紫波町教委、二〇一〇）は、比爪館から北方約一キロ（桜町字才土地）に位置する。発掘調査で南北に平行に走る二条の溝が検出され、幅約四・五メートルの道路跡と解釈される。西側の側溝から、一二世紀前半代に属する白磁四耳壺片が出土しており、道路は一二世紀代に機能していたと位置付けられる。才土地遺跡の西側約三〇〇メートルには、近世の奥州街道を踏襲した旧国道四号が南北に走っており、一二世紀の奥大道も概ね重なると推測される。才土地遺跡の道路幅約四・五メートルは、奥大道の幅としては小さく、奥大道に平行した小路と考えられる。幹線道路に平行に走る小路の存在は、才土地遺跡近辺が、奥州藤原氏の時代に、直線的な道路で区画された都市域であり、比爪館北側の一キロまでにも広がる可能性を示している。

図7―10　高水寺城跡（紫波町教育委員会提供）

周縁遺跡—都市を囲む諸施設

比爪中核部（比爪館と都市比爪）と連続せず、やや離れた地点にも関連遺跡が所在する。これらの遺跡も、中核部と密接な関係と機能を有する比爪の構成要素と位置付けられる。

下川原Ⅰ・Ⅱ遺跡・都市比爪の川湊　比爪館から約二キロ南東方向の北上川縁（字下川原）に位置し、一二世紀の遺構、遺物がまとまった量みつかっている（岩手文振、二〇一一）。遺跡は、北上川流路の屈曲部と平沢川との合流部に位置する。このような立地は川湊に適した地形で、比爪の物流を担う川湊の遺跡と想定される。平沢川は、比爪中核部の小路口Ⅰ・Ⅱ遺跡の東辺を北上川と平行して流れ、さらに比爪館の南の五郎沼から流れ出る山吹川と合流し、下川原Ⅰ・Ⅱ遺跡付近で北上川に注いでおり、比爪中核部と下川原Ⅰ・Ⅱ遺跡は水路で連結されているのである。また、火葬施設と推測される遺構や、かわらけ焼成遺構なども検出されている。

栗田Ⅲ遺跡・比爪西部の衛星居館　比爪館から西へ直線で約五キロ離れた上平沢字東馬場に所在する。調査（岩手県教委、一九八二）ではかわらけ、常滑《とこなめ》産、須恵器《すえき》系陶器の他、出土遺跡が限定される水沼産陶器壺も出土し、掘立柱建物の存在から居館遺跡と推測される。かわらけを使用し、出土が稀な水沼産陶器を所持している栗田Ⅲ遺跡は、比爪西部を掌握する重要度の高い比爪の衛星的な居館と想定される。

高水寺・比爪の「関山」　『吾妻鏡』文治五年九月九日条には、比爪近隣所在の「高水寺」が登場する。一二世紀の「高水寺」の寺域は、中世斯波氏の居城「高水寺城（通称城山）」と重複すると推測される。「城山」は北上川縁に位置する独立丘陵で、東辺は北上川に向かって直接急斜面が落ちる特徴的な景観を呈する。東西に連なる高水寺の丘陵は、比爪の北面を塞ぐ形となり、比爪を経て北へ縦貫する奥大道もこの丘陵中を通らざるを得ない。

『吾妻鏡』九月十一日条には、頼朝が厨河《くりやがわ》へ向かう途中、高水寺鎮守の「走湯権現《そうとうごんげん》」に立ち寄り、その傍らの清衡が勧請した「大道祖」という小社の鎮座も記す。この記事は、北へ向かう奥大道が高水寺近辺を通っており、さらに「大道祖」という「道」「境」に関する神社の存在を示している。このように高水寺は、「道」と関連の深い寺院と推測される。これは「関所＝衣関の山」に由来するとされる中尊寺の山号「関山《かんざん》」を連想させる。中尊寺の寺域は、都市平泉の北西側の丘陵地形で北へ向かう奥大道が縦貫する。そして、高水寺の寺域は都市比爪の北側の丘陵地形で北へ向かう奥大道が縦貫する。平泉と中尊寺、比爪と高水寺の位置と交通路の関係は非常に類似するといえる。

高水寺城跡第三次発掘調査（未報告資料）では、一二世紀のかわらけ、国産陶器、中国産磁器がまとまった量出土しており、高水寺城域に何らかの奥州藤原氏の時代の施設が存在することは確実である。なお、

図7—11　常滑産三筋壺（右新山経塚、左山屋館経塚。新山神社蔵、岩手県教育委員会蔵）

図7—12　弥勒地経塚

寺院としての「高水寺」は、中世斯波氏時代も存続し（おそらく寺域を高水寺城近隣に移し）、さらに近世の城下建設にともない盛岡へ移転している。そして、盛岡の高水寺は、明治時代初めに廃仏毀釈により廃寺となっている。現在、城山の北西麓の二日町観音堂には、平安時代の十一面観音菩薩像が安置されており、高水寺の名残とされる。

外縁遺跡—比爪を護る西の山、東の山の宗教施設

比爪中核部から視認できる東と西の山列には、比爪を取り囲むような配置で経《きよう》塚《づか》、寺院などの宗教施設が存在する。これら外縁遺跡も比爪の構成要素と位置付けるべきである。

西の山・新山寺と経塚群　「新山《にいやま》」は比爪の西方に位置する標高五五一メートルのなだらかな山体の山である。近世初頭の城下建設にともない、紫波郡から盛岡へ移転した寺院に「**新山寺**」がある。その旧寺域は、新山山中の字和山および松森の標高二五〇メートル付近と推測される。新山の山頂の直下の尾根の端部に鎮座する、新山神社奥宮は神仏分離以前には「新山権現」であり、「新山寺」の鎮守社と位置付けられる。奥宮の境内からは明治時代に一二世紀の銅鏡が発見されており、新山寺の創建が一二世紀にさかのぼる根拠となる。

また昭和三十年頃、奥宮の北西側で、道路工事中に常滑産三筋壺が発見されている（桜井一九九一）。出土状況は不明であるが、口縁部が納経陶器によく見られるパターンで打ち欠かれており、「**新山経塚**」の存在が想定される。比爪館からみた「新山経塚」の方位はおおむね真西であり、真西の方位に対して宗教的な意味付けがなされ、埋経が行われたと推測される。また、「新山」の山中北東部の字弥勒地《みろくじ》には、「**弥勒地経塚**」が所在（岩手県立博物館、二〇一六）する。経塚は石塚であり、石塚どうしが連結しているため基数ははっきりしないが、形状が明瞭で規模が大型の五基と、規模が小型で形状が不明瞭な二基の合計七基と認識されている。塚はいずれも盗掘された痕跡がある。塚の表面から、一二世紀代の常滑《とこなめ》産広口壺片、常滑産三筋壺片が採集された。これら常滑産陶器の年代から、塚は一二世紀代に造営された経塚と推測できる。弥勒地経塚は比爪館から見ると、真西からやや北寄りの方位（W—19°—N）に位置し、比爪館からも遠望できる。七基の経塚数は比爪地域では最大数で、比爪において重要な宗教的施設であ

図7—13　萩薄双鳥鏡（柳田館跡出土、岩手県教育委員会蔵）

ったことを物語る。

また新山の南西麓片寄字中平には、中世城館「**柳田館**」（岩手県教委、一九八〇）が所在する。発掘調査で一二世紀第２四半期頃の銅鏡も出土している。銅鏡は二羽の鳥と秋草の萩《はぎ》、薄《すすき》が表現される「萩薄双鳥鏡」である。この鏡が中世城館に存在した来歴は不明であるが、一二世紀の寺院・経塚に由来する可能性は極めて高い。また、新山の北に東根山（標高九二八メートル）が並ぶ。その中腹、標高五一〇メートル付近（上松本字内方）に「**一の平積石塚群**」が所在する。登山道のルート上に「一の平」と呼ばれる平場があり、その周囲に八基の積石塚《つみいしづか》が分布する。積石塚の径は三メートル程、高さは六〇センチ程で塚の配列には規則性が読みとれない。また塚の内部構造や構築年代は明らかになってはいないが、比爪館から見ると、積石塚群はＷ—30°—Ｎの方位であり、比館からの夏至の日没方位とほぼ一致する。比爪館からみた夏至の日没方位に宗教的な意味付けがなされた可能性を指摘できる。

東の山・赤沢廃寺と経塚　現在、紫波町遠山の正音寺に安置されている平安時代後半の毘沙門天《びしゃもんてん》立像と五大明王《ごだいみょうおう》（不動明王を欠く）は、元来、赤沢地区の寺院の安置仏と伝えられる。赤沢地区は、比爪館の

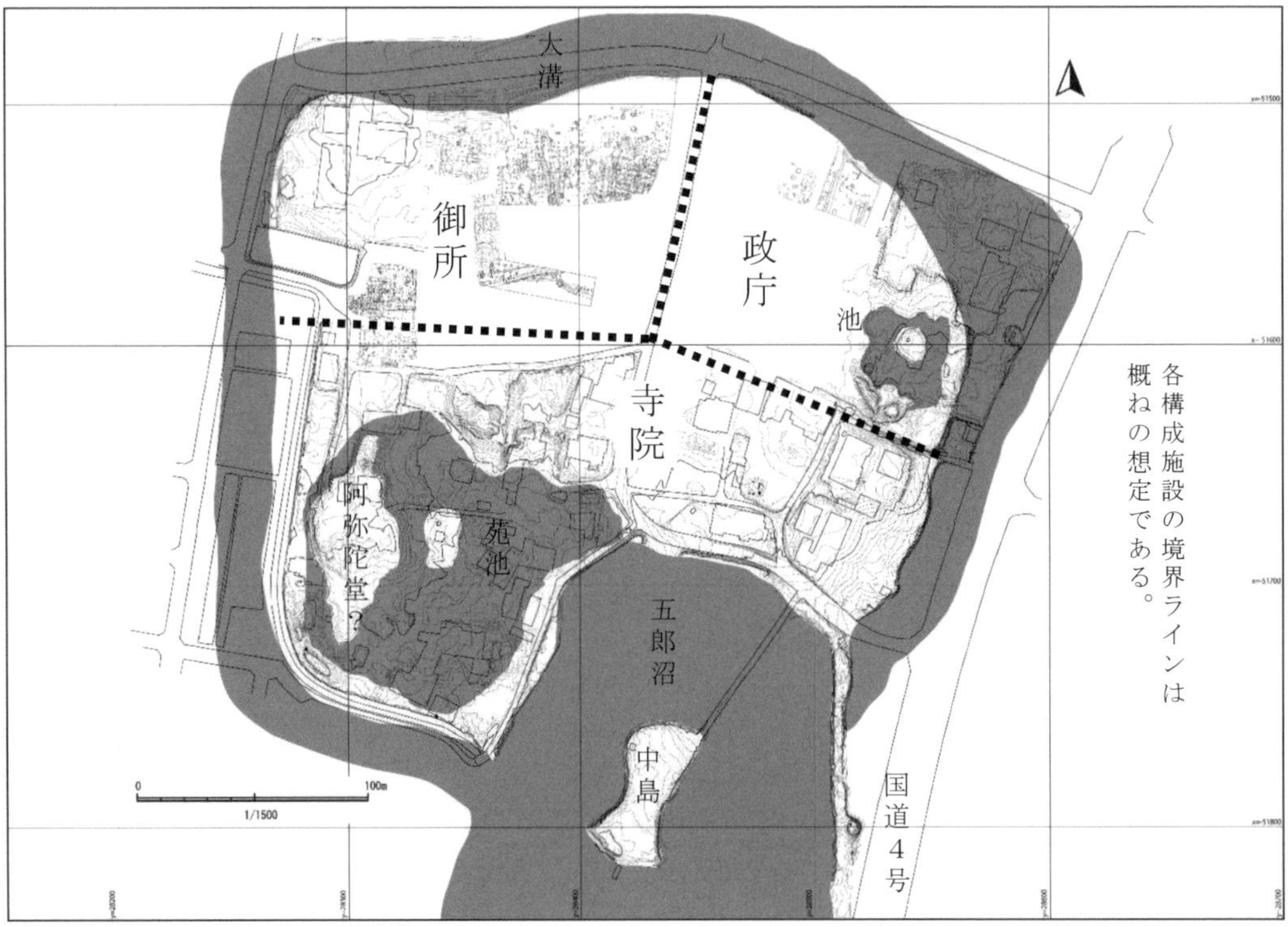

図7—14　比爪館の内部構造

東方に位置し、西の新山寺に対する、東の寺院が所在したと想定される。赤沢地区には赤沢川を挟んだ三〇〇《メートル》程の範囲に「蓮華廃寺跡」「赤沢廃寺跡」の登録遺跡があるが、これらを総称して「**赤沢廃寺**」とするのが便宜的である。この範囲内にある薬師堂には、一二世紀代の制作とされる「七仏薬師如来立像」が現在でも安置される。比爪の東に、位置する赤沢廃寺に東方浄瑠璃世界の教主とされる薬師如来がまつられるのは偶然とは思えない。

また、大巻字花立地区内から大正時代に出土したとされる、一二世紀代の常滑三筋壺がある（桜井、一九九一）。ほぼ完形品であり、経容器と推測され、登録遺跡となっていないが仮称「**花立経塚**」の存在が想定される。出土地点は大巻館の南側の丘陵端部と推定され、比爪館から見るとE—10°—Nの方位で真東の方位にも近い。また、「**山屋館経塚**」（岩手文振一九九七）が山屋字山口に所在する。経塚は、東から西に伸びる尾根状に張り出す丘陵の端部（標高約四三〇《メートル》）に四基が東西に連なって連結している。埋納された陶器は一二世紀前半～後半のもので、四基の経塚は時期差を持って一連の施主による納経と推測される。その施主にもっとも相応しいのは比爪系奥州藤原氏と考えられる。比爪館からみた山屋館経塚の方位は、E—30°—Nで、夏至の頃の日出方位である。

図7—15　七仏薬師如来立像（赤沢薬師堂、正音寺所蔵）

2　比爪とは何か

出土遺物

平泉で出土する主要な遺物は、いずれも比爪で出土している。平泉で多量に出土するかわらけは、比爪でも多量に出土する遺物である。かわらけは、胎土《たいど》等の違いと、下川原Ⅰ・Ⅱ遺跡で焼成遺構が発見されていることから、比爪で独自にかわらけ生産があったことを示す。かわらけは格式の高い儀式や、身分秩序確認の宴会儀礼で用いられる儀器であり、自らのかわらけの生産体制を有することは、比爪が主催する儀式、儀礼が盛んに行われていたことを証明している。比爪のかわらけは、平泉のかわらけと比較すると胎土が赤っぽく、厚手で口径が小さいものが多い。また平泉には存在しないタイプの口縁部三段ナデの手づくねかわらけが一定量みられる。もちろん比爪のかわらけ自身も種々の形態があり、独自の形式変遷があ

図7—16　比爪館跡出土遺物（紫波町教育委員会蔵）

ると判断される。

　陶磁器も、比爪では主要な遺物である。国産陶器、中国産陶磁器があるが、それぞれの窯、器種は、平泉で確認されているもののほぼすべてが出土している。比爪で確認されていないのは、平泉でも一個体程度の出土しかない高麗青磁瓶、吉州窯鉄絵瓶程度であろうか。これらを除けば、国産陶器では常滑《とこなめ》産、渥美《あつみ》産陶器を主体に、須恵器系陶器（珠洲《すず》産）が一定量あり、少量の水沼産陶器があるという組成、また中国産陶磁器では、白磁、青磁を主体に青白磁、中国産陶器が一定量あるという組成は平泉とまったく共通するものである。そして、平泉でも出土が稀な水沼産陶器袈裟襷《けさだすき》文四耳壺《しじこ》、中国産白磁大型四耳壺、中国産陶器黄釉褐彩四耳壺、中国産陶器黄釉（褐彩）盤も出土しており、質的にも遜色ない陶磁器を有している。

　その他、木製品や金属製品も比爪では一般的に出土する。これらは多種の器種があり、平泉出土の器種すべてと照合は困難であるが、下駄、曲物《まげもの》、折敷《おしき》や、刀子《とうす》、轡《くつわ》、銅鏡など主要なものは確実に比爪にもある。なお、現時点で平泉に有って比爪に無いものは瓦、石造物の平泉型宝塔が思い当たる程度である。比爪の物質文化は、平泉とほとんど差はないとしても差し支えない。

定義付け

　比爪のさまざまな様相を呈示したが、拠点施設、都市の構造、周縁遺跡、外縁遺跡の配置、そして出土遺物に見る物質文化など、考古学的調査で明らかになった事例を積み重ねた結果、比爪は平泉とほとんど遜色ない諸要素を有することを示すことができた。つまり、比爪は平泉と比較しても同等の格式、求心力を有する拠点と評価すべきである。

　一二世紀当時、長子相続は確立しておらず、本家、分家といった概念も近世以降のような強い束縛はなく、器量や実力のある者が、主導権を持ち勢力を伸張していく時代である。平泉と比爪の関係は主従の関係ではなく、比爪も独自の基盤を有する自立性の高い地域権力と評価するのが妥当である。しかし、これは比爪と平泉の対立関係を示すものではない。両者の協力、協調関係があったからこそ、広大な勢力範囲を約百年近くの間、統治することができたと評価すべきである。

　平泉は奥州藤原氏の元来の根拠地奥六郡よりも南端の外側に位置し、その志向は、陸奥国府、出羽国府を有する勢力圏南部、さらには京都方面へ向いていたと考えられる。その一方で比爪は、奥六郡の北半部に位置し、その志向は奥六郡北半部から、さらに糠部、外ヶ浜などの北方に向いていたと捉えるべきである。奥州藤原氏勢力範囲の北部の実権を有していたのが比爪系奥州藤原氏と位置付けたい。

おわりに

　現在、比爪の評価、認知度が平泉に比べて著しく低いのは事実である。この要因として第一に挙げられるのは、考古学研究の進展が平泉に比較すると格段に遅れていることである。遺物の量や、遺跡の規模が小さいように受け取られているのは、物理的な発掘調査面積の差に過ぎないと考える。そして、さらにもう一つ、現在の比爪に対する評価が低い決定的な要因を指摘したい。それは比爪の文化、記憶を継承する寺院が失われてしまったことである。

　ほとんどの遺跡が土中に埋もれてしまっても、平泉において奥州藤原氏の文化、記憶を現在まで継承できたのは、「中尊寺」「毛越寺」の存続によるものである。この両寺院が核になり、器物、芸能、信仰、そして記憶が地域に根付いて継承されていたのである。一方、比爪に目を転じると、その核となるべき「高水寺」、「大荘厳寺」、「新山寺」が近世に城下建設にともない盛岡に移され、それらが明治初頭に「廃仏毀釈」により廃寺となっている。これによって、「比爪」の継承、記憶が断絶してしまったのである。念のために記すが、南部氏の寺院城下移転を難じているのではなく、「廃仏毀釈」による廃寺を嘆ずるのである。

　平泉にも匹敵する比爪の内容を限られた紙面で記すのは無理があった。本章が概略的な比爪の紹介に留まったことをお詫びしたい。いずれにせよ奥州藤原氏の本質を明らかにするには第二の平泉「比爪」の研究が不可欠であることを強調したい。

　また、本稿脱稿（平成二十九年）後、北上川築堤関係事業により、大銀Ⅱ遺跡、その北に連なる城内Ⅰ遺跡、北条館跡の発掘調査が大規模におこなわれている。報告書は未刊行であるが、本稿で指摘した大銀Ⅱ遺跡付近の居館に関する新たな知見が得られ、その実在は確実なものとなっている。そして、城内Ⅰ遺跡、北条館跡でも十二世紀の遺構・遺物が多数検出され、「比爪」の範囲が北上川縁辺部でも北に広がることが明らかになっている。これらの発掘調査により、比爪の考古学的研究は新たな段階を迎えつつある。

〔参考文献〕

岩手県教育委員会　一九八二『東北縦貫自動車道関係埋蔵文化財報告書Ⅹ Ⅳ』第六九集

岩手県立博物館　二〇一六『前平泉文化関連遺跡調査報告書』

岩手県教育委員会　一九八〇『東北縦貫自動車道関係埋蔵文化財報告書Ⅳ』柳田館遺跡　第53集

岩手県文化振興事業団　二〇一一『南日詰小路口Ⅰ・Ⅱ遺跡発掘調査報告書』第五八四集

岩手県文化振興事業団　二〇一一『下川原Ⅰ・Ⅱ遺跡発掘調査報告書』第五六四集

岩手見文化振興事業団埋蔵文化財センター　一九九七『山屋館経塚・山屋館跡発掘調査報告書』第二五五集

岩手県立博物館　二〇一四『比爪―もう一つの平泉―』岩手県立博物館テーマ展パンフレット

岩手県立博物館　二〇一六『前平泉文化関連遺跡調査報告書』第三十三冊

貴志正造訳註　一九七六『全譯吾妻鏡』新人物往来社

桜井芳彦　一九九一「紫波町内出土の中世陶器」『岩手考古学』第3号岩手考古学会

紫波町教育委員会　二〇一三『比爪館跡三〇次発掘調査報告書』

紫波町教育委員会　二〇一〇『才土地遺跡発掘調査報告書』

紫波町史編纂委員会　一九七四『紫波町史第一巻』

紫波町教育委員会　二〇一九『南日詰大銀Ⅱ遺跡』

冨島義幸　二〇〇四「柳之御所遺跡出土部材にもとづく板葺屋根の復原考察」『建築史学』第四三号

コラム

三陸海岸における奥州藤原氏時代の遺跡

村田　淳

東北地方北部太平洋側に位置する三陸海岸は、一二世紀当時は奥州藤原氏の勢力圏内であったと考えられている。三陸海岸は、北は青森県八戸市鮫角から岩手県沿岸部をへて南は宮城県石巻市・女川町万石浦まで至る総延長約六〇〇キロの範囲を指し、地形的には岩手県宮古市の宮古湾を境に北部は高位海岸段丘が発達し、南部はリアス式海岸となっている。この地域では、二〇一六年末時点で岩手県一八遺跡、青森県三遺跡、宮城県五遺跡で奥州藤原氏時代の遺構・遺物が報告されている。以下では県別にその内容をみていく。

岩手県の出土遺跡は、地域の主要河川あるいは小河川の流域沿いの低地または丘陵上に立地する。青森県・宮城県に比べて遺跡数が多いのは、沿岸部全域が三陸海岸に含まれることと、三陸沿岸自動車道建設をはじめとした東日本大震災復興関連の調査件数が多いことが大きな要因である。ただし、遺構の検出数が少なく、経塚と推定されるものを除き様相が不明な遺跡がほとんどである。遺構は、二遺跡（川原・払川Ⅰ）で掘立柱《ほったてばしら》建物、その他に竪穴《たてあな》建物（八木沢野来《やぎさわのうらい》）・土坑《どこう》（川原）・井戸（中新山《なかにいやま》）・堀（田鎖車堂前）が各一遺跡で検出されている。遺物は、かわらけが二遺跡、国産陶器が一二遺跡、輸入陶磁器が六遺跡、銭貨含む金属製品が七遺跡、瓦質土器が一遺跡で出土しているが、一種類のみが出土する遺跡が多い。いわゆる「平泉セット」（手づくねかわらけ・白磁《はくじ》四耳壷《しこ》・渥美《あつみ》刻画文壷《こくがもんこ》・常滑三筋文壷《とこなめさんきんもんこ》）は二遺跡（川原・田鎖車堂前）で出土しているが、かわらけの出土量が少なく、平泉中心部と同様の儀礼を行っていたかは不明である。遺物の年代は、かわらけは一二世紀後半、国産陶器は越戸《おっと》内経塚《ないきょうづか》の一二世紀前半の渥美窯産全面施釉壷を除き一二世紀後葉～一三世紀代、輸入陶磁器は一二世紀前半代と一二世紀後半～一三世紀代、銭貨は一一世紀末～一二世紀初頭と一三世紀前葉である。

青森県の出土遺跡は、馬淵川流域の河岸段丘または丘陵端部に立地する。遺構は、大仏遺跡で土坑と柱穴が検出されたのみである。遺物は、一二世紀後半～一三世紀前葉の国産陶器（根城・館平）、一二世紀後半の輸入陶磁器（根城・大仏）、一一世紀末～一二世紀初頭と一三世紀前葉の銭貨（大仏）が出土している。なお、根城跡で出土した常滑窯産広口壷は口縁部が打ち欠かれていることから、城館造成時に破壊された経塚に埋納されていた陶器であった可能性がある。

宮城県の出土遺跡は、山頂部または斜面部に立地する。経塚からの出土が三遺跡と多く、このうち田束山《たつがねさん》経塚では、第五号経塚の石室から和鏡《わきょう》（松喰鶴）を底部にはめ込んだ銅製経筒が出土している。また、不時発見であるが、経容器と考えられる一二世紀後半の常滑窯産三筋文壺も出土している。この他、藤原氏が開窯に関わったとされる水沼窯跡では、一二世紀中葉頃に渥美窯の技術系譜を引く袈《け》裟《さ》襷《だすき》文《もん》壺《こ》を生産していたことが確認されている。

以上が三陸海岸における遺跡の概要である。日本考古学協会が二〇〇一年に実施した集成よりも遺跡数は倍以上になっており、今後は遺跡の分布のみでなく、平泉中心部や一二世紀後半代にも実務的官庁として機能していた多賀城との関係について、遺物の流通経路を含めてさらに検討を加えていく必要がある。

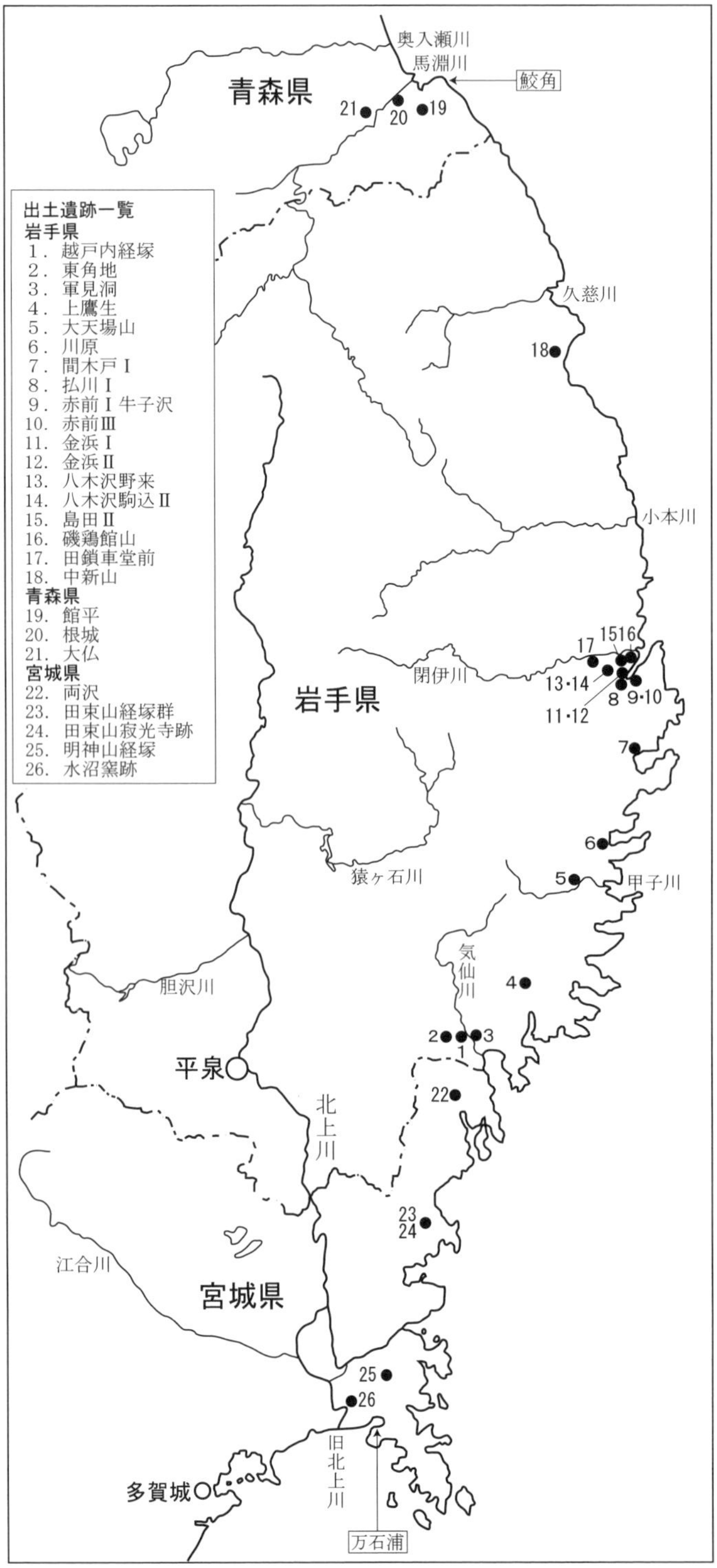

関連遺跡分布図

第八章　先平泉文化の諸寺院

杉本　良

はじめに

中尊寺、毛越寺、無量光院など、京以外では確認できない華やかな寺院群の跡が平泉では確認されている。これらの寺院の成立背景には、ほぼ東北一円を支配下においた奥州藤原氏があることに疑いない。しかし、その文化の先駆けについて考えられたことはほとんどなかった。後三年合戦をへて奥州藤原氏が大きくなり、何も素地がないところに京都から文化を取り入れたと考えることは可能なのであろうか。

奥州藤原氏の系譜が、地元の豪族（安倍氏、清原氏）からきていることを勘案すれば、その文化の源流に在地の影響なかったとは考え難い。ただ平泉以前における北上盆地の文化（仏教）について、文献上においてはほとんど見ることができない。しかしながら近年、先平泉期の仏教遺跡について多くの新知見が得られてきている。ここでは、北上盆地に仏教が入り浸透した九世紀から一〇世紀前半を第一段階、国見山《くにみさん》廃寺《はいじ》の整備と盆地内に大型の仏堂が出現する一〇世紀後半から一一世紀前半を第二段階、国見山廃寺中心仏堂の大規模な整備と巨大な中心仏堂を有する白山廃寺が建立される一一世紀後半を第三段階として、先平泉《プレ》仏教文化について寺院遺跡を中心に考えてみる。

1　先平泉期寺院の概要

第一段階（九世紀〜一〇世紀前半）

この段階は、京政権の出先機関である鎮守府《ちんじゅふ》胆沢《いさわ》城主導の仏教と考えられる。胆沢城は八〇二年に坂上田村麻呂により造営され、後に鎮守府として整備される。発掘調査により、二回の大改修が行われたことも確認されている。また文献においても、胆沢城において、国府多賀城と同様な仏教儀式が行われていたことがわかり、国府規模の国家仏教儀式が胆沢城において行われていたと考えられる（窪田二〇一一）。しかし、現在までの発掘調査では胆沢城において多賀城廃寺のような付属寺院遺構は確認されていない。特に寺院は設けず政庁を含め他の建物において国府と同様な仏教儀式が行われていた可能性もあるが、

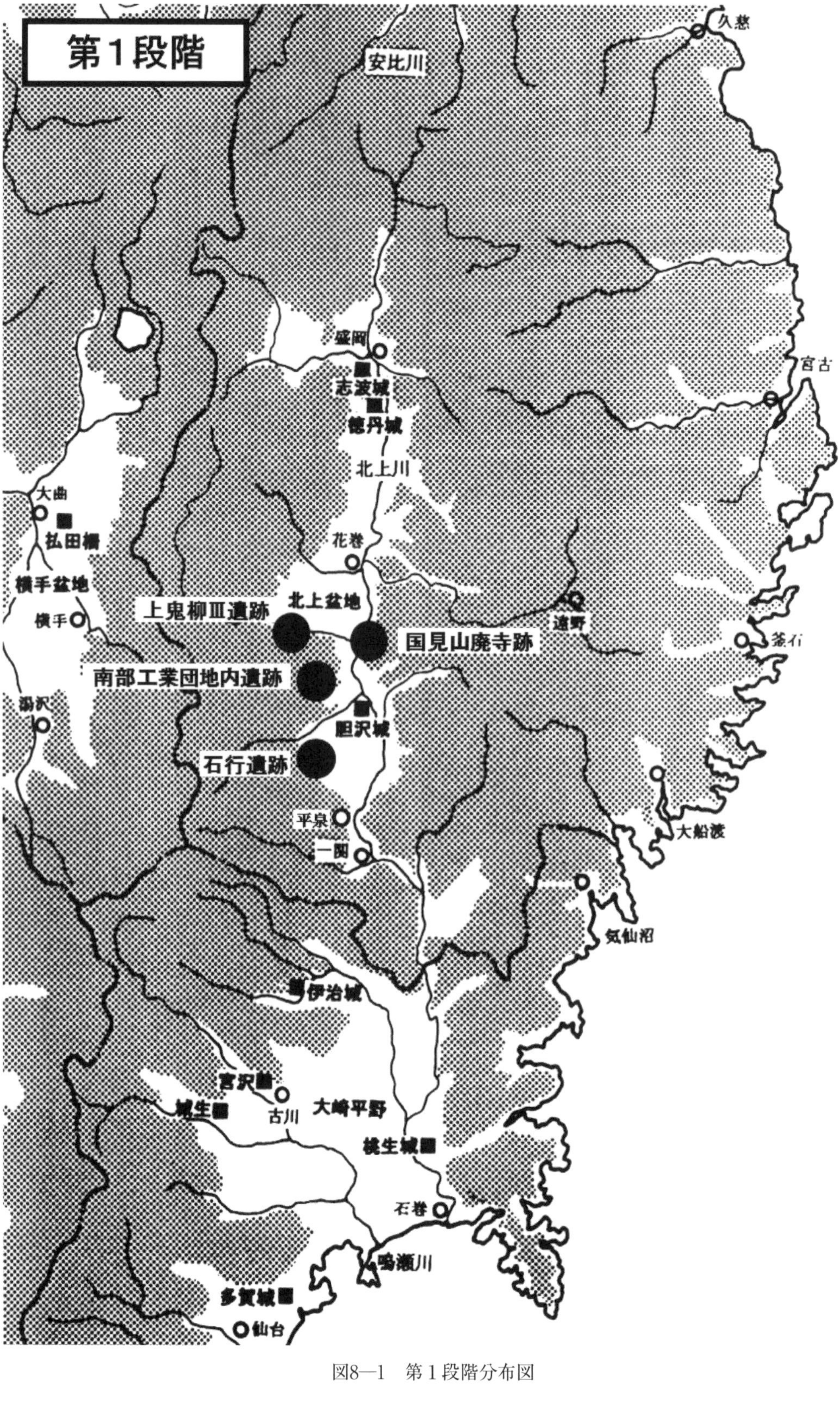

第1段階
安比川
久慈
盛岡
志波城
徳丹城
北上川
宮古
大曲
払田柵
横手盆地
花巻
北上盆地
上鬼柳Ⅲ遺跡
国見山廃寺跡
遠野
横手
釜石
南部工業団地内遺跡
湯沢
胆沢城
石行遺跡
平泉
大船渡
一関
気仙沼
伊治城
宮沢
城生
古川
大崎平野
桃生城
石巻
鳴瀬川
多賀城
仙台

図8—1　第１段階分布図

今後の発掘調査で寺院関連遺構の発見が期待される。また、その他に明らかに寺院（仏堂）跡と考えられる遺構が確認されている遺跡がある。北上市国見山廃寺第一～四期の中心仏堂跡（四期の変遷）、北上市上鬼柳《おにやなぎ》Ⅲ遺跡の仏堂跡（三期の変遷）、北上市南部工業団地内遺跡K地点の仏堂跡、奥州市石行《いしぎょう》遺跡の仏堂跡などである。

○国見山廃寺第一～四期の中心仏堂跡　国見山廃寺第一～四期は創建期であり、掘立柱建物による中心仏堂くらいしかない小規模な寺院であった。寺院跡の北側にある国見山と連なる山々を、行場とする山寺の役割であったと考えられる。発掘調査報告およびその後の再検討の結果、中心仏堂は、比高差を有する正堂と礼堂を並べた双堂様形式の仏堂であった可能性が高い（杉本二〇一六参照）。部分的な試掘溝による確認のためその規模は正確にはわからないが、上段と下段の整地面にそれぞれ桁行《けたゆき》方向に長い掘立柱建物が建てられていたと考えられる。一～四期の変遷で規模を次第に拡大している。国見山廃寺と鎮守府胆沢城は、地理的にも密接な関係（胆沢城の中心軸の延長が国見山、北上川を隔てて八キロの距離）がある。国見山廃寺の創建年代は、胆沢城において第二期官衙《かんが》の整備が行われる時期と一致しており、その整備の一環として設置されたみることができる。

○上鬼柳Ⅲ遺跡の双堂様形式建物　九世紀後半～一〇世紀にかけて四回建替えられた掘立柱建物跡が確認されている。仏堂と考えられる建物としては、三期にわたる変遷が考えられている。一期は桁行三間（七・一メートル）梁間二間（五・二六メートル）の単堂（七号建物跡）であったが、二期には前面に礼堂を設ける双堂様形式の建物（七号建物 七・一メートル×五・三メートル、八号建物 七・三メートル×五・三メートル）と、東に桁行三間（六・八メートル）、梁間二間（四・九メートル）の単堂の建物（四号建物）になる。双堂様形式の建物と、単堂形式の東西に並ぶ形態となる。三期もこの双堂様形態を踏襲しており、双堂様形式の建物（九号建物 八・一メートル×六・四メートル、一一号建物 七・九メートル×四・七メートル→一号建物 八・四メートル×五・二メートル）と東に並ぶ桁行三間（六・八メートル）、梁間二間（四・九メートル）の建物（三号建物）が、東西に並ぶと考えられる。特に礼堂と考えられる建物には建替えが認められる。

しかし、この三期にわたる仏堂と考えられる寺院は、四期には倉庫のような小規模な掘立柱建物になってしまう。出土した土器と十和田《とわだ》a火山灰の周溝堆積状況から、一期は九世紀中頃、二期は九世紀後半、三期は一〇世紀前半から中頃と考えられる。上鬼柳Ⅲ遺跡と隣接する岩崎台地遺跡群では、九世紀中頃から一一世紀前半にかけての集落跡が確認されており、特に一〇世紀代では北上盆地屈指の大集落である。また、この集落内には大型の四面庇建物跡が調査されており、有力豪族の居館とも推定される。上鬼柳Ⅲ遺跡の双堂様形式の堂と、単堂がセットとなっている並ぶ寺院は、この居館及び集落に伴うものと考えられる。

○北上市南部工業団地内遺跡K地区の一間堂形式の建物跡　南部工業団地内遺跡K区では、仏堂と考えられる掘立柱建物跡が確認されている。規模は、一間四方で桁行（四・〇メートル）、梁間（三・三メートル）である。堂は後に、桁行三間、梁間二間の総柱による掘立柱建物（倉庫か？）に建替えられている。年代は出土した土器から一〇世紀前半と考えられる。また付近に二棟ほど竪穴《たてあな》住居跡が確認されており、そのうち一棟から応量器形の土師器鉢が出土している、竪穴住居跡の年代は一〇世紀前半である。仏堂とそこに従事した人の竪穴住居が近接してあったと考えられる。

○石行遺跡の三間四面庇の建物　堂跡三間四面庇建物の掘立柱建物跡である。桁行九・八メートル、梁間《はりま》八・八メートル、身舎《もや》は桁行五・七メートル梁間五・〇メートルである。建物の年代は、出土した土器と柱の掘り方に十和田a火山灰が堆積していることから、一〇世紀初頭前後と考えられる。また付近に数棟の竪穴住居跡が確認されており、「寺」の墨書土器、水晶玉などが出土している。仏堂とそこに従事した人の住居が近接してあったと考えられる。

第二段階（一〇世紀後半〜一一世紀前半）

この時期、胆沢城は政庁を含め主要なブロックが消滅しており、実質的に古代胆沢城は無くなっている。このことから、胆沢城が主導する仏教も終焉したと考えられる。また北上盆地内において竪穴住居により構成される集落が急速に無くなり、生活具としての土器の出土も無くなってくる。これらのことは、盆地内に大きな変化がおきていることを物語っている。寺院遺跡も同様で、特に国見山廃寺は山寺から盆地内の中心寺院として礎石建物による大規模な伽藍に整備される。また、奥州市衣川区に長者《ちょうじゃ》ヶ《が》原《はら》廃寺跡、北上市に大竹《おおたけ》廃寺跡、一関市に泥田《どろた》廃寺跡などの礎石建物による大型の仏堂寺院が出現する。北上市根岸遺跡の双堂様形式の堂跡、鳥海柵《とのみのさく》跡の双堂様形式の建物などの掘立柱建物による大型の仏堂と考えられる遺構も確認できる。また詳細は明らかでないが、北上盆地北縁に岩手町どじの沢遺跡、黄金堂《こがねどう》遺跡、八幡平市薬師堂跡などで、掘立柱《はったてばしら》建物による仏堂と考えられる建物跡も確認されている。

○国見山廃寺第五期　仏堂は礎石建物になり、多重塔を含めた九棟の堂建物が丘陵尾根上に立ち並んだ。堂にはそれぞれ特色があり、役割が異なっていたと考えられる。堂塔は国見山の南尾根上に不規則に配置されているようにみえるが、堂の役割を考慮した配置がうかがわれ、伽藍《がらん》計画にもとづいて整備がされたものと考えられる。この整備が平地寺院の整然とした伽藍ではなく、山地寺院として整備されたことも重要である。そして中心仏堂は第一〜四期の中心仏堂跡の上に盛土して建てられていることから、この伽藍がもともとの山寺を意識して発展したこともわかる。中心仏堂は場所については継承しているが、形態は大きく変わる。掘立柱建物による双堂様形式の堂であったものが、第五期では礼堂が置かれていた下段位置に礎石建物による五間一面庇の中心仏堂を建て、正堂のあった上段位置には瓦葺の経蔵と考えられる堂が建てられる。五間一面堂は、桁行五間（一三・六メートル）梁間二間（六メートル）で、身舎は桁行同じで梁間一間（三・四メートル）である。一面庇で身舎の梁間が一間という特殊な形態の中心仏堂であるが、第一段階における双堂様形式の二堂（礼堂・正堂）が合わさり、一つの建物になった結果と推定することができる。この堂跡は、多量の炭層に覆われており、焼失したことを示している。

○長者ヶ原廃寺跡　寺院跡は、一辺八八〜一一六メートルの築地塀と考えら

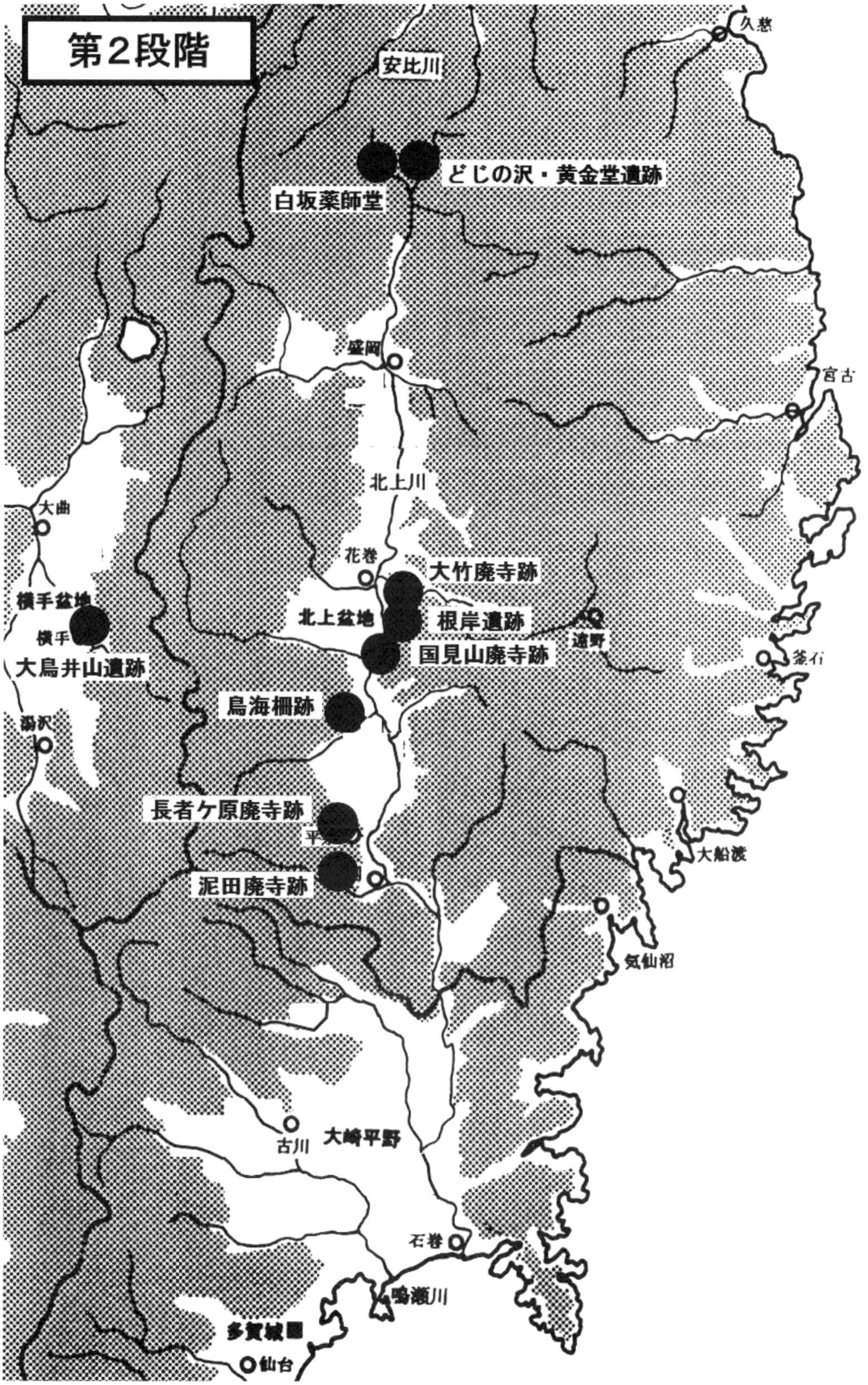
第2段階
久慈
安比川
どじの沢・黄金堂遺跡
白坂薬師堂
盛岡
宮古
北上川
大曲
花巻
大竹廃寺跡
横手盆地
北上盆地
根岸遺跡
遠野
横手
国見山廃寺跡
釜石
大鳥井山遺跡
鳥海柵跡
湯沢
長者ケ原廃寺跡
大船渡
泥田廃寺跡
気仙沼
古川
大崎平野
石巻
鳴瀬川
仙台

図8—2　第２段階分布図

れる断面台形を呈する土塁状の高まりに囲まれている。築地塀南辺中央に、門跡と考えられる桁行三間（七・三メートル）梁間二間（四・六メートル）の礎石建物跡がある。内部には、二棟の礎石建物跡が確認されている。中心建物と考えられる礎石建物跡は、中軸線上で北に寄った場所にある。桁行五間（一六・九メートル）梁間五間（一六・九メートル）の方形の平面形をしている。構造は、三間四面庇南孫庇《しめんびさしみなみまごびさし》付の形態で、身舎は桁行三間（九・九メートル）、梁間二間（六・六メートル）、四面庇の出幅は三・五メートル、南孫庇の出幅は三・三メートルである。建物は基壇の上に建てられており、基壇は推定一九メートル四方で、高さ三〇センチ、南辺には石列が確認されている。基壇盛土の下より十和田a火山灰が確認されている。もう一棟の建物跡は、中心建物の西側約二〇メートルの場所にある。礎石がかなり動いており、残存状況は良くない。元の位置を保っていると考えられる礎石から、方三間の建物跡と推定されている。規模は現況で、東西七・一四メートル、南北七・三六メートルである。中心堂に付属する堂と考えられる。出土した土器などから、一〇世紀末から一一世紀前半と考えられる。礎石には火を受けた痕跡があり、焼失の可能性もある。

○**大竹廃寺跡**　礎石建物による堂跡が一棟確認されている。堂跡は南面して桁行五間一四・八メートル、梁間四間一三・八メートルの規模があり、中心の堂であったと考えられる。構造は、三間四面庇で、身舎は桁行三間八・六メートル、梁間二間六・四メートル、庇の出幅は、桁行方向が三・一メートル、梁間方向が三・七メートルである。礎石はほとんどが径一メートルくらいの大きなものである。側柱礎石の間に、地貫を支える石とも考えられる小礎石が一～二個ある。堂の南側は広い平場空間があるが、他に堂跡は確認できない。出土遺物は土器が大部分で、土師器、須恵器の坏類を中心に多く出土している。西側庇の部分から、梁から落下した状態で喚鐘《かんしょう》（小形の梵鐘）と考えられる鉄鐘が出土している。埋土中に多くの炭が確認できることから、焼失したと考えられる。土器の年代はだいたい一〇世紀後半のものである。

○**泥田廃寺跡**　礎石建物の堂跡が一棟確認されている。堂跡は南面し、桁行五間（一三・一メートル）梁間四間（一一・七メートル）の規模がある。構造は三間四面庇の建物で、身舎三間七・九メートル、梁間二間五・八メートル、庇の出幅は、桁行方向が二・五九メートル、梁間方向が二・九五メートルである。身舎の内部中央北側に東西五・六四メートル、南北四・〇八メートルの小礎石（径〇・五メートルほど）による方形の区画があり、須弥壇跡と考えられる。建物跡の北側と西側に雨落溝と考えられる溝が確認されている。多くの焼土が見られ、礎石には火を受けた痕跡があり焼失したものと考えられる。出土している土器は一〇世紀後半から一一世紀前半のものがみられる。

○**根岸遺跡の双堂様形式の建物跡**　南面する双堂様形式の仏堂が一棟確認されている。ＳＢ００６掘立柱建物（礼堂、報文では前殿）：桁行五間（一一・三メートル）梁間一間（三・五メートル）の建物と、ＳＢ０１８掘立柱建物跡（正堂、報文では後殿）：桁行五間（一一・六メートル）梁間三間（七・四メートル）の三間三面庇の建物（身舎は桁行三間七メートル梁間二間五メートル）で構成されている。年代は遺構、遺物などから一〇世紀中葉～一一世紀前葉以降と報告されている。

○**鳥海柵跡の双堂様形式の建物跡**　北面する双堂様形式の仏堂が一棟確認されている。ＳＢ０２掘立柱建物跡（礼堂、報文では未定）：桁行七間（一九・四メートル）梁間二間（五・五メートル）の建物と、SB01掘立柱建物跡（正堂、報文では未定）桁行七間（一九・八メートル）：梁間四間（一一・四メートル）の五間四面庇の建物（身舎は桁行五間一二・五メートル梁間四・五〜四・八メートル）で構成されている。年代は遺構、遺物から一一世紀と報告されている。この建物跡がある場所は、自然の沢を堀として利用する鳥海柵には珍しく人工の堀により方形に区画されていることから、特別な役割があったと考えられる。

○県北の仏堂と考えられる掘立柱建物跡　岩手町どじの沢遺跡、黄金堂遺跡、また八幡平市薬師堂（沢両寺跡か）において掘立柱建物による仏堂と考えられる遺構が確認されているが、詳細は明確では無い。出土遺物から一〇世紀後半から一一世紀と考えられる。

第三段階（一一世紀後半）

第二段階における仏堂と考えられる建物が、国見山廃寺を除き消滅する。特に、長者ヶ原廃寺、大竹廃寺、泥田廃寺は焼失した痕跡が顕著に残っている。また、国見山廃寺においても中心仏堂は焼失している。焼失した礎石建物の仏堂は、国見山廃寺の中心仏堂を除き、再建されずそのままの状態で放棄される。国見山廃寺の中心仏堂のみ、再建される。また、国見山廃寺の北三キロの範囲に、北上市白山廃寺跡、同市横町廃寺跡に仏堂と考えられる礎石建物跡が確認されている。

○国見山廃寺第六期の中心仏堂跡　焼失した状態の第五期の中心仏堂の上に一メートル近い盛土をして、第六期の中心仏堂が建立される。七間一面庇堂で、桁行二一・七メートル、梁間八・二メートルは国見山廃寺における最大の仏堂である。岩山である国見山の岩塊が背面には露出するほど大きく造成し、平場の平坦面全体に建物を建築している。ただし、建物構造は一面庇を踏襲しており、この中心仏堂における法会は旧来と同じであったと考えられる。

○白山廃寺第一号堂跡　発掘調査報告によれば、中心仏堂は礎石建ての七間四面庇堂で、大きさは桁行九間（三九・三五メートル）梁間五間（二一・五五メートル）、身舎は桁行七間（三一・一五メートル）梁間三間（一三・〇メートル）である。ただ、再検討の結果、七間四面庇一面孫庇付の堂である可能性が高い（図8―6①）。また東へ六〇メートルほどの場所に瓦葺の方三間堂がある可能性が指摘されている。堂跡の北側には、白山神社がある小山があり頂上から一一世紀後半の土師器《はじき》皿（カワラケ）が多く出土している。堂跡の周辺には、礎石として利用されたか、建築途中で放棄されたか不明であるが、礎石と考えられる巨石が多数確認できる。堂跡の西五〇〇メートルに所在する黒岩城跡の主郭からも、一一世紀後半の土師器小皿が多く出土している。白山廃寺が所在する北上市黒岩地区は、北上盆地ではほとんど見られない一一世紀後半の遺物が多数確認できる地域である。

○横町廃寺　礎石建ての五間一面庇の堂跡が確認されている。大きさは、桁行五間（一二・〇メートル）梁間三間（九・〇メートル）、身舎は桁行五間（一二・〇メートル）梁間二間（六・三メートル）である。身舎の中央に、細長い（八・七メートル×二・四メートル）須弥壇と考えられる礎石配置がみられる。須弥壇の礎石配置から見ると、中央に主仏を置くというより、両側に二尊を置くと考えた方が妥当である。

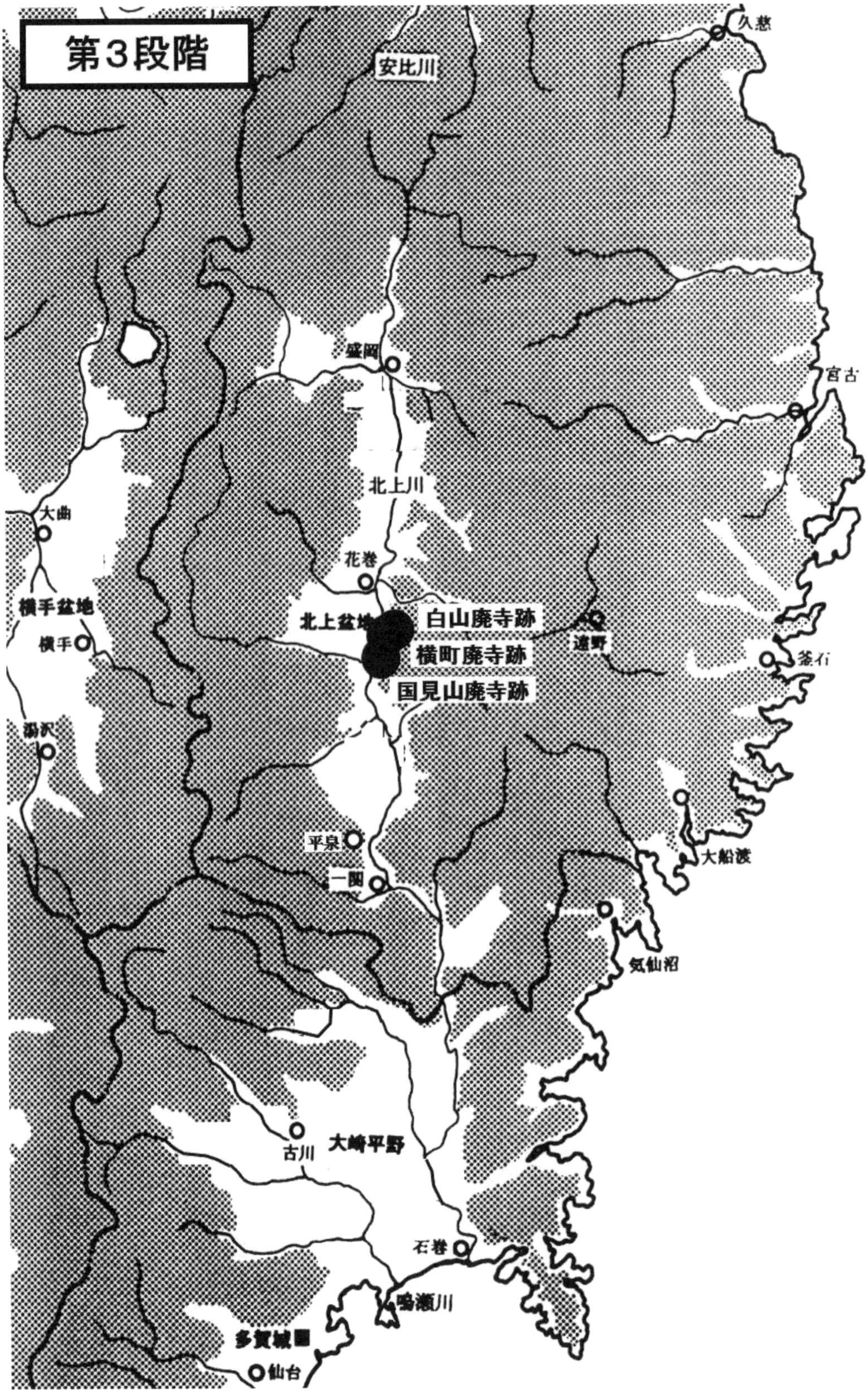
第3段階
安比川
久慈
盛岡
宮古
北上川
大曲
花巻
横手盆地
北上盆地
白山廃寺跡
横町廃寺跡
国見山廃寺跡
遠野
横手
釜石
湯沢
平泉
一関
大船渡
気仙沼
古川
大崎平野
石巻
鳴瀬川
多賀城
仙台

図8—3　第３段階分布図

その後（一二世紀）

第三段階の寺院は一二世紀には消滅する。国見山廃寺において、中心仏堂を残して他の山地伽藍は消滅し、麓に小規模な堂と山の峰々に経塚が築かれるのみとなる。

2 先平泉期寺院のあり方

奥州藤原氏以前の北上盆地における寺院変遷を一～三段階でみてきたが、次にそのあり方について考えてみる。

第一段階

胆沢城跡でいまだ明確な仏堂跡は調査されていないが、文献などから九世紀中頃には国府多賀城に準じた国家仏教儀式が行われていたと考えられる。そして同時期に、国見山廃寺跡で掘立柱建物による双堂様形式の中心仏堂が出現する。胆沢城の設計上に国見山が影響を与えた可能性は先述したが、国見山の地形的な特色（胆沢城に近接してはいるが北上川という川で一線を画している、山頂部には戸木の峰と呼ばれる大岩を含め岩塊が露出する地形が続く、国見山廃寺から戸木の峰へ行く手前には胎内《たいない》くぐりと呼ばれる岩塊の石門がある）は、胆沢城の僧侶にとって行場として適所である。

胆沢城とのつながりを考えると、城内で仏教儀式に従事する僧侶の山林修行の山寺として国見山廃寺は開山したと考えられる。この段階は、胆沢城—国見山廃寺を頂点とする寺院システムであったとすることができる。この段階の仏堂は、掘立柱建物により造られる。胆沢城における仏堂の形態は不明であるが、国見山廃寺、鬼柳Ⅲ遺跡の仏堂の在り方から双堂様形式の仏堂が主流であったとも考えられる。上鬼柳Ⅲ遺跡の仏堂は、近接する岩崎台地遺跡群で在地豪族居館の遺構が確認されていることから、在地豪族による仏教儀式用の寺院と考えられる。双堂様形式の堂が採用されるのは、在地豪族が中心寺院（国見山廃寺）の堂の在り方（儀式）を取り入れた結果と推定できる。南部工業団地内遺跡K区、石行遺跡の仏堂が、双堂様形式の仏堂となっていないのは、鎮守府仏教とは直接関係ない儀式をする寺院だからで、僧侶がその堂のそばで居住（竪穴式住居）をして、堂での儀式や周辺地域の布教に務める役割であったと

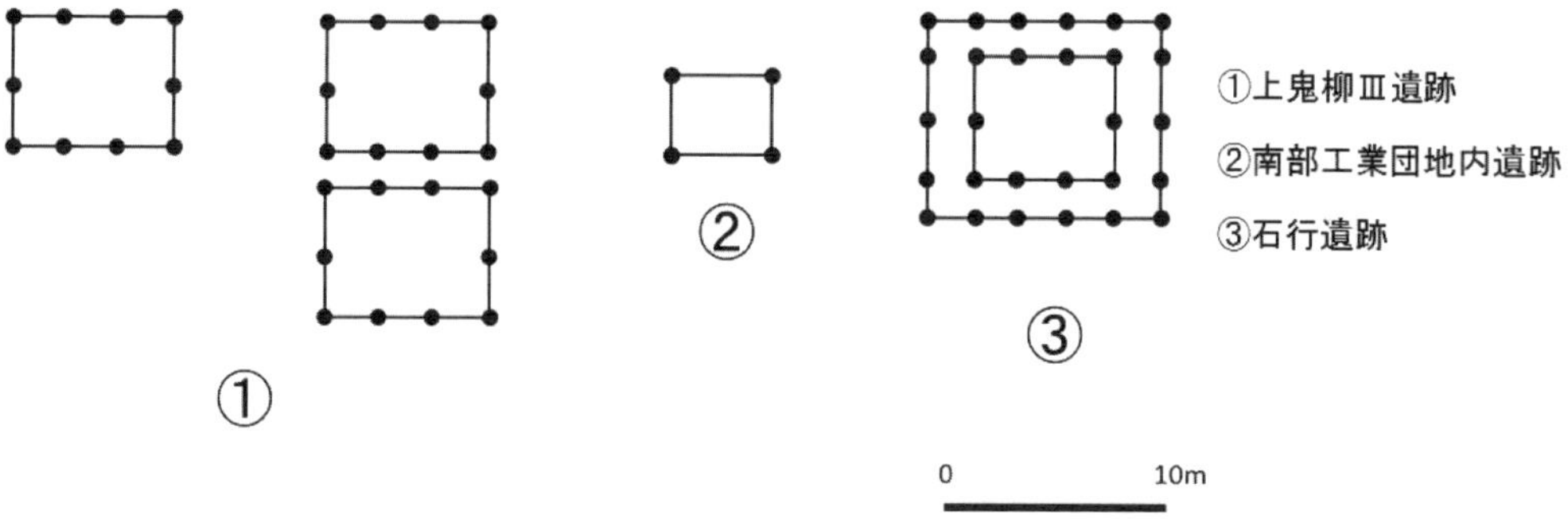

図8—4　第１段階の堂塔　※すべて掘立柱

考えられる。

第一段階の寺院システムの構造

胆沢城（儀式）―国見山廃寺（行場）……胆沢城中心寺院……双堂様形式堂（胆沢城は不明）

上鬼柳Ⅲ遺跡（豪族居館近接寺院）……在地豪族儀式用寺院……双堂様形式堂

南部工業団地K区、石行遺跡（在地寺院）……在地布教寺院……多様（三間四面庇堂、一間堂）

第二段階

第一段階の胆沢城を頂点とする寺院システムが変わり、国見山廃寺―長者ヶ原廃寺を頂点とする寺院システムに変化してくる。この背景には、胆沢城にかわる権力者（大旦那）が現れたと考えることが妥当である。一〇世紀後半から一一世紀にかけて、この国見山廃寺と周辺寺院の発展を支えた権力者が誰であるのかについては、考古資料では明らかにできない。発掘調査の成果から、この地域の権力中枢であった京政権の出先機関である胆沢城の政庁は一〇世紀後半には消滅することから、この時期に新たな支配機構になったと考えられる。また、第二段階の諸寺院には差異がある。国見山廃寺が、塔を含む多種多様な九棟の礎石建物を丘陵部尾根上に配置するのに対して、長者ヶ原廃寺、大竹廃寺、泥田廃寺など、盆地中央部から南側の周辺寺院は、礎石建物による大型の三間四面庇の中心仏堂を有するが、付属する礎石建物がほとんど無いのが特色である。そして、その大型中心仏堂は基本的に三間四面庇の構造である。四面庇の建物は国見山廃寺には無く（方三間堂を除く）、中心仏堂は一面庇であるのと対照的である。さらに周辺寺院も詳細にみると、長者ヶ原廃寺と大竹廃寺・泥田廃寺には明確に違いがある。

三間四面庇の大型仏堂を基本としているが、

	立地	中心仏堂	礎石付属建物	付属施設
長者ヶ原廃寺	平地	孫庇付	1棟	門・築地塀
大竹・泥田廃寺	丘陵	孫庇無	無し	特に無し

長者ヶ原廃寺は立地だけではなく、堂構造、その他付属建物、施設も異なっていることから、別の役割を担っていた寺院と考えられる。孫庇空間を有する堂の大きさは、ここを礼堂空間として、さらに築地塀空間により屋外に大きな礼拝場を創出し、庭儀をすることができる。国見山廃寺にも庭儀を行う堂はあるが、これほどの屋内規模、屋外規模を有する礼拝空間は無い。ここでは権力者の公的な儀式が行われていたと考えることができる。国見山廃寺と異なり、儀式、礼拝をする空間しかないことは重要である。おそらく、ここで行われる儀式に際しては、国見山廃寺から、僧、経典、仏具などが送られたのであろう。現在、国見山廃寺の末裔である極楽寺に伝世している幡竿《はんかん》（はたざお）金具である銅龍頭《りゅうとう》もここでの庭儀にも用いられてものと考えられる。

大竹廃寺・泥田廃寺とまだ未解明なことが多い北上盆地北縁の寺院跡とには地形的な在り方が類似している。それは、北上盆地に入る主要道の峠にあたるような箇所に位置していることである。どじの沢、黄金堂遺跡は北上盆地―八戸のルート上に、薬師堂遺跡は、北上盆地

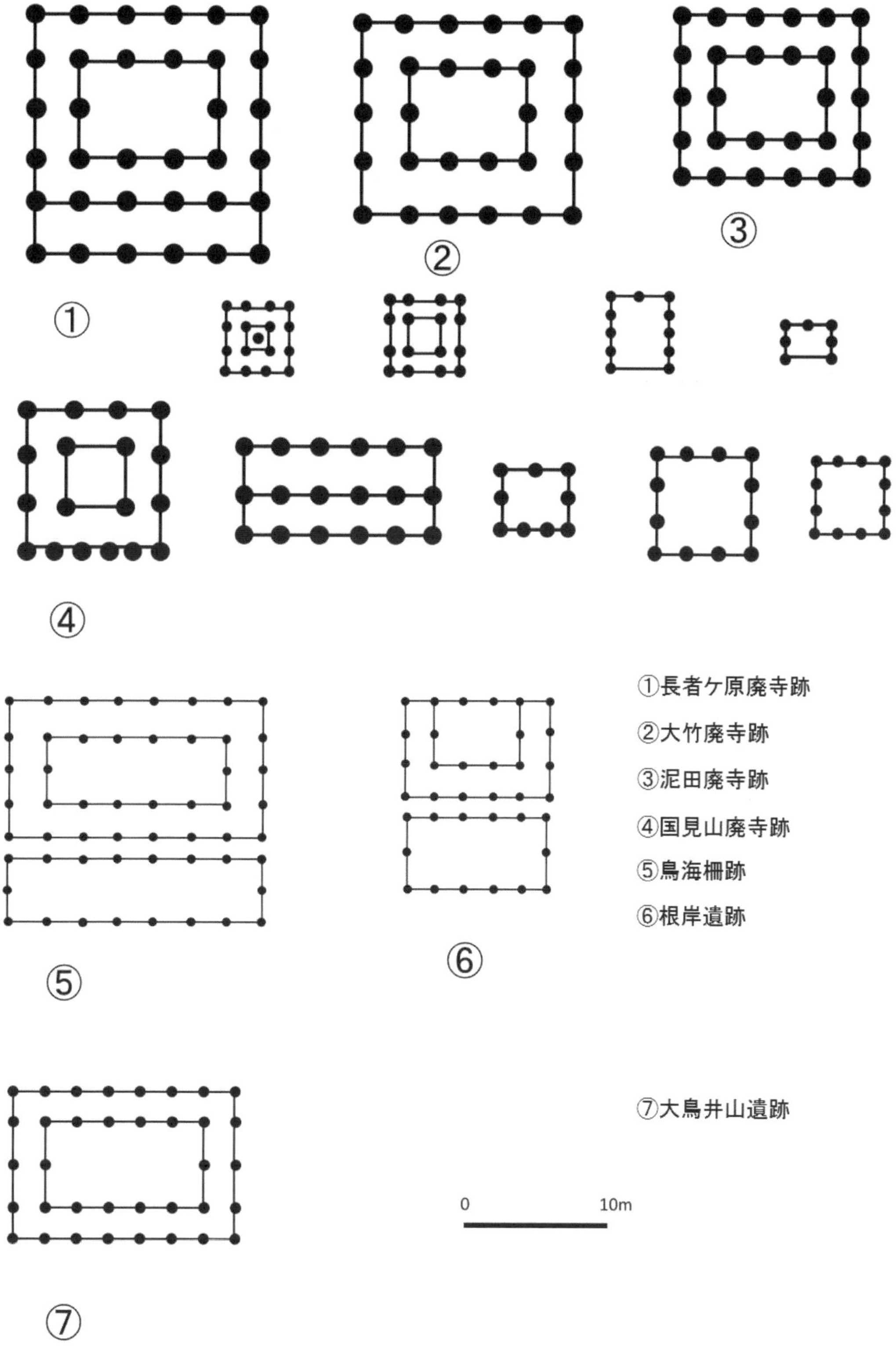

図8—5　第２段階の堂跡　※①〜④は礎石建　⑤〜⑦は掘立柱

─鹿角《かづの》─津軽のルート上に、中央部の大竹廃寺は北上盆地─遠野─三陸のルート上に、泥田廃寺は北上盆地─大崎・仙台平野（多賀城）のルート上に立地している。それぞれ北上盆地の入口ともいえるべきところに配置されているが、むしろ宗教的な意味で北上盆地内に出入する境を守っていると考えることが妥当である。国見山廃寺の先駆的な研究者である故司東真雄によると、地名に「どじ」という表現があることから、「どうじ→道寺」と考え、旅人に宿を施すという役割があったのではないかと考察されたが、本当に道を守る寺であったと言える。

このような周辺寺院に対して、国見山廃寺はさまざまな中心的な役割を担っていたと考えられる。聖山としての山林修行の中心、国見山との多種多様な堂塔による宗教儀式の中心、瓦葺経蔵など知識の中心、極楽寺に伝世された龍頭などの法会《ほうえ》仏具の中心、そして山麓に広がる広域の僧坊群は僧（人）の中心、まさに周辺寺院の旗艦としての役割であった。こうした礎石建物による主要寺院の在り方は、長者ヶ原廃寺─国見山廃寺を頂点とする北上盆地鎮護仏教システムといっても良いかもしれない。

それに対して、豪族居館に付属する鳥海柵跡、根岸遺跡の双堂様形式の大型仏堂は、第一段階にみられる双堂様形式の仏堂が発展し、正堂に庇がついたものと考えられる。また、鳥海柵と根岸遺跡の正堂構造を比較すると鳥海柵が四面庇、根岸遺跡が三面庇であり、身舎正面の柱間も五間と三間、規模も桁行で鳥海柵の方が一・七倍も大きい。正面明らかに鳥海柵の方が大きい修法儀式が行われていたことがわかる。

鳥海柵は、大型豪族居館の中に特別区画された場所にある建物である。根岸遺跡も、同時期の豪族居館が推定される場所である。こうした豪族居館に近接する双堂様形式の堂の在り方は鬼柳Ⅲ遺跡と同じで、在地豪族による私的な堂としての役割として、第一段階を継承し大型化したと考えられる。

在地布教寺院は確認できないが、竪穴住居による集落が無くなるため集落跡が発掘により確認できないのと同様に、存在はしているが確認できないだけと考えられる。

第2段階の寺院システムの構造

国見山廃寺（儀式、行場）……中心寺院……礎石有塔多堂伽藍（中心仏堂：五間一面庇）

長者ヶ原廃寺（公的儀式寺院）……公的主寺院……礎石三間四面庇孫庇堂

大竹廃寺、泥田廃寺（主要幹線寺院）……公的結界寺院……礎石三間四面庇堂

どじの沢遺跡、黄金堂遺跡、薬師堂遺跡（主要幹線寺院）……公的結界寺院（対北方）……掘立柱建物の堂

鳥海柵跡、根岸遺跡（豪族居館近接寺院）……私的儀式用寺院……掘立双堂様形式の堂

第三段階

第三段階は、第二段階ほど寺院の在り方が明らかでない。これは第三段階の存続期間が長くなかったためと考えられる。この段階で、第

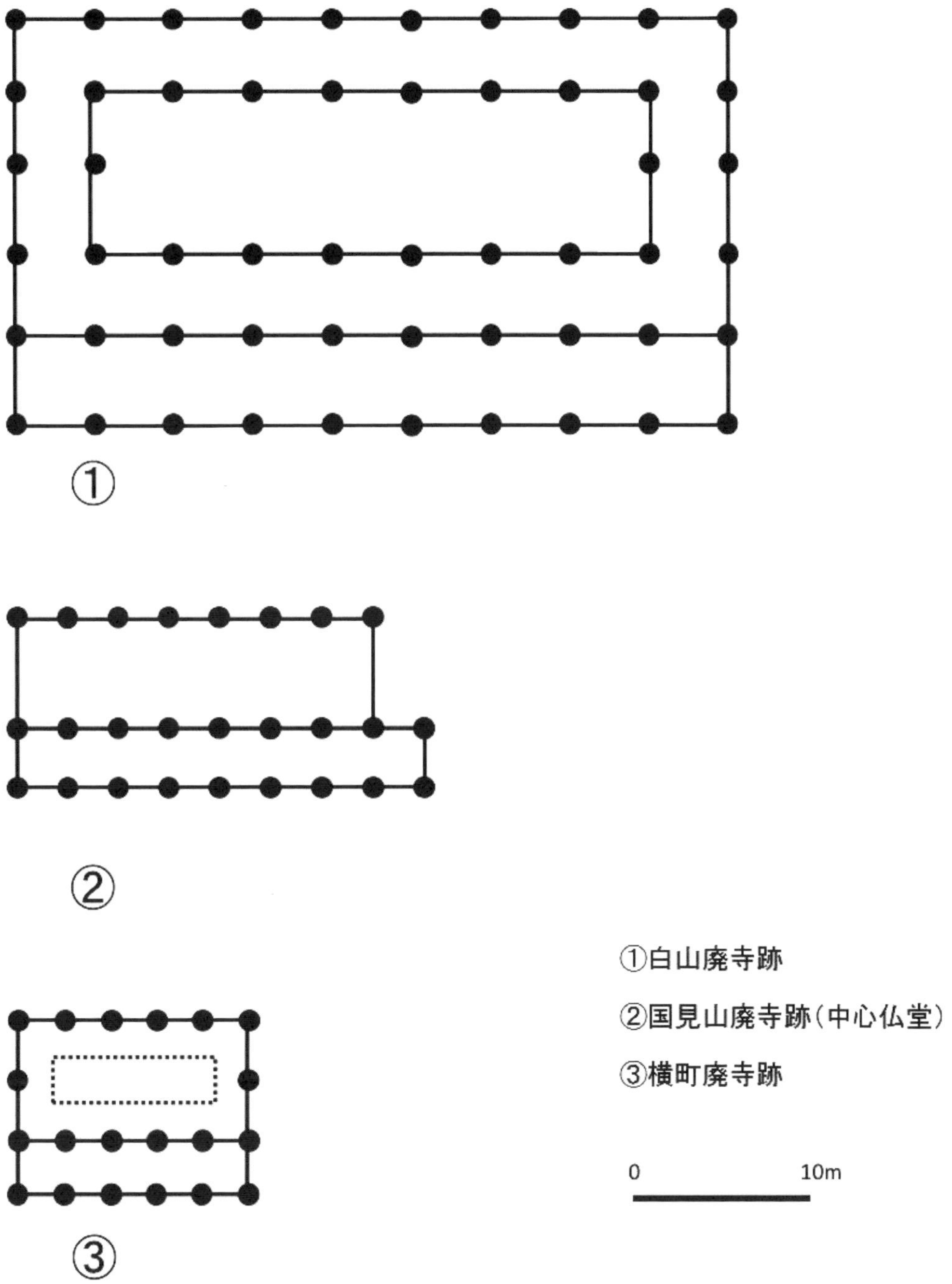

図8—6　第３段階の堂跡　※すべて礎石

二段階で形成された長者ヶ原廃寺―国見山廃寺を頂点とする北上盆地鎮護仏教システムが崩壊する。北上市白山廃寺、横町廃寺が建立され、国見山廃寺以外のすべての第二段階の寺院は消滅している。その中で、国見山廃寺の中心仏堂が位置を変えずに大きく建替えられていることは重要である。これは、長者ヶ原廃寺―国見山廃寺のシステムは崩壊しても、国見山廃寺の胆沢城以来の奥六郡おける聖山的な役割が継承されていることを示している。このことは第三段階の寺院システム構築者が、第一・二段階における国見山廃寺の役割を良く理解していたことを意味する。また、国見山廃寺以外の第二段階における寺院がまったく存続しないことも、これらの寺院の役割を理解し、あえて意識的に消滅させていると考えられる。新たに構築された第三段階の寺院システムは、国見山廃寺を山地伽藍として、国見山廃寺に近い黒岩に大型の仏堂を持つ白山廃寺を建立し、二つの寺院の間を結ぶ中間に横町廃寺を置き、この三寺を合わせて一つの巨大寺院を構成していたと考えられる。第三段階の寺院システムは、白山廃寺―国見山廃寺の一極集中ともいえるものである。白山廃寺の中心仏堂の桁行は、長者ヶ原廃寺の中心仏堂の二・三倍あり、この堂を建立した豪族の力が巨大なことを示している。この白山廃寺のある低丘陵から沢を隔てた場所にある黒岩城跡からは、一一世紀後半の遺物が多く出土しており、ここに在地豪族の居館が置かれていたと考えられる。これは第一・二段階の豪族居館近接寺院の復刻も兼ねていたと考えられる。また、白山廃寺の仏堂は長堂の七間四面庇の形式でありながら、正面に孫庇風に一面庇を有することは、長者ヶ原廃寺などと共通することは興味深い。

第3段階の寺院システムの構造は以下の通り。

国見山廃寺（儀式、行場）……中心寺院の山地伽藍……有塔多堂伽藍（中心仏堂：七間一面庇）

白山廃寺（在地豪族中心居館近接寺院）……中心寺院の平地伽藍……七間四面庇堂

横町廃寺（中間寺院）……山地と平地伽藍をつなぐ堂……五間一面庇堂

ただし、この白山廃寺―国見山廃寺という巨大寺院を中心とする寺院システムが完成したかどうか不明である。白山廃寺周辺には、未使用状態で放置されている礎石と考えられる巨石が多数確認できる。これは、この寺院システムを構築しようとした権力者が短期でいなくなったことを示しているのかもしれない。

3　先平泉期寺院の背景

第二段階の背景

以上、先平泉文化の寺院群の変遷と特色について記してきた。次に、諸寺院の様相が比較的明らかな第二段階を中心に、その背景にあるものを考察したい。

第一段階は、北上盆地が国家領域内に組み入れられたことにより国家仏教がもたらされ、それにともない仏教が在地に普及した時期である。それは胆沢城―国見山廃寺を頂点とした国家仏教であり、その祭祀を模倣した在地豪族の私寺院（上鬼柳Ⅲ遺跡）が主流と想定される。

それに加え、在地の人々に普及した僧の寺院（南部工業団地K区、石行遺跡）が多く存在したと考えられる。仏堂について、胆沢城では明確でないが、国見山廃寺、鬼柳Ⅲ遺跡では双堂様形式の仏堂であることは重要で、ここで行われた修法儀式が鎮守府胆沢城でも行われていた可能性が高い。この寺院システムにより、ほぼ一世紀をかけて北上盆地内において仏教が大きな影響力を与えるようになったと考えられる。

第二段階は、鎮守府胆沢城の実質的な終焉とともに、胆沢城—国見山廃寺の寺院システムは無くなる。しかし、国見山廃寺においては大規模な伽藍整備を行われ、従来の山寺から中心寺院として整備される。中心仏堂も礎石建物になり、双堂様形式の堂を発展させ、礼堂と正堂が一体化した五間一面庇の堂になる。平地には、双堂様形式の仏堂を発展（礼堂を孫庇として結合）させた大型三間四面庇+孫庇の長者ヶ原廃寺を建立される。それに対して、居館に近接した仏堂は掘立柱建物の双堂様形式を踏襲し、正堂に庇を付けるなど大型化している。

北上盆地の出入口には、礼堂をもたない形態の仏堂寺院を配置する。これは礼拝面より修法面のみを重視し、北上盆地の出入りを宗教的に守っていたと考えられる。これらの寺院システムは、国見山廃寺を中心寺院として整備して双堂様形式の修法を重視していることから、第一段階の寺院システムの強化発展したものと捉えられる。国見山廃寺—長者ヶ原廃寺を頂点とする北上盆地鎮護システムともいうべきものであり、この背景にある大旦那の本拠が北上盆地であることがわかる。

この時期、北上盆地を掌握していたのは、年代的には安倍氏と呼ばれた在地豪族と考えられる。安倍氏は、奥六郡《おくろくぐん》（ほぼ現在の北上盆地の範囲）の司《つかさ》ともいわれ、北上盆地をその主勢力範囲にしていた。安倍氏は、もともと胆沢城の在地役人であったとも考えられており、胆沢城—国見山廃寺の寺院システムを継承発展させたことは妥当と考えられる。まず、国見山廃寺の発展ついて、胆沢城主管轄地域を実質支配することを完了した安倍氏は、胆沢城政庁を放棄し、それに変わる権力の象徴として奥六郡の聖山ともいうべき国見山の中腹に、当時流行していた山地伽藍を持つ寺院を建立した。その証左の一つは、国見山廃寺の一部の堂に、時代遅れともいうべき胆沢城に用いた蓮華文《れんげもん》軒丸瓦をわざわざ中古の範型を用いてまで使用したことである。これは胆沢城第二期に用いたものであり、第三期には用いていないことから、生え抜きの在地役人でなければ意識できないことである。

長者ヶ原廃寺のあり方は、安倍氏の公的中心が、長者ヶ原廃寺の所在する衣川にあったことを示している。この長者ヶ原廃寺で行われた儀式こそ、安倍氏が公的な場で執り行うもので、儀式により権力を見せる場所であったとすることができる。築地塀で囲まれた空間で行われる儀式は、神仏を前に安倍氏の権力を諸所の豪族に見せつけるためのものであろう。峠の諸寺院は、安倍氏の基盤である奥六郡を守るために設けられた寺院である。国見山廃寺、長者ヶ原廃寺で示された神仏の力を利用した「人+物+宗教」による奥六郡の結界寺院であったといえる。よってここでは多くの人が拝む空間は不要であり、礼堂をともなわない堂が建立された。鳥海柵跡の重要区画内に置かれた双堂様形式の仏堂と考えられる建物跡は、安倍氏が居館空間において、双堂様形式の仏堂で行う何らかの修法を日常していたとも考えられる（注）。

（注）根岸遺跡のある黒岩も安倍氏の重要な柵である黒沢尻柵があった可能性もあり、根岸遺跡の双堂様形式の建物跡も黒沢尻柵に付属する仏堂とすることができる。

安倍氏の宗教政策

以上の遺跡状況から、文献には書かれていないが、安倍氏の権力はかなり宗教的な加護に頼っていたといえよう。安倍氏の支配構造は、聖俗をともにしたものであったとすることができる。それを証するものは少ないが、一〇世紀から一一世紀の神像である北上市万蔵《ばんぞう》寺の男《だん》神立像《しんりゅうぞう》もそのひとつと考えている（図8—7）。この独特な男神像は、一般的な神像とは異なり、立像で、冠でなく烏帽子《えぼし》、袍服《ほうふく》（まるえりの上衣）ではなく襟服《えりふく》、さらに寒冷地のためか耳を隠す頭巾《ずきん》を烏帽子の下にかぶっている。そして重要なのは、袈裟《けさ》と考えられる衣を肩からかけていることである。神像の姿が当時の支配階層の姿を映していると考えることができるなら、この姿こそ安倍氏の公的衣服を表現しているのではないだろうか。俗な権力、聖なる権力、両方の支配者であったことを示している正装と考えられる。文献的な記録にはなぜか、安倍氏について俗な権力については書かれているが、聖なる権力については寺院のことを含め記されていない。むしろ安倍氏の宗教面を隠そうとする意図がある。

同様なことは、発掘調査成果にも見られる。国見山廃寺の第五期（第二段階）中心仏堂が焼失した後、炭化した部材などを片付けることをしないまま、小皿による呪法的な儀式をした後に厚く盛り土をして、第六期（第三段階）の中心仏堂が造られることや、大竹廃寺、長者ヶ原廃寺、泥田廃寺は焼失の後に放棄するだけでなく、禁足地《きんそくち》（立入り禁止の地）のようにまったく手つかずに現在までの残っていることも同じ理由であろう。

前九年合戦における安倍氏の最後は、清原氏の参戦で一気に盛岡の厨川《くりやがわ》柵に追い詰められて終わる。あれほど、それまでは善戦していたのにあっけないと感じる人は多い、研究者によっては、清原氏の参戦により、安倍氏内部が清原氏勢力と金氏《こんし》勢力とに分かれてしまったという考えもある。ただそれだけではなく、磐井川（一関市）くらいまでは抵抗が強かったが、その後はほとんど抵抗無く厨川柵に至る。これも安倍氏が道の寺院という結界が、破られることはありえないと信じていたことが大きいのではないか。この場合は、磐井川段丘の泥田廃寺すなわち奥六郡への南の結界が破られたことによる精神的なダメージ（各豪族間で）が大きかったと考えられる。

巨大化する寺院

第三段階は、第二段階の寺院システムが崩壊するが、国見山廃寺のみ中心仏堂は大型化され、近接して白山廃寺、横町廃寺とともに巨大寺院として整備がされる。白山廃寺の巨堂の構造は明確ではない。ただ、再検討の結果、七間四面庇の堂に、正面に孫庇を有する形態とも考えられる。国見山廃寺の中心仏堂は第二段階の中心仏堂と同じ一面庇の形態をしていることから、聖山として中心寺院の修法は続いていたものと考えられる。白山廃寺跡がある北上市黒岩の地域は、北上盆地内では数少ない一一世紀後半の遺構・遺物が多く出土する場所であり、先述した白山廃寺に隣接する黒岩城跡は中世の城館遺跡でもあるが、一一世紀の豪族居館でもあった遺跡である。この居館と小さな沢で一線を画して白山廃寺の七間四面庇の巨堂が存在していることになる。鳥海柵においても堀により区画したブロック内に双堂様形式の仏堂を置くのと同様に、現世的な空間とは一線を画し、近接して仏堂を設けている。

豪族居館に隣接しながら区画する特別空間に四面庇の建物を有する形態が、秋田県横手市大鳥《おおとり》井《い》山《やま》遺跡にみられる。ここでは豪族居館から沢を隔てた丘陵の頂部に、掘立柱建物による五間四面庇の建物跡が見つかっている（注）。年代は一一世紀前葉から中葉と想定され、第二段階後半に相当する。この建物跡は遺跡内の他の建物跡とは一線を画する位置、形態で、仏堂もしくは居館の中心的な役割をした建物と考えられている。大鳥井山遺跡は、出羽国の清原氏の主要居館である大鳥井山であり、これが仏堂とすれば双堂様形式ではなく四面庇で長堂形式であることは、安倍氏の仏教儀式とは差異があったと考えられる。白山廃寺の中心仏堂と大鳥井山遺跡が共に四面庇で長堂形式であることから、白山廃寺の中心仏堂は大鳥井山の四面庇仏堂の規模を拡大し礎石化したものと考えることができる。そこに、北上盆地中心寺院の伝統である正面に一面庇を付けていることは興味深い。年代、寺院システムの変換、居館付属寺院の在り方などから見て、第三段階を主導したのを北上盆地に本拠を移した清原氏とすることが妥当であろう。

（注）五間四面庇で桁行七間（一三・七メートル）梁間二間（九・一メートル）、身舎は桁行五間（九・九メートル）梁間四間（五・二メートル）である。全体の大きさは北上盆地第二段階の大型の仏堂と比して特に大きいというわけではないが、身舎を五間とするのは国見山廃寺の中心仏堂と鳥海柵における双堂様形式の建物（SB001掘立柱建物）だけである。

清原氏は、後三年合戦の後、鎮守府将軍に任じられ、北上盆地に本拠を置いたとされる。北上盆地内のどこに本拠を置いたかは明確でないが、白山廃寺のある黒岩地区は一一世紀後半の遺物は特異に多く出土することから、清原氏の重要拠点の一つであったと考えられる。出羽の豪族である清原氏が、敵地であった北上盆地において支配を進めるうえで、第二段階の安倍氏の寺院システムは完全に壊すが、北上盆地の聖山であった国見山を無視しては人心を失ってしまうためそれはできなかった。むしろ、その権威を利用しようとしたと考えた方が妥当である。それが、国見山廃寺の中心仏堂の強化とそれに寄りかかる白山廃寺、横町廃寺の建立に現れている。しかし、国見山廃寺を踏襲する際には、安倍氏の中心仏堂は痕跡無く埋め立て、その上に安倍氏の五間一面庇堂を大きく上回る七間一面庇堂を建立している。それは、徳川政権が豊臣氏の大坂城を完全に埋め、更に巨大な大坂城を造ったのと同じである。また、白山廃寺の伽藍が未完成で終わっているのも、前九年合戦終了後、わずか二一年で後三年合戦（清原氏内紛）がおこり、寺院整備が未完で終わったと考えれば理解できる。

おわりに

平泉以前の寺院について概観した。それは国見山廃寺を軸に寺院システムが展開していることがわかる。平泉期になると、国見山廃寺を頂点とする寺院システムが崩壊する。国見山廃寺では、山地伽藍が無くなり、僧坊群があった平地部に礎石建てによる小規模な堂が建立され、周囲の山々に経塚が造られる。こうした変化の主導者は、後三年合戦後に力をつけた奥州藤原氏であろう。奥州藤原氏は、中尊寺と山麓の平地寺院を中心とする寺院システムへの転換、つまり国見山廃寺から中尊寺を軸にする大転換をおこなったわけである。中尊寺を形作る二つの特色は、山地尾根上に伽藍を配置し、二階大堂と呼ばれた大型の仏堂を造る、これは国見山廃寺と白山廃寺のセットそのものである。二階大堂の北側に近接して鎮守社「白山神社」があることと、白山廃寺の北側に白山神社（敷地内から一一世紀祭祀場が見つかっている）があることとの共通性も、けっして偶然ではないかもしれない。また、第一〜三段階を通じてみられる、堀、沢などで居館と区画して大型の堂を有する寺院を配置することも、平泉の居館＋平地大型寺院に受け継がれている。

国見山廃寺を軸とする寺院システムは、中尊寺を軸とする寺院システムに、位置を変え継承されたと考えることが妥当なのは、安倍、清原の役割を継承したと称する奥州藤原氏には当然のことである。では奥州藤原氏は、なぜ国見山廃寺を軸とする寺院システム継続しなかったのか。これには、多くの理由があったと考えられるが、藤原清衡は、俘囚《ふしゅう》のトップとしての安倍氏、清原氏の役割は継続するが、平泉に拠点を移し、まったく新たな奥州政権を築こうとした改革した。従う東北の豪族（俘囚）には、改革の意志表示を明確に示す必要があったと考えられる。そのために胆沢城以来の聖山にある中心寺院を平泉に移動させることは、たいへん効果的であったと思われる。

〔参考文献〕

浅利英克　二〇一一「安倍氏の館・鳥海柵遺跡」『前九年・後三年合戦　一一世紀の城と館』、高志書院
一関教育委員会　二〇〇八『泥田廃寺跡　第一〜三次発掘調査報告書』一関市埋蔵文化財発掘調査報告書第6集（岩手）
入間田宣夫　二〇一三『平泉の政治と仏教』東北中世史叢書1（高志書院）
岩手県立博物館　二〇〇六『衣川流域における古代末期遺跡調査報告書』岩手県立博物館調査研究報告書第21冊（岩手）
岩手考古学会　二〇〇六『古代末期から中世前期の居館と宗教　資料集』（岩手）
奥州市教育委員会　二〇一三『長者ケ原廃寺跡発掘調査報告書—総括篇—』（岩手）
菅野成寛　二〇〇五「鎮守府付属寺院の成立」『東北中世史の研究』上巻、高志書院
北上市教育委員会　一九七〇『北上市白山廃寺跡』文化財調査報告第一〇号（岩手）
北上市教育委員会　一九七二『北上市極楽寺跡』文化財調査報告第一一号（岩手）
北上市教育委員会　一九九九『横町遺跡（古代・中世編）』北上市埋蔵文化

財調査報告第38集（岩手）
北上市教育委員会　二〇〇一『国見山廃寺跡（第一六次、第一八〜二〇次）』北上市埋蔵文化財報告第48集（岩手）
北上市教育委員会　二〇〇三『国見山廃寺跡』北上市埋蔵文化財報告第五五集（岩手）
北上市教育委員会　二〇一三『国見山廃寺（第三二〜四五次）』北上市埋蔵文化財報告第一〇八集（岩手）
北上市教育委員会　二〇一四『根岸遺跡（二〇〇八・二〇〇九年度）』北上市埋蔵文化財第一一三集（岩手）
北上市立博物館　一九九一『きたかみの古仏』北上川流域の自然と文化シリーズ（一三）（岩手）
北上市立博物館　二〇一三『国見山廃寺跡展〜平泉文化に先立つ仏教文化の世界〜』（岩手）
北上市立博物館　二〇一七『国見山廃寺と周辺の寺院跡―先平泉文化の謎を探る―』（岩手）
窪田大介　二〇一一『古代東北仏教史研究』（法藏館）
窪田大介　二〇一六「四　安倍・清原氏と仏教」『前九年・後三年合戦と兵の時代』、吉川弘文館
島田祐悦　二〇一一「清原氏の本拠　大鳥井山遺跡と台処館跡」『前九年・後三年合戦　一一世紀の城と館』、高志書院
杉本良　二〇〇七「奥六郡安倍氏の諸寺院」『北上市立埋蔵文化財センター紀要　第四号』（岩手）
杉本良　二〇一六「国見山廃寺跡における中心仏堂の変遷」『北上市立埋蔵文化財センター紀要　第五号』（岩手）
杉本良　二〇一九「俘囚長寺院系譜考」『北上市立博物館研究報告第二一号』（岩手）
須田勉　二〇〇六「古代村落寺院とその信仰」『古代の信仰と社会』、六一書房
須田勉　二〇〇六「平安時代における国衙祭祀の一形態―千葉市稲荷台遺跡の検討―」『考古学の諸相Ⅱ』、匠出版
長坂一郎　二〇〇四「地方神を訪ねて　山岳神としての表現について」『別冊太陽　神像の美』、平凡社
堀裕　二〇一六「六　東北の神々と仏教」『三十八年戦争と蝦夷政策の転換』、吉川弘文館
横手市教育委員会　二〇〇九『大鳥井山遺跡』横手市文化財報告第一二集（秋田）

図8―7　北上市万蔵寺男神立像　青年像、壮年像、老年像（北上市立博物館『きたかみの古仏』より）

執筆者一覧

（＊五十音順にて配列）

井上　雅孝	（いのうえ　まさたか）	1966年生まれ	滝沢市埋蔵文化財センター主任主査
及川　司	（おいかわ　つかさ）	1958年生まれ	→別掲
岡　陽一郎	（おか　よういちろう）	1968年生まれ	一関市博物館骨寺村荘園遺跡専門員
菅野　成寛	（かんの　せいかん）	1952年生まれ	→別掲
狭川　真一	（さがわ　しんいち）	1959年生まれ	元興寺文化財研究所副所長
櫻井　友梓	（さくらい　ともはる）	1980年生まれ	岩手県文化振興課
島原　弘征	（しまはら　ひろゆき）	1976年生まれ	平泉文化遺産センター主任主査文化財調査員
杉本　良	（すぎもと　りょう）	1961年生まれ	北上市立博物館長、北上市立埋蔵文化財センター所長
西澤　正晴	（にしざわ　まさはる）	1972年生まれ	岩手県文化振興事業団埋蔵文化財センター主任文化財専門員
羽柴　直人	（はしば　なおと）	1965年生まれ	岩手県文化振興事業団埋蔵文化財センター主任文化財専門員
福田　誠	（ふくだ　まこと）	1957年生まれ	鎌倉市教育委員会文化財部遺跡発掘調査研究員
南　孝雄	（みなみ　たかお）	1964年生まれ	京都市埋蔵文化財研究所調査課長
村田　淳	（むらた　じゅん）	1978年生まれ	岩手県文化振興事業団埋蔵文化財センター文化財専門員
八重樫忠郎	（やえがし　ただお）	1961年生まれ	平泉町まちづくり推進課長

監修者略歴
菅野　成寛
一九五二年、岩手県平泉町に生まれる
一九七五年、大正大学文学部卒業。その後、中尊寺仏教文化研究所主任を経て
現在、平泉文化研究所所長、岩手大学平泉文化研究センター客員教授
〔主要編著書〕
『中尊寺と平泉をめぐる』（小学館、二〇一八年）
柳原敏昭編『東北の中世史一　平泉の光芒』（共著、吉川弘文館、二〇一五年）

編者略歴
及川　司
一九五八年、福島県郡山市に生まれる
一九八一年、山形大学人文学部卒業。一九八九年より平泉町教育委員会に勤務。文化財行政に携わり、二〇一九年退職。前平泉文化遺産センター所長兼世界遺産推進室長
現在、一関市役所非常勤職員
〔主要著書〕
「平泉の世界」（『史跡で読む日本の歴史五　平安の都市と文化』所収、吉川弘文館、二〇一〇年）
「中尊寺境内の遺跡調査」（中尊寺仏教文化研究所論集第3号『遺跡発掘の軌跡』所収、中尊寺、二〇一二年）

平泉の文化史1　平泉を掘る
寺院庭園・柳之御所・平泉遺跡群

二〇二〇年（令和二）三月十日　第一刷発行

監修者　菅《かん》野《の》成《せい》寛《かん》
編　者　及《おい》川《かわ》司《つかさ》
発行者　吉川道郎
発行所　株式会社　吉川弘文館
郵便番号一一三―〇〇三三
東京都文京区本郷七丁目二番八号
電話〇三―三八一三―九一五一〈代〉
振替口座〇〇一〇〇―五―二四四番
http://www.yoshikawa-k.co.jp/
印刷＝株式会社 東京印書館
製本＝誠製本株式会社
装幀＝河村　誠

ISBN978-4-642-06845-1

菅野成寛監修

平泉の文化史 全3巻

及川 司編

①平泉を掘る

―寺院庭園・柳之御所・平泉遺跡群―

2600円

菅野成寛編

②平泉の仏教史

―歴史・仏教・建築―

〈続 刊〉

浅井和春・長岡龍作編

③中尊寺の仏教美術

―彫刻・絵画・工芸―

〈続 刊〉